广东省自然科学基金面上项目（课题编号：2021A1515011479）与广东外语外贸大学校级科研项目（课题编号：20SS08）资助

混合所有制改革的制度安排、作用机制及经济后果

陈文婷　著

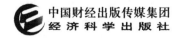

中国财经出版传媒集团

经济科学出版社

图书在版编目（CIP）数据

混合所有制改革的制度安排、作用机制及经济后果/
陈文婷著 . -- 北京：经济科学出版社，2023.1
ISBN 978 - 7 -5218 -4423 -8

Ⅰ.①混…　Ⅱ.①陈…　Ⅲ.①国有企业 - 混合所有制
- 企业改革 - 研究 - 中国　Ⅳ.①F279.241

中国国家版本馆 CIP 数据核字（2023）第 006687 号

责任编辑：赵泽蓬
责任校对：王肖楠　蒋子明
责任印制：邱　天

混合所有制改革的制度安排、作用机制及经济后果
陈文婷　著
经济科学出版社出版、发行　新华书店经销
社址：北京市海淀区阜成路甲 28 号　邮编：100142
总编部电话：010 - 88191217　发行部电话：010 - 88191522
网址：www. esp. com. cn
电子邮箱：esp@ esp. com. cn
天猫网店：经济科学出版社旗舰店
网址：http：//jjkxcbs. tmall. com
北京时捷印刷有限公司印装
787 × 1092　16 开　15.75 印张　400000 字
2023 年 1 月第 1 版　2023 年 1 月第 1 次印刷
ISBN 978 - 7 - 5218 - 4423 - 8　定价：66.00 元
（图书出现印装问题，本社负责调换。电话：010 - 88191510）
（版权所有　侵权必究　打击盗版　举报热线：010 - 88191661
QQ：2242791300　营销中心电话：010 - 88191537
电子邮箱：dbts@ esp. com. cn）

前　言

从研究生阶段开始，我在导师的引领下，专注于并购重组领域的研究，至今已有十余年。我在并购重组领域的研究主要围绕以下几个主题来展开：控制权转移、并购制度变革、并购重组中的信息披露、并购市场的中介行为以及混合所有制并购。从 2019 年开始，我侧重研究混合所有制改革的制度安排、作用机理及经济后果，相关研究成果可以归纳为三个方面：（1）重点关注混合所有制改革的两种方式（国有资本收购民营企业/民营资本收购国有企业）的制度安排、作用机理及经济后果；（2）混合所有制改革对国企高管激励的影响及作用机制；（3）混合所有制改革对股价崩盘风险的影响及作用机制。本书对上述研究进行了梳理和补充，具体编排布局详述如下：

"混合所有制改革影响高管激励的机制研究"一章的主要发现：适当的高管薪酬差距能够促进高管相互竞争、相互监督，减少代理成本进而增加企业价值。混改后的国企高管薪酬体制和考核机制更加市场化，混改能够使薪酬激励发挥其应有的效用。从劳动力市场来看，混改中市场化国企激励机制改革是国企真正成为市场主体的必经之路，能够使劳动力要素市场化配置进一步畅通。国企高管参与职业经理人市场的竞争与流动能够降低国企员工在职消费等代理成本，提高国有资产保值增值的能力。

"混合所有制改革影响股价崩盘风险的机制研究"一章尝试考察混合所有制改革是否影响国企股价崩盘风险。结果表明：混改显著降低企业股价崩盘风险。进一步研究发现高管薪酬差距和在职消费在混改与股价崩盘风险之间发挥中介作用。同时，混改前后薪酬差距与在职消费、薪酬差距与晋升相互作用：前者为互补关系，且在混改后更为显著；后者为替代关系，且混改前后无显著差异。此外，投资者关系管理（外部治理机制）能增强高管激励机制（内部治理机制）对股价崩盘的治理效应。混改对国企股价崩盘风险的抑制作用再次验证了国企改革之于稳定资本市场、防范化解重大风险和提高国家经济运行效率的重要性。

本书还包括四篇案例研究论文：前两篇案例基于扎根理论分别从国企引入民营资本、民企引入国有资本两个角度来讨论混合所有制改革的绩效及作用机制；第三篇案例通过国有企业整体上市这一混改模式来探讨国企改革制度安排的有效性；第四篇案例研究则侧重讨论了私募股权基金在国企混改过程中的作用机制。

国有企业改革是全面深化改革的关键事项，这不仅是坚持和完善公有制为主体经济制度的基本要求，也关系着党和国家事业发展的物质和政治基础。作为国有企业改革的关键抓手，混合所有制改革在近年取得实质性进展。积极推进国有企业混合所有制改革，不仅有利于健全现代企业制度和国有资本管理体系、完善国有企业的市场主体地位，也有利于提高国有企业的创新能力和经营管理能力。本书在系统梳理前人文献的基础上，探讨了国企混改的制度安排、作用机制及经济后果，厘清了国企混改中存在的重点问题，丰富了现有国企改革的理论成果，为新一轮国企混改提供了政策建议。

本书得以顺利出版，我需要感谢导师李善民教授给予的理论指导与建议；感谢课题组主要参与人余鹏翼教授在项目开展过程中给予的支持与帮助；还需要感谢本人的研究生郑惠婷、刘钊文、黄美慧三位同学的助研工作。本书的出版获得广东省自然科学基金面上项目及广东外语外贸大学校级科研项目的资助，深表感谢。最后，还要感谢经济科学出版社高效严谨的编校工作。

陈文婷

2022 年 6 月于广州

目　　录

第1章

绪 论

1.1 研究背景及研究意义

1.1.1 研究背景

党的十八届三中全会以来，国有企业（以下简称"国企"）改革进一步深化，混合所有制改革（以下简称"混改"）是新一轮国企改革的"重要突破口"。2015 年 9 月国务院印发的《关于国有企业发展混合所有制经济的意见》对混改的原则作出了详细的指引："政府引导，市场运作；完善制度，保护产权；严格程序，规范操作；宜改则改，稳妥推进"。2019 年 10 月，国务院国资委制定了《中央企业混合所有制改革操作指引》，深入贯彻落实党中央、国务院关于积极发展混合所有制经济的决策部署，稳妥有序推进混合所有制改革。2020 年 9 月，国务院出台了《国企改革三年行动方案》，强调要牢牢把握混合所有制改革方向，坚持"三因三宜三不"原则，重点推进国有资本投资、运营公司出资企业和商业一类子企业混合所有制改革。2022 年 6 月，中共中央宣传部举行新时代国资国企改革发展情况发布会，再次强调，"通过混改，涌现出一大批主业突出，公司治理优、创新能力强、活力效率高的优秀企业……积极稳妥地深化混合所有制改革"。

现阶段，国有企业混合所有制改革取得了阶段性成果，企业治理结构与运行效率有所改善和提高。在经济效率方面，国有企业 2022 年 1 ~6 月经济指标呈增长态势，实现利润总额 22 955.1 亿元①；在社会责任方面，自新型冠状病毒性肺炎防控工作展开以来，国有企业快速启动应急响应机制，扶危救困，转产自制口罩、防护服和呼吸机等医疗物资，新增高校应届毕业生就业岗位，充分体现了国有企业的责任和担当。而在混改实践过程中，市场主体地位不明确、政府干预导致混改效率低下、交易程序和操作不规范导致国有资产流失以及混改后法人治理结构不健全等问题也屡见不鲜。鉴于此，本书将通过理论与实证的分析，厘清混改存在的重要问题，进一步丰富现有混改研究的理论观点，为新一轮国企改革提供政策建议。

本书将紧跟 2020 年 9 月国务院出台的《国企改革三年行动方案》，从"混资本"和"改机制"两个导向出发，以混合所有制改革的"制度安排—作用机制—经济后果"为主线，将"公司治理—信息披露—政企关系"作为辅线贯穿整个研究。

1.1.2 研究意义

1. 理论意义。

（1）从混改的制度安排上看，将国企参与混改的"进退"方式与"进退"尺度结合起来，探索国有资本与非国有资本的博弈过程，寻求两者之间的动态平衡。现有研究分别对国企混改的方式和混改的股权结构安排作了大量的探索，但以何种方式进行何种程度的改革才能提高企业运行效率，目前尚无定论。不同的混改方式必然导致不同的改革尺度，不论在何种方式下，只有在国有资本与非国有资本之间找到一个平衡点才能保障混改后企业治理的稳定和效率的提升。

（2）从混改的作用机制上看，聚焦混改后的公司治理问题，构建企业内部治理与外部治理并进的治理结构。系统探讨公司治理在企业混改中的作用，丰富公司治理理论。

（3）从混改的经济后果上看，强调国有资本保值增值能力的同时兼论国企的公共性质，从保障社会公平角度阐述国企存在的目的与意义。企业经济绩效是衡量混改是否合理与有效的标准之一，但大多数文献只关注国企混改的"盈利性目的"，而未从"公益性目的"出发关注国企应该承担的社会责任。本书在检验混改绩效的同时兼论国有企业混改前后社会责任的承担，从社会公平的角度分析国企的功能与定位。

2. 实践意义。

（1）本书的制度安排部分可以为国有资本与非国有资本参与混合所有制改革提供一个参考尺度。随着混改投资主体与投资方式的多元化，寻求多元平衡是一个亟待解决的问题。本书对混改的制度安排进行研究以期为混改的国有资本与非国有资本的比例进行合理配置提供实践启发。

（2）本书的结论有助于正确认识混改过程中公司治理的作用，为国企国资参与混合所有制改革的广度和深度提供有益的管理实践启示。

---

① 数据来源于国务院国有资产监督管理委员会官网：http://www.sasac.gov.cn/index.html。

1.2 国内外研究现状及发展动态

1.2.1 混合所有制改革

自 1978 年改革开放以来,国有企业改革一直是经济体制改革的中心环节。而改革前期,国企改革的重点从"让利放权"转为"两权分离",直到 1993 年,中央明确提出国有企业要建立现代企业制度,这意味着以"所有权"为主题的国企改革正式开启。随后,"混合所有制经济""发展混合所有制"多次出现在国家的政策文件中。2013 年,中共十八届三中全会明确提出了混合所有制改革的新内容:"积极发展混合所有制经济……混合所有制经济,是基本经济制度的重要实现形式,有利于国有资本放大功能、保值增值、提高竞争力,有利于各种所有制资本取长补短、相互促进、共同发展……国有资本投资项目允许非国有资本参股"。

2019 年 10 月,国务院国资委制定了《中央企业混合所有制改革操作指引》,重点聚焦三方面:一是规范混合所有制改革操作流程;二是明确通过市场化方式推进混合所有制改革;三是推动混改企业切实转变运营机制。其中强调了防止国有资产流失、完善公司法人治理结构和管控方式、灵活用好多种激励约束机制和加强党的建设等工作重点。2020 年 9 月,国务院出台了《国企改革三年行动方案》,强调要突出抓好深化混合所有制改革:一是牢牢把握混合所有制改革方向,坚持"三因三宜三不"原则,积极稳妥,务求改革实效;二是重点推进国有资本投资、运营公司出资企业和商业一类子企业混合所有制改革;三是根据不同企业功能定位,合理设计和调整优化混合所有制企业股权结构,集团公司要对国有相对控股混合所有制企业实施更加市场化的差异化管控,推动建立灵活高效的市场化经营机制。

1.2.2 国企混合所有制改革路径

中共十八届三中全会明确提出了分类推进,引导混合所有制改革的新要求。即使在新一轮国企改革的背景下,许多学者也紧紧围绕分类改革的原则对混改路径继续进行探索和创新。除此之外,现有文献对具体路径作出了大量研究,主要包括整体上市、兼并重组、员工持股等。

1. 分类推进国企混合所有制改革。

2015 年 10 月,中央全面深化改革领导小组第十七次会议审议通过了《关于国有企业功能界定与分类的指导意见》(以下简称《指导意见》)。《指导意见》中根据主营业务和核心业务范围,将国有企业界定为商业类和公益类,商业类国企要求按照市场化运作,以增强国有经济活力为目标；公益类国企以保障民生、提供公共产品和服务为目标。

大多学者在此基础上对国企进行了进一步的分类，并根据国有企业所在行业的性质和特点进行路径设计，大致可以总结为：在系国家安全、国民经济命脉的重点行业和关键领域，国有资本绝对控股；在处于基础性资源和服务领域的垄断程度相对不高的国有企业，国有资本应相对控股；如果该企业所在领域是一般竞争性行业，国有资本应参股或完全退出（中国宏观经济分析与预测课题组，2017；冯朝军，2017；杨瑞龙，2018；王东京，2019）。

虽然现有文献对国企分类方式大同小异且路径较为一致，但学者们也进一步提出了思考，并不约而同地强调以下两点。

（1）混合所有制改革"分类""分层"。

王曙光和徐余江（2017）指出"分类""分层"是推进混合所有制改革的必要条件，他们主张的"分层"主要是指中央企业、地方企业、集团公司和不同层级的子公司对是否进行混改以及如何进行混改的方案选择应该各不相同。杨瑞龙（2018）也认同新一轮的混改应该触及央企总部。而张晖明（2019）则强调"分类"改革和"分层"机制的配合。此处的"分层"是指由投资链条延展派生的产权关系层级、国有资本投资重点选择与产业领域层次，以及和"终极出资人"身份相关的政府行政层级三种形式的"分层"管理国有资本配置问题。

（2）自然垄断性国企混改。

黄群慧（2018）认为具有自然垄断性的行业以及煤炭、钢铁等产能过剩行业的国企混改能否取得突破是新时期国企改革是否得到实质推进的基本标志。因为这两个行业无疑是当前社会关注的重点。此外，这两个行业的国企混改不仅有助于公平竞争环境的形成，而且对支持新常态下我国经济发展有重大意义。王曙光和徐余江（2017）也提出了混合所有制改革要以推进垄断领域的开放为主。其中，企业发展的宏观环境如融资、税收、风险分担机制、监管等以及社会资源的公平使用都是民营企业积极参与混改的基础。

对于自然垄断性行业的国企混改具体该如何实现，基于理论、实证检验以及国内外改革的经验，戚聿东等（2017）提出纵向一体化的综合运营商模式是垄断行业竞争化改造的必然要求。景朝阳（2018）则认为初期可以通过业务拆分、环节拆分或者特许经营的方式使非国有资本适当地进入垄断领域。

2. 国企混合所有制改革具体路径。

（1）整体上市。

整体上市是国企资产证券化的过程，是混改的主要形式或路径（邱霞，2015；冯朝军，2017；国务院发展研究中心企业所课题组，2018；朱嘉伟和陈洁，2020）。冯朝军（2017）提出国有资产的流动性较差是我国现阶段国企改革的显著瓶颈。整体上市能够提高国有资产的利用率和周转率、促进内部运作管理的规范化和完善治理结构，同时，还需要接受社会公众的监督从而减少国企贪污腐败的发生。而对于上市的方式，李锦（2018）指出国企上市的途径主要有三种：一是母公司整体上市，如五大行、三大电信运营商均实现了整体上市；二是母公司不上市，旗下子公司均陆续上市，如中航工业；三是将公司资产注入已上市的子公司平台，变相实现整体上市。卢俊（2014）认为要根据企业具体需要选择整体上市或分业务板块上市。但由于我国国有企业存在政府干预因素较多，如何对国有产权制定公平合理的定价成了推进混改的另一大难题。余菁（2014）提出两大解决方案：一是由国资监管部门审批以确保交易的合法性；二是引入金融机构以确保交易的透明和公允。

（2）并购重组。

并购重组作为国企混改的具体路径之一，可以分为两个方面：一是国有企业作为主并方，主动并购民营企业但保留民营资本一定比例的股权，由此实现产权的多元化。这种方式有助于增强企业市场和国际竞争力，优化产品结构，促进产业健康发展，同时借鉴民营企业有效的运作管理办法。卫婧婧（2017）发现国有企业并购民营企业比并购国企更有助于供给侧结构性改革目标的实现。陈娟（2019）指出我国国有企业并购的三大特点：谋求绝对控股；强强并购；并购地域分布不均。二是民营企业作为主并方，通过并购方式成为国有企业的所有者或股东参与国企的重组。这种方式可以使民营企业获得进入垄断性较强行业的机会，同时民营企业也能获取国有企业自身拥有的创新资源和融资资源优势，形成协同效应。但杨瑞龙（2018）指出要推进民企参与"混改"为：一是要放松管制，降低民企入股垄断性国企的门槛；二是不要禁止民企在竞争性混改中成为拥有话语权的股东甚至是控股人。

（3）员工持股。

员工持股不仅是发展混合所有制经济的重要路径，也是建立企业长期激励机制的有效方式。通过将员工个人利益和企业价值连接在一起，可以极大地激发员工的主动性和创造力。张孝梅（2016）认为员工持股是新常态下经济发展和国企改革的应有之义，其优势体现在：①改变国企"一股独大"的格局；②优化公司治理结构；③促进社会财富的合理分配；④完善社会保障制度，弥补养老金缺口。

而对于员工持股中的"员工"界定和持股比例，学界仍存在较大的争议。官欣荣和刘嘉颖（2017）认为员工持股的参与人员应该限定为企业中层以下的员工，限制或禁止上市公司董监高（董事、监事、高管）参与员工持股计划，从而让中层以下管理人员和骨干得到有效的激励。恰恰相反，沈红波等（2018）却建议在设计员工持股计划时要提高管理层的参与比例。刘红等（2018）从创新绩效出发，发现国有企业中核心技术人员的员工股权激励能够显著提高公司创新能力。此外，员工持股计划在非高新技术企业与高市场化的环境中发挥的创新效应更为积极（钟凤英和冷冰洁，2022）。

虽然《中共中央关于全面深化改革若干重大问题的决定》指出："允许混合所有制经济实行企业员工持股，形成资本所有者和劳动者利益共同体"，但邱霞（2015）认为大部分国有企业经历过像管理层持股相关国家政策放开又收紧的反复后，对员工持股计划的实施生怕触碰"红线"因此十分谨慎。总体来看，员工持股计划符合政策方向但在持股主体和操作模式上有一定的限制。

可以看出，对于分类推进混改，学者们的观点大致为，产品和市场结构的竞争性越强，国有资本的比例越低。而现有文献对进一步分类方式也越来越多，改革路径难免存在重叠或者冲突。另外，分类在实践中难以操作，如何结合分类、分层、分区的"三分"进行理论的探索还存在一定的空白。现有混改实现路径的探索较为丰富，但如何在国有资本做强做大和非国有资本积极参与两者间找到一个平衡点仍是今后研究的一大难题。表1-1概括了国企混合所有制改革路径主要观点与研究结论。

表1-1   国企混合所有制改革路径主要观点与研究结论

主题	主要观点	代表文献
分类推进国企混合所有制改革	在系国家安全、国民经济命脉的重点行业和关键领域，国有资本应绝对控股；在处于基础性资源和服务领域的垄断程度相对不高的国有企业，国有资本应相对控股；如果该企业所在领域是一般竞争性行业，国有资本参股或完全退出	中国宏观经济分析与预测课题组（2017）；冯朝军（2017）；杨瑞龙（2018）；王东京（2019）
	混合所有制改革不仅要"分类"还要"分层"	王曙光和徐余江（2017）；杨瑞龙（2018）；张晖明（2019）
	自然垄断性行业的国企混改是突破点；混合所有制改革要以推进垄断领域的开放为主	戚聿东等（2017）；黄群慧（2018）；景朝阳（2018）
改革具体路径	整体上市是混改的主要形式与路径，其不仅能提高国有资产的利用率、完善治理结构，还能减少国企贪污腐败的发生	冯朝军（2017）；国务院发展研究中心企业所课题组（2018）；李锦（2018）
	通过并购重组实现混合所有制改革有助于供给侧结构性改革目标的实现	卫婧婧（2017）；杨瑞龙（2018）；陈娟（2019）
	员工持股通过将员工个人利益和企业价值连接在一起，可以极大地激发员工的主动性和创造力	官欣荣和刘嘉颖（2017）；沈红波等（2018）；刘红等（2018）

1.2.3 国企混改现存问题

经过数十年的改革和努力，国有企业混合所有制改革在分类改革、公司治理以及管理体制等方面取得了长足的进步，但多种制约因素的存在导致混改仍未达到政府和人民的期望。在混合所有制改革不断深入的当下，对国企混改中存在的问题进行反思并探索解决方案，对推进混改的顺利进行有重大的意义。

1. 国有资产流失。

在推动国企混改的过程中，国有资产流失是实践中频繁发生的问题。景朝阳（2018）指出国有资产交易是国有资产流失的最大渠道：从资产评估不够科学全面、定价被人为操控、交易不够透明到后续资金到位后无第三方监督。虽然《企业国有产权向管理层转让暂行规定》等政策的出台大大规范了国有产权的交易，但前期造成的国有资产流失已无法挽回。特别是县级以下的国企改革中，国有资产流失更为严峻，给公有财产和职工利益造成了巨大的损失。这不仅拉大了我国国民收入分配差距，也使国家和国民为国企改革付出了巨额成本（胡迟，2018）。

2. 民企参与改革动力不足。

虽然国家在政策上积极推动民营企业参与国企混改，但大多数民企仍疑虑重重。国家对非国有企业产权保护强度不足和保护制度的不完善导致企业家缺乏"安全感"和"话语权"，非国有资本参与混改的积极性下降。"弹簧门""旋转门"和"天花板"等十分形象的词汇常被用来形容非国有资本参与混合所有制改革时的困境。尽管政策允许民营企业参与混改，但是在实践上往往难以操作。

3. 国企未"去行政化"。

尽管我国的国有企业管理体制在改革的过程中经历了多次变革，但仍然摆脱不了浓厚的行政色彩。冯朝军（2017）、桑艳清（2018）指出长期的政企不分、政资不分阻碍了混改的步伐。各种资本难以融合，造成非同资本产权交易成本激增，对企业的运营效率和创新能力产生了严重的影响。袁惊柱（2019）也提出，如果国有企业混合所有制改革不能实现企业去行政化管理，就不能保障国有企业成为真正的市场经营主体。

4. 垄断行业混改进度缓慢。

我国的电信、航天、电力和铁路等部分行业领域还未实施对非国有资本的开放。这些领域长期竞争性的缺失导致市场整体效率不足（汪涛，2018），不仅造成国有资本的效率低下，也挤压了非国有资本的发展空间，导致对立加剧，从而影响混改的进程。黄群慧（2018）指出如果自然垄断性行业的混改无法取得突破，那么也无法表明新时期我国国有企业改革已经取得实质性的进展。可见，垄断行业的混改是新一轮国企改革的重点突破领域。

5. 公司治理不够完善。

现阶段，我国大部分国有企业已经建立起现代企业制度，但在国企"一股独大"基础上形成的公司治理很难改善。国有资本中间代理链条的非经济失效是造成国有经济低效率的主要原因（陈晓红和谢丽辉，2002）。从实践情况上看，企业权责不清、约束不够、缺乏制衡等问题较为严重。董事会、监事会未能发挥其应有的作用，职工冗余，内部管理和核心竞争力方面仍存在很大的改进空间（桑艳清，2018）。而郑志刚（2019）用"不该管的乱管，该管的却不管"十二个字总结了当前国企面临的问题，具体指的是：专业化分工程度低，"一股独大"下监督过度；所有者缺位和长委托代理链条下激励不足甚至激励扭曲。

6. 混合所有制企业的文化差异。

混合所有制改革中企业文化融合的问题往往容易被忽视，而国企和民企的文化在历史背景、人员组成、管理体制以及公司文化上都存在着很大的差异。国企往往存在时间较长，面临的行业竞争较小，因此员工积极性以及创新性都有待提高；民企成立时间较短，激烈的行业竞争也迫使企业的管理者和员工具有较强的奋斗精神和创新意识。如果在混合所有制改革后，各类投资者无法形成共同的价值观和行为准则，那么混合所带来的绩效改善、资源整合、优势互补等都是空谈。

1.2.4 国企混改最新对策

第一，针对国有资产流失的问题，当务之急是建立科学合理的国有资产交易系统。黄群慧（2017）认为做到程序公正、交易公平、信息公开、法律严明、第三方机构（如评标专家、会计师事务所、律师事务所等）监督到位就可以守住国有资产不流失的"底线"。袁惊柱（2019）则主张通过国企混合所有制改革专项立法手段，建立和完善依法治政和依法治企的法治化机制，即用法律条文来界定政府监管的范围，并明确规定政府过度干预的惩罚措施，真正做到"政企分开"与"政资分开"。

第二，要保护非公资本不受侵犯就要通过相关规定明确其他非公资本在企业中的地位及相应的权利和义务，为中小投资者提供充分的话语权和监督权。不仅要建立明确的进入机制，也要明确规定各类资本的退出机制，消除退出壁垒，提高各类非公资本参与改革的积极性，免除中小投资者的后顾之忧，建立公平、公正、有序、开放的市场秩序和透明高效的交易平台（冯朝军，2017；景朝阳，2018）。

第三，"去行政化"首先要建立有效的监督和监管机制，充分发挥董事会和监事会的职能，增加外部监事的比例，建立信息披露制度，保护中小投资者的合法权益（冯朝军，2017）。其次，要完善并运用好职业经理人市场，尽可能增加市场化聘任管理人员的比例，减少非市场化聘任的管理人员。但在大多学者都建议去除行政级别的同时，王东京（2019）认为行政级别对国企高管来说是一种低成本的激励也能促进政府与国企干部的交流，因此他强调去行政化的重点不在于取消行政级别，而是完善法人治理结构从而实现政企职责分开。

第四，混合所有制改革应坚持分类改革原则，拒绝一刀切。分类改革原则的提出由来已久，在公益性和一般竞争性领域的国企混改过程中的争议较小，但在垄断领域的混改进度缓慢。景朝阳（2018）认为初期可以通过业务拆分、环节拆分或者特许经营的方式使非国有资本适当地进入垄断领域。除此之外，项安波（2018）提出国有企业需要更加积极主动地参与市场竞争，逐渐摆脱"被溺爱"的特征，对内公平竞争，对外实施"走出去"的战略。

第五，在国企中董事会和监事会的功能受到质疑时，陈利华（2018）主张借鉴中石化建立多元董事会的方式，将非国有资本代表董事、独立董事以及职工董事引入企业管理中。也有学者建议运用员工持股来优化公司治理能力。同时，建立透明规范的公司治理才能保护非国有资本投资者的合法权益，也是保障非国有资本股东的"话语权"。保证加强党的领导与完善公司治理有效结合，将党组织内嵌到公司治理结构之中，发挥党组织的监督职能，维护股东权利，保证国有资产保值增值，实现企业经营效益的最大化（胡迟，2018）。

第六，加强对企业文化的融合和建设。戴保民（2017）提出国有企业和民营企业要相互理解，求同存异。要保留控股单位优秀传统文化，融合各参股单位的优秀文化，赋予企业党委文化建设的职责。在成立党的组织同时提出文化建设目标，安排专人负责企业文化工作，在企业考核中加入文化建设的指标，让文化建设成为党建一项重要的日常工作。李政、艾尼瓦尔（2018）认为不仅要促进各类投资者文化的融合，更强调了管理与技术的深度融合。

学者们对国企混合所有制改革中所面临的难题有深入的思考，对国有资产流失、垄断、监管问题等也提出了解决方案。但进行制度设计、政策制定时，管制边界和政策空间仍需进一步的探索和实践的检验。表 1-2 概括了国企混改存在的问题与对策主要观点与研究结论。

表 1-2　　　　　　　国企混改存在的问题与对策主要观点与研究结论

主题	主要观点	代表文献
国企混改存在的问题主要观点与研究结论	国有资产流失是国有企业混合所有制改革过程中最频繁发生的问题，拉大了我国国民收入分配差距，给公有财产和职工利益造成了巨大的损失	景朝阳（2018）；胡迟（2018）
	国企混改存在国企未"去行政化"的问题。长期的政企不分对企业的运营效率和创新能力产生了严重的影响	冯朝军（2017）；桑艳清（2018）；袁惊柱（2019）
	垄断行业混改进度缓慢	黄群慧（2018）
	国企混改中公司治理不完善问题突出。主要变现为专业化分工程度低与激励扭曲问题	郑志刚（2019）
国企混改对策主要观点与研究结论	解决国有资产流失问题，需要建立科学合理的国有资产交易系统	黄群慧（2017）；袁惊柱（2019）
	要保护非公资本不受侵犯就要通过相关规定明确其他非公资本在企业中的地位以及相应的权利和义务，为中小投资者提供充分的话语权和监督权	冯朝军（2017）；景朝阳（2018）
	去行政化的重点不在于取消行政级别，而是在于完善法人治理结构从而实现政企职责分开	王东京（2019）
	国有企业需要更加积极主动地参与市场竞争，逐渐摆脱"被溺爱"的特征，对内公平竞争，对外实施"走出去"战略	项安波（2018）
	保证加强党的领导与完善公司治理有效结合，将党组织内嵌到公司治理结构之中，发挥党组织的监督职能	胡迟（2018）
	国企混改要加强对企业文化的融合和建设，促进各类投资者文化的融合与管理与技术的深度融合	戴保民（2017）；李政和艾尼瓦尔（2018）

1.2.5　国有企业治理改革

1. 内部治理。

（1）董事会。

建设规范的董事会是完善国有企业公司治理的关键一环。国资委于 2004 年 6 月正式对中央企业实施建立董事会的试点工作。近年来，中央企业也持续推动外部董事占多数的规范董事会建设。据国务院国资委发布，"目前监管的 96 家中央企业中，已有 94 家建立董事会，其中 83 家外部董事占多数。同时，90% 的地方国资委监管企业已建立了董事会"。从代理成本角度出发，李文贵等（2017）使用双重差分模型对央企控股上市公司 2002～2015 年的数据进行检验，考察央企董事会试点的经济后果。研究表明，实施董事会试点的样本企业管理费用与其他应收款显著降低，缓解了国企的代理问题。央企内部治理结构的完善促使央企对经营活动进行更有效的监督从而减少了上市公司的利益侵占行为。此外，董事会治理能有效促进国有企业混合所有制改革（高明华和刘波波，2022）。

中国联通作为中国混改第一股，其董事会结构的变化也引起了学界的关注。张继德和刘素含（2018）分析了民企战略投资者通过超额委派董事从而在日常经营决策中发挥制衡作用。具体来说，虽然国有资本在股权方面占优势，但是通过超额委派，战略投资者可以在董事会投票中联合否决不利于双方合作共赢的决策。于是，国企控制权与战略投资者决策权均得以实现。

而罗进辉等（2018）则对国企中独立董事的治理作用进行研究。他们用 A 股国有控股上市公司 2004～2013 年的数据，从高管薪酬水平和薪酬业绩敏感性两个维度检验本地独董对国企高管的监督作用。研究结果显示，国企董事会中独董的比例与高管薪酬水平、薪酬业绩敏感性呈负相关，这种关系在处于垄断行业和政府补助高的国企中更加显著，在这两类企业中，本地独董的监督作用也更有效。因此，罗进辉等（2018）认为本地独董比异地独董更能约束高管的超额薪酬。

（2）股东治理。

①国有股东治理。

对于控股股东的治理作用，潘红波和张哲（2019）以董事长/CEO 纵向兼任这一独特视角为切入点，分析控股股东干预与国有上市公司薪酬契约有效性两者的关系（董事长/CEO 纵向兼任是指董事长/CEO 在非上市控股股东单位兼任）。研究结果表明：董事长/CEO 纵向兼任显著降低了高管薪酬但提高员工的薪酬，总体提高了企业的薪酬水平；此外，员工薪酬—业绩敏感度下降，高管—员工的薪酬差距缩小。这一结论验证了"和谐目标"假说，表明通过董事长/CEO 纵向兼任，非上市控股股东加强了干预并敦促上市公司承担更多的员工和谐目标，进而降低国有上市公司薪酬契约有效性。

针对如何驱动国企创新，释放创新红利这一混改的重要命题，徐伟等（2018）研究了不同类型国有公司控股方治理机制对控股公司创新红利释放的影响，提出要释放创新红利，不同类型国有控股公司的控股方应该选择与其创新功能定位相符的治理模式。具体而言，一般商业类公司控股方如一般商业类高技术型公司需要加强激励和控制机制作用，放松约束机制。相反，特定功能类公司如非高技术（资本密集）型公司则需要采取强约束的控股方治理模式才能有效促进创新红利的释放。

②非国有股东治理。

混合所有制改革并不等同于简单的"股权多元化"，其关键在于引入持股量较高和负责任的民营资本，其本质是改善公司治理机制（郝阳和龚六堂，2017）。在"一股独大"的企业引入能够制衡第一大股东的力量是减少中小股东利益侵害的常规思路。通过混改引入非国有股东，他们可以在股东大会投票和国企高管决策过程中发挥制衡国有股东以及减少政府不当干预的作用（郝云宏和汪茜，2015）。与前述观点相似，张文魁（2017）认为当前混改"遇冷"归因于现行国资监管体系与混合所有制难以兼容，未实现政企分开，两权分离的本意，对公司治理造成了不良影响。因此，他提出要以"去监管、行股权、降比重"为方向对现有国资监管体系进行根本性的改革。其中，当跨越股权结构拐点或是出现股权结构反转，非国有股东则会采取积极的态度抵制所谓的监管和政府不当干预行为，强化监督与决策意识，并且应用民营企业中有效的激励、决策、用人机制等，从而推动经营机制转变与公司治理转型。参与混改的非国有股东更积极地完善国企高管监督和激励机制，进而减少管理者在职消费、贪污等方式或道德风险行为（Megginson and Netter，2001；Gupta，2005；蔡贵龙等，2018a）。

此外，除了对国有股东和高管的制衡与监督作用，非国有股东通过人员委派参与国企治理有效改善了国企的内部控制质量（刘运国等，2016；李越冬和严青，2017）、会计信息质量（曾诗韵等，2017）和审计质量（马勇等，2019）。进一步地，刘运国等（2016）、马勇等（2019）指出质量的提升仅仅体现在竞争性国有企业与地方国有企业，而曾诗韵等（2017）研究结果表明会计信息质量的改善在外部审计和内部控制水平较低的国有企业更加显著。

总的来说，现有文献都认为通过混改，非国有股东能够有效改善国企的公司治理水平，但沈昊和杨梅英（2019）也指出非国有控股还是国有控股究竟哪种模式能取得更好的绩效，并没有必然联系和绝对差别，国有控股的治理并不意味着"低效率"，关键是要真正让市场在资源配置中起决定性作用。

（3）高管治理。

混合所有制改革不仅仅是股权的混合，还需要实现高管人员配置多样化才能充分发挥各类股权的治理作用（魏明海等2017；蔡贵龙等，2018b）。企业高层治理结构的"混合"，增强了非国有股东的决策话语权。一方面，"高管混合"形成了多元制衡机制；另一方面，国资监管从"管人管事管资产"向"管资本"转变。綦好东等（2017）认为既然国资委将放弃直接"管人"的职能，那么选聘、任命、评价、激励企业经营者的任务就由企业董事会来完成，将"奖罚"的权力归还给股东和市场。采取市场化选聘的方式，建立"能上能下，能出能进"的人员流动机制，促使经营者勤勉履责。

同时，魏明海等（2017）针对我国国企高管腐败问题提出要突破长效激励，分类完善薪酬激励机制的观点，特别是要重点关注商业竞争类国企。中国宏观经济分析与预测课题组和杨瑞龙（2017）、杨青等（2018）的研究进一步支持了分类治理的政策思路。杨青等（2018）考察了 2014 年发布的"限薪令"这一外生事件的冲击对央企高管薪酬以及公司股价的影响。研究发现，对于竞争类央企来说，政府对最优薪酬的了解程度不如市场，因此一刀切"限薪令"不但没有产生正面效果反而扭曲市场激励，使企业价值受损。此外，虽然薪酬限高并未给垄断类央企或其他国企带来负面影响，但也没有实现企业价值增长和国有资产保值增值。杨青等（2018）、沈红波等（2019）则建议在国企改革过程中，进一步放松限薪令，以防出现诸如上汽集团一类的国企高管人才流失的现象。

进一步地，王东京（2019）对如何分类进行国企高管薪酬制度设计的问题给出了具体方案：第一类，国有独资企业。高管年薪由政府确定，董事会成员与经理由政府委派并遵循国家限薪规定。董事会成员年薪与国有资产保值增值挂钩，经理人年薪与企业业绩挂钩；第二类，国有控股企业。政府委派高管的年薪由政府确定，但其他高管公开竞争上岗并且其年薪由企业决定；第三类，国家参股企业。企业内部有"花自己钱办自己事"的机制，高管年薪可由企业自行确定。不过由政府委派参与企业管理的高管人员（董事），作为国有资本出资人代表，仍保留有行政级别，假若企业年薪超过了政府规定的限薪上限，超出部分应上缴国家。

对于如何建立有效的高管考核机制，学者们都提出了不少有价值的思路。陈林等（2019）认为创新是混合所有制企业综合竞争力、长期绩效增长的关键因素。因此，有必要把企业创新的相关指标纳入混合企业的处级以上（省管干部以上）干部考核中，混合所有制企业才能实现创新驱动发展和长期经营。以 2004~2016 年央企控股公司为样本，丁肇启和萧鸣政（2018）研究了年度业绩、任期业绩与高管晋升之间的关系。结果表明，国企利润对高管晋升概率有显著的正向影响，而任期业绩对其则无显著影响，这也印证了利润在业绩考核中的核心地位。最后，他们提出现有考核方式并不是通用的，应该对国企进行分类考核。而陈春华等（2019）则考察了高管晋升与企业税负的关系，发现地方国企高管为了晋升有动机承担更多税负以迎合地方官员的政绩目标。此外，高管越年轻、任期越短，税负晋升激励效应越强。这提醒政策制定者在高管考评机制中要调整国企高管的任期和年龄限制，避免任期过短滋生短视行为。

2. 外部治理。

良好的外部治理机制也是完善国企法人治理结构的重要因素。从参与外部治理的主体来看，党组织、地方政府、国家审计等都是重要的参与主体。

在国企分类改革的指导思想下，中国宏观经济分析与预测课题组（2017）认为"股东至上主义"并非国有企业治理结构创新应遵循的逻辑，并指出国企的治理结构再造的总体原则：通过加强党组织的领导来体现国有企业的制度性质；通过共同治理和相机治理有机结合的方式来重构具体的治理机制。可见，国企公司治理要发挥党组织的治理作用。另外，有研究表明政府的放权意愿提高了非国有资本参股国企的热情，因此能够显著推动混合所有制改革（蔡贵龙等，2018b）。

随着国家审计管理体制改革的进行，政府审计在国有控股上市公司治理中发挥着越来越重要的监督作用。褚剑和方军雄（2016）、郝颖等（2018）的研究数据都证明了政府审计能够通过抑制国企高管超额在职消费行为发挥外部治理的作用，这种抑制效果在地方国有企业、市场化低的地区更加显著。接受了政府审计的国有控股上市公司的 CPA 审计效率也明显提高，两者发挥了审计的协同效应（许汉友等，2017）。此外，政府审计能够促进非效率投资企业的腐败曝光、显著提升会计信息质量、创新投入强度和企业经营绩效、抑制盈余管理行为、大幅降低股价崩盘风险，保障国有资产的保值增值（周微等，2017；陈宋生等，2014；胡志颖和余丽，2019；李江涛等，2015；吴业奇，2016；褚剑和方军雄，2017；吴秋生和郭檬楠，2018）。表 1－3 概括了国有企业治理改革主要观点与研究结论。

表 1－3　　　　　　　国有企业治理改革主要观点与研究结论

主题		主要观点	代表文献
内部治理主要观点与研究结论	董事会治理	董事会试点的样本企业管理费用与其他应收款显著降低，缓解了国企的代理问题	李文贵等（2017）
		民企战略投资者通过超额委派董事从而在日常经营决策中发挥制衡作用	张继德和刘素含（2018）
		在国企中，本地独董比异地独董更能约束高管的超额薪酬	罗进辉等（2018）
	国有股东治理	通过董事长/CEO 纵向兼任，非上市控股股东加强了干预并敦促上市公司承担更多的员工和谐目标，进而降低国有上市公司薪酬契约有效性	潘红波和张哲（2019）
		要释放创新红利，不同类型国有控股公司的控股方应该选择与其创新功能定位相符的治理模式	徐伟等（2018）
	非国有股东治理	混合所有制改革并不等同于简单的"股权多元化"，其关键在于引入持股量较高和负责任的民营资本，其本质是改善公司治理机制	郝阳和龚六堂（2017）
		非国有股东通过人员委派参与国企治理有效改善了国企的内部控制质量、会计信息质量和审计质量	刘运国等（2016）；李越冬和严青（2017）；曾诗韵等（2017）；马勇等（2019）
	高管治理	混合所有制改革不仅仅是股权的混合，还需要实现高管人员配置多样化才能充分发挥各类股权的治理作用	魏明海等（2017）；蔡贵龙等（2018b）
		高管治理需要突破长效激励，分类完善薪酬激励机制，进行分类考核	杨青等（2018）；丁肇启和萧鸣政（2018）
		把企业创新的相关指标纳入混合企业的处级以上（省管干部以上）干部考核中，混合所有制企业才能实现创新驱动发展和长期经营	陈林等（2019）

主题		主要观点	代表文献
外部治理主要观点与研究结论	外部治理	政府的放权意愿提高了非国有资本参股国企的热情，因此能够显著推动混合所有制改革	蔡贵龙等（2018b）
		政府审计能够通过抑制国企高管超额在职消费行为发挥外部治理的作用	褚剑和方军雄（2016）；郝颖等（2018）
		政府审计能够促进非效率投资企业的腐败曝光、显著提升会计信息质量、创新投入强度和企业经营绩效、抑制盈余管理行为、大幅降低股价崩盘风险，保障国有资产的保值增值	周微等（2017）；胡志颖和余丽（2019）；褚剑和方军雄（2017）；吴秋生、郭檬楠（2018）

1.2.6 跨所有制并购

1. 国资并购民企。

（1）政府干预。

在国企并购民企过程中，政府干预是学者们关注的热点。潘红波等（2008）以 2001～2005 年间地方国有上市公司收购非上市公司的事件为样本，研究了政府干预、政治关联与地方国有企业并购三者的关系。研究结果表明地方政府干预能够促进亏损样本公司并购绩效的提升，而地方政府干预却降低了盈利样本公司的并购绩效。这证实了政府确实存在"掠夺之手"和"支持之手"。在研究政府干预和国企并购的关系时，许多研究将所有权性质作为考虑因素，即把国有企业分为了地方政府控制的国有企业和中央控制的国有企业。方军雄（2008）研究发现地方政府控制的企业更倾向实施本地并购和多元并购，而中央政府控制的企业更容易突破地方政府设置的地区障碍实施跨地区并购。而沈冬梅和刘静（2011）指出中央控制的企业并购绩效更好。地方国有企业除了并购民企，也有将控制权转移给中央企业的倾向。董法民（2014）运用 Logit 模型证实了地方政府竞争、财政自给率和中央企业的扩张意愿都会显著影响地方国企转让控制权的意愿。因此，要引导地方政府有序竞争，警惕央企进行盲目扩张，发挥市场在国企改革中的主体作用。

（2）并购绩效。

关于国有企业并购民营企业后的绩效，学者们形成了较为一致的观点，即引入非国有资本能够提高国有企业的绩效。宋立刚和姚洋（2005）的研究表明，引进私人股份的国有控股企业比纯国有企业的资本利润率高 2.69 个百分点，而私人控股企业比纯国有企业的资本利润率高 1.21～1.51 个百分点。在比较了运用不同方式进行混合所有制改革的国有企业绩效变化情况后，武常岐和张林（2014）同意引入非国有资本对混合所有制改革有着积极作用，但也提出企业控制权的转移更能提升企业的竞争力和促进国有资本的保值增值。同样对国企混改的方式进行比较分析，陈晓珊（2017）以社会福利最大化为视角，证实了当并购效率比较高时，国有企业以并购民营企业的方式进行混合所有制改革，比管理层持股和员工持股更能提高社会福利水平。无独有偶，卫婧婧（2017）采用倾向得分匹配的倍差法对中国上市公司2008～2014年的财务数据进行研究，结果表明相比于并购国企，国企并购民营企业更有利于供给侧结构性改革目标的实现。进一步研究发现国企并购在产业价值链升级方面存在滞后的现象，因此企业应尽快缩短双方资源磨合的调整期。何锦安等（2022）基于2008～2019年我国国有上市企业混合所有制改革样本数据，使用双重/无偏机器学习方法，研究国有企业混合所有制改革对企业创新水平的影响，研究表明，国有企业混合所有制改革有效促进了企业创新水平的提升，同时，引入具有政治关联的民营股东能进一步提升企业的创新水平。

2. 民资并购国企。

民营企业对国有企业的并购能够提高目标企业的效率，增强并购后企业的盈利能力。随着国有企业改革的不断深化，民营企业跨所有制并购也成为了各界的关注点。

（1）并购绩效。

不论是国企并购民企，还是民企并购国企，并购绩效都是衡量并购成功与否的关键。陈银娥和赵子坤（2019）以2007～2018年我国民营上市公司跨所有制并购事件为样本并运用TMM和PSM方法对并购绩效进行研究。实证结果表明：跨所有制并购不能提高短期并购绩效但对长期资本市场表现和盈利能力的改善有正面效应。进一步对并购类型进行分类后，赵子坤等（2017）证实跨所有制并购能够有效提升企业的组织绩效，而且异地和专业化并购的并购效果要比属地和多元化并购好。这些研究结论都有效破除了"混改陷阱"论，进一步促进民营企业积极参与混合所有制改革。

（2）政治关联。

对于有政治关联的民营企业并购国有企业是否表现更好这个问题，不少学者进行了探索。张雯等（2013）给出了否定的回答。具有政治关联的民营企业确实会实施更多的并购活动且并购规模较大，但政治关联给企业并购绩效带来显著的负面影响，特别是具有政治关联的民营企业并购国有企业会遭遇更大的并购损失。张雯等认为这是由于上市公司的政治关联导致了资源的错误配置和浪费。唐雨虹和杨玉坤（2016）从政治关联的角度分析我国民营企业并购时是否选择跨所有制。研究结果显示：政治关联程度高的企业更倾向于进行跨所有制并购，但是否跨所有制对短期并购绩效并无影响，而且政治关联并不能显著提高并购绩效。吴周利等（2011）则分析了政治关联对并购中股东财富效应的影响。同样的，并购样本的实证结果表明有政治关联的民营企业并购国企时对股东财富效应没有显著影响。

3. 国企控制权转移。

国内的控制权转移的研究往往与并购联系在一起，国有企业的控制权转移也是国企并购研究的一大分支。在混合所有制改革过程中控制权转移问题备受关注。

（1）控制权转移方式。

陈昆玉和王跃堂（2006）对控制权转移发生前2年至后3年共6年的153家A股国有控股上市公司进行经营绩效的研究，研究发现：在一定程度上，国有控股上市公司的控制权转移能够改善公司的经营绩效，但采用有偿转让方式比无偿划拨的控制权转移绩效要好。王惠卿（2015）和任广乾（2019）的实证研究也得出了相似的结论。王惠卿（2015）进一步指出实际控制人为自然人或民营企业比实际控制人为国企或集体且的混合所有制改革更成功。任广乾（2019）则深入分析发现50%～100%的控制权转移比例、协议划转和第一产业类的公司绩效提升效果最佳。

（2）地方政府与控制权转移。

地方政府出于多种动机也会进行地方国有企业的控制权转移。张紫薇与和军（2018）通过构建Logit和Multilogit模型对2004～2015年国有股权转让数据进行分析，研究发现：在转移地方国有企业的控制权时，地方政府兼有经济动机和政治需求，而且地方政府倾向于向民营企业转移"劣质资产"。同样运用Logit模型，林木西等（2019）检验了市场化和地方国有股权转让的关系，结果表明：市场化改革提高了地方政府转移控制权的经济效率动机并且显著降低了政府的寻租动机；非国有经济、产品市场以及中介组织和法治建设的发展和完善能够显著促进地方国企控制权转移。这说明要进一步深化国企改革就要加快市场化改革的步伐。跨所有制并购主要观点及研究结论如表1-4所示。

表1-4 　　　　　　　　　跨所有制并购主要观点及研究结论

主题		主要观点	代表文献
国企并购民企主要观点及研究结论	政府干预	地方政府干预能够促进亏损样本公司的并购绩效的提升，而地方政府干预却降低了盈利样本公司的并购绩效	潘红波等（2008）
		地方政府控制的企业更倾向实施本地并购和多元并购，而中央政府控制的企业更容易突破地方政府设置的地区障碍实施跨地区并购	方军雄（2008）
		中央控制的企业并购绩效更好	沈冬梅和刘静（2011）
		地方政府竞争、财政自给率和中央企业的扩张意愿都会显著影响地方国企转让控制权的意愿	董法民（2014）
	并购绩效	企业控制权的转移更能提升企业的竞争力和促进国有资本的保值增值	武常岐和张林（2014）
		当并购效率比较高时，国企以并购民企的方式进行混合所有制改革，比管理层持股和员工持股更能提高社会福利水平	陈晓珊（2017）
		相比于并购国企，国企并购民营企业更有利于供给侧结构性改革目标的实现	卫婧婧（2017）

主题		主要观点	代表文献
国企控制权转移主要观点及研究结论	控制权转移方式	国有控股上市公司的控制权转移能够改善公司的经营绩效，但采用有偿转让方式比无偿划拨的控制权转移绩效要好	陈昆玉和王跃堂（2006）
		实际控制人为自然人或民营企业比实际控制人为国企或集体且的混合制改革更成功	王惠卿（2015）
		50%～100%的控制权转移比例、协议划转和第一产业类的公司绩效提升效果最佳	任广乾（2019）
	地方政府	在转移地方国企的控制权时，地方政府兼有经济动机和政治需求，而且地方政府倾向于向民营企业转移"劣质资产"	张紫薇和和军（2018）
		市场化改革提高了地方政府转移控制权的经济效率动机并显著降低了政府的寻租动机；非国有经济、产品市场以及中介组织和法治建设的发展和完善能够显著促进地方国企控制权转移	林木西等（2019）
民企并购国企主要观点及研究结论	并购绩效	跨所有制并购不能提高短期并购绩效但对长期资本市场表现和盈利能力的改善有正面效应	陈银娥和赵子坤（2019）

1.2.7 现有研究的不足

首先，对于如何在国有资本与非国有资本之间寻求一个平衡点，目前尚无定论。从文献回顾中可以看出，学者普遍认为在竞争激烈的行业应该减少国有资本甚至是退出国有资本，但对于国有企业如何进退同时进退的尺度应该如何掌握的问题还没有明确的答案。仅强调引进非国有资本但不注重尺度的把握也无法达到混改的真正目的。因此，本书致力于探索不同混改方式下，国有资本与非国有资本的进退尺度。

其次，现有文献虽然关注国有资产流失的问题，但大多停留在理论层面提出解决方法，鲜有研究进行大样本检验。大多数学者对混改中国有资产流失的困境提出了自己的见解和解决方法，而对于国有资产流失的途径以及影响因素，则还未进行大量的实证研究来支持现有理论和结论。未来研究仍需要利用大数据对国有资产流失的途径进行识别，建立健全国有资产流失风险防范机制。

再次，党组织在混改过程中的角色定位和作用机制未被充分挖掘。可以看出，已有文献集中关注政府与高管在混改中发挥的作用。但随着党组织参与治理的深度和广度的增加，党组织已经参与到混改过程中的方方面面。不论是混改交易过程中还是混改后的公司治理，这个重要的影响因素是不容忽视的。然而，现有文献还较少对党组织在混改中的角色和作用进行规范系统的研究。未来研究仍需要进一步拓展党组织与混改的理论。

最后，从单一的财务指标衡量混改的绩效，而未考虑国有企业固有的公益性质。从上述文献回顾可以窥见，大多文献从企业的绩效特别是短期经济绩效出发，并对影响企业绩效的可能因素进行讨论和实证研究的检验。企业的经济绩效固然是衡量混改成果的标准之一，但国有企业的不仅肩负着维护国民经济安全的使命，也承担着事关国计民生的重大社会责任，社会效益的实现也应该成为混改绩效的衡量标尺之一。混改是否会影响国有企业的"公益"性质的实行，国有股份的公共性质与私人股份的个人利益应该如何权衡等问题都需要进一步研究。

1.3　关键科学问题及研究方法

1.3.1　拟解决的关键科学问题

根据研究内容与研究目标，本书需要解决的关键科学问题如下：

第一，维持混改过程中国有资本与非国有资本的动态平衡。"混资本"是混改的第一步，要使混改的进程顺利推进取得预期的成效，必须进行各类资本比例的合理配置。而混改企业的资本比例是一个稳定却又变动的结构。一方面，企业资本比例结构的稳定才能为企业日常生产经营活动和投资活动等提供支持；另一方面，从长期来看，企业的发展必然伴随各类资本的退出与进入。多数文献虽然关注了企业合理的股权结构设计的问题，但从长期来看，混改企业的国有资本和非国有资本比例安排仍然是一个不断博弈的过程。因此，如何在混改企业的长期发展过程中寻求两者的动态平衡是本书要解决的关键科学问题之一。

第二，将"公司治理—信息披露—政企关系"贯穿混改过程。政府是混合所有制改革的重要参与者，而以往文献大多将关注点聚焦在政府干预与混改绩效上，此外，信息披露除了满足利益相关者的经济决策的需要，还是外界用来监督企业的重要工具。本书考虑政府对国有企业的领导作用，对国有企业绩效进行评价，使用社会责任衡量企业的信息披露与政企关系，从而将"公司治理—信息披露—政企关系"这一辅线贯穿研究过程。

第三，科学地解读混改的经济后果。如何解读混改企业所取得的成效，这需要对国有企业和混改企业的性质和目标有深刻的理解。已有文献已经对混改绩效的评价、影响因素和影响路径做了大量规范、成熟的研究。然而，对于混改绩效的衡量，本书认为还有拓展的空间。鉴于国有企业的特殊性，本书认为在评价企业取得的经济绩效时应兼论其社会效益。从混改前后的企业社会责任的承担与私有股份的利益两者的变化中，科学、全面地评价混改的成果，这也是本书要解决的关键科学问题之一。

第四，解决可能存在的遗漏变量的影响。混合所有制改革作为一个外生事件，对国有企业和民营企业产生客观的冲击。但是，有研究表明企业绩效与运营效率较高的企业更倾向于进行混合所有制改革，因此，不能排除内生性问题的情况。此外，进行混改的企业还具有异质性偏差。针对以上问题，本书拟用 PSM – DID、控制地区、行业固定效应等方法进行研究。参照现有文献，本书针对所出现的样本的问题在后续的研究过程中进行改进和修正，试图找出最大程度降低本研究内生性问题的解决方案。

1.3.2 研究方法

本书主要采用理论模型和实证研究相结合的方法，并配合案例研究做深度分析。具体研究方法包括：

（1）理论构建：基于我国国有企业混合所有制改革实践，使用文献分析方法系统梳理并归纳现有文献理论研究，构建以混合所有制改革的"制度安排—作用机理—经济后果"为主线，以"公司治理—信息披露—政企关系"为辅线的分析框架。

（2）案例研究：从信息披露、控制权市场、股权结构安排、高管薪酬激励等角度进行多案例研究，并运用扎根理论探讨内部治理、外部治理与党组织治理三种治理模式的作用机制。

（3）数据检验：本书将以大样本的实证研究方法对研究内容进行全面的分析，综合利用多元回归、事件研究法、中介效应检验模型、Heckman 两阶段方法及双重差分倾向得分匹配（PSM – DID）等计量模型与方法，实现本书的研究目标。

（4）政策建议：通过案例分析及实证研究等多种方法，分类型、分方式构建混合所有制改革监督治理体系，为完善国有企业公司治理、防止国有资产流失、增强国有企业内生动力与活力提供政策建议。

1.4 可能的创新

本书基于经济学、金融学、政治学、社会学等相关理论方法，结合我国混合所有制改革的制度背景，综合运用理论构建、案例研究、数据检验等研究方法，对我国混合所有制改革的制度安排、作用机理和经济后果进行研究。

本书的创新性具体包括以下内容：

第一，研究视角创新。本书从国家促进国有资本放大功能、实现国有资产保值增值并进一步实现企业政治目标的迫切需求出发，基于混合所有制改革这一研究视角，从"混资本"和"改机制"两个方向进行研究，构建以"制度安排—作用机理—经济后果"为主线，"公司治理—信息披露—政企关系"为辅线的分析框架，在制度安排中关注国有资本与非国有资本的动态平衡、聚焦国有资产流失的问题；在作用机理中强调公司治理的桥梁作用；在经济后果中兼论混合所有制改革的社会公平与经济效率。因此，本书是一个整合企业个体、社会和制度层面因素的综合性研究。

第二，研究设计创新。本书拟采取两阶段的研究设计：第一阶段的案例研究旨在揭示关于混合所有制改革的关键概念（例如，国进民退，国有资产流失，国有资产保值增值，分类改革，分类治理等）以及它们之间的关系，并据此构建相关变量指标为后续研究奠定基础；第二阶段根据不同研究内容设计相应的实证研究方案与检验方法，进一步丰富与拓展第一阶段质性研究的研究结论。本书的研究设计和研究方法与研究内容高度契合。

第三，管理实践创新。本书同时提供了来自中国这样经济总量巨大的新兴国家国有企业改革的经验证据。中国的国企改革和混合所有制改革并不等同于发达国家的国企"私有化"改革，我国国企改革的方式、内容和参与主体等都有明显的区别。基于中国特有的制度背景，本书运用中国国有企业混改的数据，结合规范的研究方法，为国企改革领域的研究提供了来自中国的经验证据和理论解释，响应学界"研究中国问题、讲好中国故事"的号召。

第2章

混合所有制改革影响高管
激励的机制研究

2.1 引言

已有文献研究发现货币薪酬并不是国企高管激励的有效方式（Xin et al.，2019）。表2-1列示了2016年81家央企董事长的现金薪酬状况：与非国企相比，国企高管薪酬偏低，标准差小。在薪酬管制和货币薪酬激励失效的情况下，国企高管纷纷转向在职消费以寻求替代性补偿。2020年中央纪委国家监委网站发布了部分国企在职消费情况，指出企业董事长、总经理、总会计师等关键岗位腐败多发是国企领域腐败的特征之一①。除了货币薪酬和在职消费，高管晋升是国企激励最核心的方式。通过行政晋升激励，国企能够在薪酬较低的情况下调动高管的工作积极性和提高企业价值，政府也能在使用少量资源的情况下实现对国企的控制。但在中国的关系型社会，高管晋升往往与腐败联系在一起，如在职消费、形象工程等。

---

① 资料来源：中纪委，http://www.ccdi.gov.cn/yaowen/202007/t20200708_221598.html。

表 2-1 中央国企董事长（副部级）2016 年度现金薪酬的描述性统计

统计量	董事长现金薪酬（万元）
均值	75.83
中位数	75.12
最小值	53.50
最大值	125.75
标准差	13.20

资料来源：Xin et al.，2019。

作为深化国企改革的重要一环，混改不仅是资本的混合也是国企治理机制的改革。关于混改的政策指引明确了市场化选人用人机制在国企治理改革中的重要地位。据国资委资料显示，截至 2020 年底，已有超 5 000 名职业经理人受到央企子企业的聘任，且央企集团总部进行了部门和人员编制的缩减，缩减幅度达到 17%～20%①。高管激励机制改革对国企来说，是激发国企活力的重要源泉，而对于国企原有高管来说则是一次大考。随着混改中职业经理人制度的引入，国企高管的职位不再是"铁饭碗"的象征。那么，上述国企高管激励方式是否随着混改对企业价值产生了不同的影响？进一步地，国企高管激励方式之间如何作用，混改是否导致其作用方式转变？对这些问题的解决有助于国企高管薪酬制度设计和完善，缓和当前激励困境，降低代理成本从而提高国企效率和价值，进一步深化混改。

关于高管激励方式与企业价值关系的文章较为丰富，如从薪酬差距、超额在职消费、高管晋升以及声誉激励等角度出发研究一种激励方式与企业价值的关系（林琳和潘琰，2019；耿云江和王明晓，2016；刘青松和肖星，2015；王延霖和郭晓川，2020）。此外，由于高管激励机制的设计往往是多种激励方式的组合，因此也有部分学者对激励方式间的替代和互补关系进行研究（王曾等，2014；曹伟等，2016）。但已有文献对于高管激励对企业价值影响的结论大多不一致且忽视了混改对高管激励机制的影响。在国企改革全面推开的背景下，改革对国企高管激励机制的影响是重大的。尽管当前已有少量文献研究了非国有股东参与治理对高管激励方式的影响（蔡贵龙等，2018；姬怡婷和陈昆玉，2020），但未进一步深入讨论高管激励方式的变化将如何进一步影响企业价值。而高管激励机制的改革是激发国企活力、推动国企改革的重要一环，本章认为有必要对混改前后高管激励方式对国企价值的影响进行探讨。

本章的理论贡献与实际意义在于：（1）丰富了混改中公司治理改革的经济后果研究，证实了国企混改带来的治理效应，为"混改是否有效"的争议提供了经验证据；（2）结论有助于混改后的高管激励机制的设计和完善，同时指出了混改后公司治理的重点和难点，有助于企业"对症下药"，推进新一轮国企改革发展。

---

① 资料来源：国资委，http://www.sasac.gov.cn/n4470048/n13461446/n15390485/n15390510/c16334892/content.html。

2.2　理论分析与研究假设

2.2.1　高管激励方式与盈余管理

1. 薪酬差距与盈余管理。

对于薪酬差距在企业中的作用，现有文献大致分为两种观点。一种是锦标赛理论，持有这种观点的学者认为员工在企业中获得的回报不仅取决于自身努力，还需要同时考虑在竞赛中对手的排名。为了赢得比赛，企业员工会加强竞争、相互监督，提高工作效率并最终提高企业绩效，降低代理成本（Lazear and Rosen，1981；李绍龙等，2012）。另一种是公平分配理论，该理论认为薪酬差距不符合公平分配原则，会给员工带来心理不平衡和挫败感（张正堂，2008），最终造成企业绩效下降。对于国企来说，当基础薪酬不能发挥激励作用时，以薪酬差距形式的锦标赛能起到一定的补充激励。

因此，根据锦标赛理论，垂直薪酬差异能够激励非 CEO 高管减少真实盈余管理行为，降低了公司真实盈余管理水平（邓鸣茂等，2021）。随着国企薪酬管制力度的增大，高管会寻找其他渠道，如在职消费进行自我激励从而导致代理成本上升。薪酬管制意味着国企高管薪酬差距缩小（林琳和潘琰，2019），高管寻求自我激励动机增大，但两者相互作用不会直接反映在随后的企业业绩上，而是以更加隐蔽的方式如盈余管理进行操作。据此，提出假设 2.1。

H2.1：国企高管薪酬差距的缩小会导致企业盈余管理水平上升。

2. 在职消费与盈余管理。

尽管国外有学者认为在职消费也是一种激励方式，能够提高高管认知度、忠诚度和工作积极性，支持效率论（Adithipyangkul et al.，2011；Chen et al.，2015）。但在我国，关于在职消费的研究结论大都支持代理理论，即高管利用在职消费进行自利行为，会增加公司代理成本，降低企业价值（褚剑和方军雄，2016；郝颖等，2018）。在国企，不论是预算软约束、薪酬管制还是晋升动机使在职消费成为满足自我效用的最好选择。而为了达到国资委设置的利润指标或者减少在职消费对企业业绩、国企高管会选择进行盈余管理。鉴于此，提出假设 2.2。

H2.2：国企高管在职消费的增加会导致企业盈余管理水平上升。

3. 高管晋升与盈余管理。

国企高管晋升常被作为解决在职消费等代理问题的有效激励机制。当国企的薪酬、福利受到刚性约束，政治晋升的激励作用是决定性的（Xin et al.，2019）。国企高管晋升激励机制能够收敛在职消费从而降低盈余管理（王曾等，2014）。但是，在中国特殊的关系社会中，高管晋升往往伴随着关系拉拢、贿赂官员等腐败行为，这又会加大盈余管理的动机（郑志刚等，2012）。可见，高管晋升与盈余管理关系并不如前两者明朗，据此，提出替代假设 2.3a 和 2.3b。

H2.3a：国企高管晋升会导致企业盈余管理水平上升。

H2.3b：国企高管晋升会导致企业盈余管理水平下降。

2.2.2　高管激励方式的相互作用

1. 在职消费与薪酬差距。

国企薪酬差距反映了薪酬管制程度大小。国资委、审计署等相关机构多次对国企经理人的薪酬作出限制。但现有研究认为薪酬管制并未产生预期效果，反而招致更多腐败（Adithipyangkul et al.，2011；Bae et al.，2017）。陈冬华等（2005）直接指出在职消费内生于国企薪酬管制约束，企业高管使用在职消费替代基本薪酬（蒋涛和廖歆欣，2021）。此外，EVA 薪酬机制对超额在职消费行为具有激励替代效应（池国华等，2022）。国企高管薪酬决定机制意味着随着国企高管薪酬差距缩小，锦标赛激励失效，高管会寻找其他渠道如在职消费进行替代激励。因此，提出假设 2.4。

H2.4：在职消费与薪酬差距存在替代效应。

2. 在职消费与高管晋升。

关于在职消费与高管晋升的关系，现有研究将其归为因果关系。如高管为了晋升往往进行形象工程建设、政府官员关系的拉拢和贿赂等腐败行为（郑志刚等，2012）。而高管在职消费等腐败行为不仅为了晋升，很多时候也表现为私利攫取（郝颖等，2018）。从财政部、监察部、审计署以及国资委颁布的《国有企业负责人职务消费行为监督管理暂行办法》中对办公室面积，公务车辆等职务消费规范也可以窥见这一点。因此，国企中在职消费与高管晋升更多呈现为互补效应。据此，提出假设 2.5。

H2.5：在职消费与高管晋升存在互补效应。

2.3　研究设计

2.3.1　样本与数据来源

参考马连福等（2015）做法，将 A 股上市国企在首次非国有资本进入的当年和以后年份认定为处于混改状态。本章以 2004 ~ 2019 年为样本区间，随后，对样本进行如下处理：（1）剔除金融类国有上市公司，剔除 ST、*ST 的公司；（2）剔除关键变量缺失的样本。本章相关数据均来源 CSMAR；高管晋升的数据由手工整理得到。

2.3.2　实证设计

1. 主要变量说明。

（1）被解释变量。

被解释变量为盈余管理，采用应计盈余管理的绝对值（DA）。

（2）解释变量。

解释变量为三种激励方式，薪酬差距（Gap）计算方法如式（2-1）所示：

$$\text{Gap} = \frac{\text{董事、监事及高管前三名薪酬总额}/3}{(\text{董事、监事及高管薪酬总额}/\text{董事、监事及高管总人数})} \qquad (2-1)$$

参考陈仕华等（2015）的做法，在职消费（Perks）为八项费用①除以营业收入进行标准化。高管晋升（Promotion），表示国企离任高管晋升、平调和降职②。本章的高管指国企董事长和总经理。

本章主要变量说明见表2-2。

表2-2　　　　　　　　　　　　　　主要变量说明

	变量名	符号	衡量方法
被解释变量	应计盈余管理	DA	基于 Jones 模型计算得出
解释变量	高管薪酬差距	Gap	见式（2-1）
	在职消费	Perks	八项费用除以营业收入
	高管晋升	Promotion	国企离任高管晋升、平调和降职，分别对应1、0、-1
控制变量	公司规模	Size	总资产对数
	财务杠杆	Lev	资产负债率
	盈利能力	ROE	净资产收益率
	企业成长性	Growth	营业收入增长率
	现金持有量	Cashhold	现金持有量
	董事会规模	B_size	董事总人数对数
	管理层持股比例	M_holder	管理层持股数量/总公司股本数量
	第一大股东持股比例	LargestHolderRate	第一大股东持股数量/总公司股本数量
	两职合一	Dual	总经理兼任董事长取1，否则取0
	审计意见	Opinion	审计意见为标准无保留取1，否则取0
	四大审计	Four	审计机构为国际四大会计师事务所取1，否则取0

---

①　八项费用指财务报表附注中"其他与经营活动有关现金流"表中办公费、差旅费、业务招待费、通讯费、出国学习费、董事会费、小车费和会议费。

②　本章根据以下情况判断高管调任方向：（1）晋升：前往政府部门任职；在股东单位或同级国企担任更高职位；（2）平调：在同级国企担任同级职位、续任；（3）降职：调任至下级企业；在原公司或同级国企担任董事或降职（如副总）；因违法、受罚或丑闻等自行辞职或被辞退。

2. 模型构建。

本章针对 H2.1，H2.2，H2.3 构建了模型（2-2）：

$$DA = b_0 + b_1 Incentives + b_2 Control + \sum Industry + \sum year + \varepsilon \qquad (2-2)$$

DA 表示企业的盈余管理水平；Incentives 分别代表三种激励方式；Control 为一系列控制变量，并对行业和年度控制。

为检验替代效应 H2.4 和互补效应 H2.5，本章借鉴蒋涛和廖歆欣（2020）的做法构建模型（2-3）和模型（2-4）：

$$DA = b_0 + b_1 Perks + b_2 Gap + b_3 Perks * Gap + b_4 Control + \varepsilon \qquad (2-3)$$

$$DA = b_0 + b_1 Perks + b_2 Promotion + b_3 Perks * Promotion + b_4 Control \qquad (2-4)$$

2.4 实证结果与分析

2.4.1 实证分析

1. 描述性统计。

表 2-3 显示，除了个别企业的盈余管理水平（DA）较高，样本分布总体较为均匀。从表 2-3 可以看出，在职消费（Perks）均值为 0.02，这说明国企中的在职消费占营收比重大，最大值与最小值的差异表明个别企业间差距较大。薪酬差距（Gap）的均值为 14.35，且标准差仅为 0.96，表明在国企当中薪酬差距的差异未充分显现。此外，高管晋升的均值为 0.59 验证了国企高管在早期"只能上不能下"的晋升机制带来的影响。在控制变量方面，高管持股（M_holder）的均值和中位数为 0，且最大值仅为 0.06。可见，尽管国企高管股权激励仍待进一步完善，为了保证结论的稳健性，本章未将股权激励纳入分析样本。

表 2-3　　　　　　　　　　　　　　　　描述性统计

变量	观测值	均值	标准差	最小值	中位数	最大值
DA	25 132	0.07	0.107	0.00	0.05	2.16
Perks	25 189	0.02	0.023	0.00	0.01	0.15
Gap	22 212	14.35	0.96	11.70	14.40	16.54
Promotion	12 752	0.59	0.691	-1.00	1.00	1.00
Size	25 235	22.40	1.331	19.93	22.24	26.11
Lev	25 188	0.51	0.186	0.09	0.52	0.89

变量	观测值	均值	标准差	最小值	中位数	最大值
ROE	25 168	0.08	0.085	-0.23	0.07	0.32
Growth	25 075	0.41	1.276	-0.71	0.11	9.19
Cashhold	24 994	-0.08	0.269	-1.04	-0.06	0.69
B_size	25 051	9.45	1.933	5.00	9.00	15.00
M_holder	24 029	0.00	0.006	0.00	0.00	0.06
LargestHolderRate	25 236	0.39	0.154	0.11	0.38	0.75
Dual	25 187	0.07	0.253	0.00	0.00	1.00
Opinion	25 236	0.97	0.160	0.00	1.00	1.00
Four	25 236	0.07	0.260	0.00	0.00	1.00

2. 高管激励方式与盈余管理。

表 2-4 报告了在没有控制行业和年份情况下的单变量回归结果，可以看到高管薪酬差距系数不显著，但是系数的符号符合假设的预期，需要进一步控制其他变量进行验证。在单变量回归中，在职消费会显著增加企业的盈余管理，初步证实了 H2.2。而高管晋升的回归结果初步支持了 H2.3b 的预期，即国企高管晋升会降低盈余管理。

表 2-4　　　　　　　　　　　　　　单变量回归结果

	（1） DA	（2） DA	（3） DA
Gap	-0.002 （-0.31）		
Perks		0.064 *** （19.60）	
Promotion			-0.003 *** （-2.99）
N	24 963	22 176	12 608
R²	0.015	0.000	0.001

表 2-5 报告了盈余管理对薪酬差距进行多元回归的结果，第（1）列在控制了行业和年度后，国企高管薪酬差距与盈余管理呈显著的负相关关系，即国企高管薪酬差距的扩大会导致企业盈余管理水平下降，H2.1 得到验证。这与锦标赛理论一致，说明国企高管获得的回报不仅取决于自身的努力，还需要同时考虑在竞赛中其他高管的排名。为了赢得比赛，高管间会加强竞争、相互监督和约束从而减少高管盈余管理的动机和行为。

表 2 – 5   盈余管理对薪酬差距的多元回归结果

	(1) DA	(2) DA（混改前）	(3) DA（混改后）
Gap	-0.002 *** (-3.43)	0.001 (0.33)	-0.003 *** (-3.71)
Lev	0.001 *** (3.37)	-0.003 (-1.38)	0.001 *** (3.50)
ROE	0.346 *** (17.59)	0.098 (1.05)	0.358 *** (17.81)
Growth	0.006 *** (10.12)	0.013 *** (2.88)	0.006 *** (9.48)
M_holder	1.211 *** (2.61)	-16.385 (-0.61)	1.251 *** (2.67)
B_holder	-1.184 ** (-2.02)	20.643 (0.59)	-1.219 ** (-2.05)
Dual	-0.003 * (-1.80)	-0.063 *** (-4.56)	-0.002 (-1.27)
LargestHoldersRate	0.000 ** (2.15)	0.000 (1.09)	0.000 * (1.69)
Opinion	-0.021 *** (-3.67)	0.015 (0.84)	-0.022 *** (-3.71)
Constant	0.089 *** (6.21)	0.046 (1.12)	0.055 *** (4.07)
Year	Yes	Yes	Yes
Industry	Yes	Yes	Yes
N	17 458	666	16 792
R^2	0.112	0.362	0.107

再进一步区分混改前后两者的回归结果时，发现第（2）列混改前高管薪酬差距对盈余管理没有显著影响，而第（3）列混改后这种负向影响十分显著。这是由于薪酬管制的存在，基础薪酬在国企中的激励方式失效，而薪酬差距作为基础薪酬的相对表现形式，在混改前的国企中也无法发挥其激励作用。据 2016 年国资委披露的 81 家央企董事长的现金薪酬资料显示，央企董事长平均薪酬为 75.83，标准差为 13.2。与同行业同体量的民营企业相比，高管薪酬较低，这也表明国企中货币薪酬不是最有效激励方式，在混改前高管薪酬激励难以成为激发国企活力的重要源泉。混改后，高管薪酬管制约束放宽，职业经理人进入国企中，薪酬体制逐渐市场化导致企业的高管薪酬差距扩大。如地方国企云南白药（000538）在 2016 年底进行混改后首次对已维持了长达 15 年的薪酬体系进行调整。据年

报数据显示，混改前（2016 年）其董监高薪酬大约为 290 万，而混改后达到了 610 万，薪酬差距明显扩大。这一结论也得到马影和王满（2019）的研究支持。他们发现非国有大股东的参与提高了国企高管薪酬差距以及其激励效应。当薪酬差距扩大，根据锦标赛理论，此时高管会进行竞赛，为防止对方赢得比赛会加强对竞争者的监督，从而减少盈余管理的机会。

表 2-6 中第（1）列结果表明国企高管在职消费的增加会显著增加企业盈余管理水平，这与大多数学者的研究结论一致（褚剑和方军雄，2016；郝颖等，2018）。同时支持代理理论。考虑混改前后国企的在职消费对盈余管理的影响，表 2-6 中第（2）与（3）列的回归结果显示在混改前后在职消费都会显著增加企业的盈余管理，这说明在职消费具有一定的刚性，不论在混改前后都是国企治理的重点。以 2014 年中共中央政治局审议通过《关于合理确定并严格规范中央企业负责人履职待遇、业务支出的意见》[①] 为例，其首次对央企负责人的多项消费内容作出规定，并明令禁止使用公款进行日常生活的消费支出等。

表 2-6　　　　　　　　　　盈余管理对在职消费的多元回归结果

	（1） DA	（2） DA （混改前）	（3） DA （混改后）
Perks	0.039 *** (6.99)	0.031 ** (2.08)	0.041 *** (6.89)
Lev	0.005 ** (2.10)	0.022 ** (2.14)	0.004 (1.56)
ROE	-0.001 (-0.42)	-0.038 *** (-2.71)	0.001 (0.48)
Growth	0.005 *** (8.66)	0.010 *** (3.87)	0.005 *** (7.88)
M_holder	1.115 ** (2.30)	-1.297 (-0.39)	1.094 ** (2.25)
B_holder	-0.940 (-1.52)	0.828 (0.19)	-0.863 (-1.39)
Dual	-0.005 *** (-2.93)	-0.047 *** (-6.04)	-0.003 * (-1.89)

[①]　2014 年中共中央政治局审议通过《关于合理确定并严格规范中央企业负责人履职待遇、业务支出的意见》首次对央企负责人公务用车、办公用房、培训、业务招待、国内差旅、因公临时出国（境）、通信 7 项具体内容设置上限标准，并明令禁止"企业用公款为负责人办理的理疗保健、运动健身和会所、俱乐部会员、高尔夫等各种消费卡"等行为。

续表

	(1) DA	(2) DA （混改前）	(3) DA （混改后）
S_size	−0.002 (−1.59)	0.005 (0.85)	−0.003 * (−1.71)
s_index	0.001 (0.26)	0.006 (0.51)	−0.001 (−0.21)
Opinion	−0.005 (−1.44)	0.019 *** (3.48)	−0.008 ** (−2.10)
Four	−0.010 *** (−6.56)	−0.006 (−0.97)	−0.011 *** (−7.02)
Constant	0.063 *** (10.85)	0.072 *** (3.12)	0.057 *** (8.92)
Year	Yes	Yes	Yes
Industry	Yes	Yes	Yes
N	22 177	1 756	20 421
R^2	0.079	0.206	0.075

表 2 - 7 中第（1）列表明国企高管晋升与盈余管理呈显著负相关，H2.3 得证。当以混改前后进行分组时，混改前高管晋升会显著提高国企的盈余管理水平，而第（3）列混改后高管晋升显著降低了国企的盈余管理水平。混改前后造成的显著差异是监管力度和治理水平的差异造成的。在混改前国企董事长和总经理往往由一个人担任，董事会治理职能缺失，导致国企高管为获得晋升进行盈余管理操作更容易（乔惠波，2017）。而混改后，非国有资本委派高管或董事进入管理层加大了对企业的监管力度，因此高管为了晋升进行盈余管理的难度变大。蔡贵龙等（2018）也指出非国有股东治理是抑制高管在职消费的有效途径。

表 2 - 7　　　　　　　　盈余管理对高管晋升的多元回归结果

	(1) DA	(2) DA （混改前）	(3) DA （混改后）
Promotion	−0.003 *** (−2.93)	0.007 ** (2.01)	−0.003 *** (−3.25)
Lev	−0.006 * (−1.68)	−0.005 (−0.35)	−0.004 (−1.27)
ROE	−0.029 *** (−3.77)	−0.080 *** (−4.60)	−0.022 *** (−2.93)

	（1） DA	（2） DA （混改前）	（3） DA （混改后）
Growth	0.006 *** （8.09）	0.018 *** （4.06）	0.005 *** （7.22）
M_holder	2.014 ** （2.47）	0.861 （0.24）	2.068 ** （2.47）
B_holder	－1.748 * （－1.67）	－1.654 （－0.36）	－1.716 （－1.60）
Dual	－0.007 *** （－2.99）	－0.062 *** （－5.11）	－0.005 ** （－1.98）
S_size	－0.003 （－1.61）	－0.004 （－0.50）	－0.003 （－1.47）
s_index	0.004 （0.66）	0.021 （1.11）	－0.001 （－0.12）
Opinion	－0.001 （－0.30）	0.017 ** （2.26）	－0.003 （－0.78）
Four	－0.012 *** （－6.32）	－0.014 * （－1.93）	－0.013 *** （－6.51）
Constant	0.077 *** （9.28）	0.145 *** （4.41）	0.066 *** （7.37）
Year	Yes	Yes	Yes
Industry	Yes	Yes	Yes
N	11 316	830	10 486
R^2	0.097	0.369	0.088

3. 高管激励方式的相互作用。

（1）在职消费与薪酬差距。

表 2－8 中第三行在职消费与薪酬差距的交乘项符号显著为负，表明在职消费与薪酬差距存在显著替代效应，H2.4 得证。表 2－8 中第（3）列交乘项回归系数表明混改后两者替代效应显著性水平虽然没有减弱，但系数绝对值明显减小。这说明，一方面，在职消费不论在混改前后都是国企公司治理重点；另一方面，结合薪酬差距在混改后对盈余管理有更显著的负向影响，在职消费与高管薪酬差距在混改后替代关系减弱一定程度上说明，混改使薪酬激励重新焕发生机。

表 2 -8　　　　　　　　　　　　在职消费与薪酬差距的替代作用

	(1) DA	(2) DA （混改前）	(3) DA （混改后）
Perks	0.577 *** (3.47)	1.752 *** (3.12)	0.528 *** (3.05)
Gap	0.052 *** (4.78)	0.131 *** (2.72)	0.047 *** (4.24)
Perks * Gap	- 0.208 *** (-3.28)	- 0.689 *** (-3.13)	- 0.187 *** (-2.83)
Control	Yes	Yes	Yes
N	20 631	774	19 857
R²	0.085	0.351	0.082

（2）在职消费与高管晋升。

表 2 -9 中第三行的在职消费与高管晋升交乘项符号显著为正，说明在职消费与高管晋升存在着显著互补作用，H2.5 得证。而表 2 -9 中第（2）列混改前的互补效应并不显著，总体显著性水平来源于第（3）列混改后两者强互补效应。这是因为混改前国企高管多职合一、"能上不能下"晋升机制使高管晋升预期偏高（Xin et al.，2019）。当晋升预期越高，在职消费会收敛，因此两者的互补关系不明显。而混改后，薪酬体制和考核方法逐渐市场化（Ke et al.，2012；Hu et al.，2013），高管晋升难度增加和预期下降。此时，高管会考虑"权力过期作废"问题，在权力有效期内进行更多在职消费（王曾等，2014；曹伟等，2016）。因此，混改后高管晋升与在职消费的互补效应更强。

表 2 -9　　　　　　　　　　　　在职消费与高管晋升的互补作用

	(1) DA	(2) DA （混改前）	(3) DA （混改后）
Perks	0.008 *** (3.72)	- 0.006 (-0.62)	0.009 *** (3.78)
Promotion	- 0.002 (-1.29)	0.005 (1.57)	- 0.002 * (-1.78)
Perks * Promotion	0.020 ** (2.19)	0.001 (0.02)	0.025 *** (2.64)
Control	Yes	Yes	Yes
N	11 837	1 411	10 426
R²	0.099	0.201	0.103

2.4.2　稳健性检验

1. 盈余管理是本章关键指标，本章采用真实盈余管理指标（TREM）作为应计盈余管理（DA）的替代变量。回归结果显示 H2.1～H2.5 研究结论并未改变。即总体上，高管在职消费显著增加国企盈余管理，而薪酬差距的扩大和高管晋升降低了国企盈余管理水平；在职消费与薪酬差距存在替代效应，而在职消费与高管晋升存在互补效应。可见，衡量因变量的方式不同并不会改变高管激励方式对国企价值的影响，表明上述研究结论具有稳健性。

2. 考虑到 2008 年金融危机以及 2015 年股灾等重大事件对样本数据质量的影响，本章剔除了 2008 年和 2015 年样本数据后再进行回归，实证结论未发生实质性变化。因此，混改对国企高管激励机制和国企价值的影响具有持续和重大的影响，而非由其他突发事件的冲击所致。

3. 由于实力更强和规模更大的国有企业更倾向于进行混合所有制改革，因此存在潜在样本选择偏差问题。为了缓解该问题，本章采用 Heckman 两阶段模型进行检验，结果见表 2-10。结果表明，尽管逆米尔斯比率显著即存在样本选择偏差问题，但进行 Heckman 两阶段模型回归结果与文章结论依旧保持一致。因此，在克服样本选择偏差问题后，高管激励方式对国企价值的影响以及激励方式之间的相互作用效应具有其稳定性。

表 2-10　　　　　　　　　　　　Heckman 两阶段回归结果

	(1) DA	(2) DA	(3) DA	(4) DA	(5) DA
Perks	0.060 *** (12.97)			0.343 *** (3.02)	0.020 *** (16.24)
Gap		−0.001 ** (−2.05)		0.026 *** (2.67)	
Promotion			−0.003 ** (−2.25)		−0.005 *** (−3.73)
Perks * Gap				−0.104 ** (−2.39)	
Perks * Promotion					0.018 ** (2.52)
Control	Yes	Yes	Yes	Yes	Yes
mills	−0.104 *** (−6.26)	−0.059 *** (−7.92)	−0.113 *** (−6.88)	0.017 *** (4.66)	0.020 *** (6.44)
N	22 226	21 827	12 291	20 854	12 061

2.5 结论与建议

以混改为背景，本章研究了高管薪酬差距、在职消费以及高管晋升对盈余管理的影响，最终证实了：（1）高管薪酬差距会显著降低盈余管理，结果进一步支持了锦标赛理论。在混改后，薪酬差距影响更为显著；（2）在职消费显著提高企业盈余管理水平，混改前后在职消费都能够对盈余管理产生显著影响；（3）高管晋升显著降低盈余管理。混改前后，实证结果表现出明显差异。本章还探讨了在职消费与高管薪酬差距、在职消费与高管晋升之间存在的作用。研究表明，前者是替代关系，后者为互补关系。

本书研究以混改为背景，考察了高管激励机制对企业价值的影响，证实了混改带来的治理效应和价值效应，丰富了混改的经济后果研究。现有文献已考察了高管激励方式与企业价值的关系，但结论大多不一致且忽视了混改对高管激励机制的影响。而对混改和高管激励方式之间的关系进行研究的文献未进一步探讨高管激励方式的变化如何进一步影响企业价值。本章考察了混改前后高管激励机制对国企价值的影响，验证了混改的治理效应和价值效应。

本章的研究建议在于：（1）适当的高管薪酬差距能够促进高管相互竞争、相互监督，减少代理成本进而增加企业价值。这为当前备受争议的薪酬管制提供一些经验证据。这也提醒政策制定者，国企高管是否限薪需要进行分类设计，"一刀切"的方式将导致国企高管薪酬激励无法成为激发国企活力的重要来源。而混改后的国企高管薪酬体制和考核机制更加市场化，混改确实能够使薪酬激励重新发挥其应有的效用。因此，想要实现国企治理水平和治理能力现代化必须继续深化和推进混改。（2）在职消费具有一定的刚性，是新一轮混改治理的重点。因此，完善公司治理水平是混改企业面临的重大考题。蔡贵龙等（2018）指出不能将混改简单地等同于资本的混合，只有让非国有股东参与国企经营、治理的权利得到保障，才能让民营资本的监督和治理作用得到有效的发挥。

第3章

混合所有制改革影响股价
崩盘风险的机制研究

3.1 引言

　　股价崩盘风险一直是各界关注的重点，它不仅会导致投资者个体资产面临缩水的风险，还会对资本市场和实体经济带来巨大的冲击和破坏。作为全球最大的新兴经济体，中国的股票市场自20世纪90年代以来也经历了多次暴跌，如2015年千股跌停的股灾事件重创了中国资本市场；2019年被视为千亿白马股的 *ST康美（600518）被曝出300亿元财务造假的丑闻后，股价连续暴跌。股价暴跌现象已经严重危害资本市场的秩序和经济持续健康发展。因此，考察降低股价崩盘风险的有效路径对维护我国资本市场稳定仍有重要的研究价值。

　　主流观点大多从代理问题和信息透明度出发探讨股价崩盘风险的成因。前者研究多集中于高管自利行为（Kothari et al.，2009；Kim et al.，2011；Xu et al.，2014；Sun et al.，2019；周蕾等，2020）和高管特征（鲁桂华和潘柳芸，2020；Chen et al.，2021），而后者则发现会计稳健性（Kim and Zhang，2016）、分析师（许年行等，2012；Xu et al.，2013）、媒体宣传（罗进辉和杜兴强，2014；An et al.，2020）等会影响股价崩盘风险。尽管已有文献对股价崩盘风险的影响因素作了广泛的讨论，但上述文献主要集中在微观层面而较少对宏观层面如政策制度的影响如何作用于微观企业的股价崩盘风险进行研究。如税收征管（江轩宇，2013）、中国融资融券制度（褚剑和方军雄，2016；孟庆斌等，2018；

Deng et al.，2020）均会作用于股价崩盘风险。但对于混改这一宏观政策对股价崩盘风险的作用尚未得到系统的研究。

从上述文献综述可以得知，代理问题是引发股价崩盘风险重要成因，这一问题在国企中更为突出（罗宏和黄文华，2008）。平新乔等（2003）的研究结果指出中国国有企业的代理成本使国企只能发挥其 30%～40% 的利润潜力。熊家财（2015）认为政府干预、政策性负担以及薪酬管制等降低了国企管理者的积极性从而无法降低代理成本。国企严重的所有者缺位现象伴随的上述代理问题正是产生股价崩盘风险的诱因。代理问题的解决依赖于对管理者行为的约束和激励（Jensen and Meckling，1976）。建立行之有效的高管激励机制是混合所有制改革的一以贯之的迫切任务：从 2015 年《意见》① 强调要建立市场导向的选人用人和激励约束机制、2019 年国资委《指引》② 中强调的三项制度改革到 2020 年通过的《三年行动》③ 明确管理层任期制、契约化管理从而推动市场激励机制。随着国企改革的深入推进，混合所有制改革的成效不仅是实务界关注的重点，也成为了理论界的焦点。混改在国企绩效（宋立刚和姚洋，2005）、投资效率（李井林，2021）等方面发挥的价值效应以及对国企冗员（张伟华等，2021）和财务重述行为（蔡贵龙等，2021）等治理效应均得到了实证的支持。但是，混改对股价崩盘风险是否有治理作用未有定论。这正是本章尝试解决的问题，即混改是否通过建立合理的市场化激励机制从而降低企业的代理成本，进一步降低股价崩盘风险。

为回答上述问题，本章以 2011～2019 年参与混改的 A 股上市国企为样本，采用多期 DID 模型对混改和股价崩盘风险的关系进行检验。本章研究贡献在于：（1）现有关于股价崩盘风险研究主要涉及投资行为、高管激励以及创新等企业微观层面的影响因素（孙淑伟等，2017；江轩宇和许年行，2015；Sun et al.，2019；江轩宇等，2020），而极少关注我国特殊的混合所有制背景与股价崩盘的关系。本章的结论为其提供了宏观层面影响因素的证据；（2）虽然混合所有制改革的实证研究已逐渐丰富，但其改革成效多讨论混改绩效、非国有股东参与治理（张辉等，2016；马勇等，2019）。而混改这一宏观政策如何通过影响国企股价崩盘风险进而影响资本市场的稳定仍有待进一步深入研究。本章探讨了混改对国企股价崩盘风险的影响，补充了混合所有制改革这一宏观政策作用于实体经济和资本市场的经济后果研究；（3）本章从公司治理角度，验证了高管激励在混改与股价崩盘风险中的中介作用，回应了混改如何作用于股价崩盘风险的机制和路径问题，为混改治理效应的实现提供了新的证据。同时，本章的研究结论阐明了国企高管激励机制作为国企改革的重点，在稳定资本市场和维持国民经济健康平稳运行方面发挥了举足轻重的作用，对推动国企改革三年行动方案具有现实意义。

---

① 2015 年 9 月国务院发布《关于国有企业发展混合所有制经济的意见》。
② 2019 年 11 月国资委发布《中央企业混合所有制改革操作指引》。
③ 资料来源：国资委，http：//www.sasac.gov.cn。

3.2 理论分析与研究假设

对于股票崩盘风险形成的原因，一方面，现有研究多从委托代理问题出发，指出管理者出于多种自利动机的考虑如在职消费（Xu et al.，2014）和构建商业帝国（Kothari et al.，2009）等，倾向于隐瞒或延迟披露负面消息。当负面消息超临界点集中释放时可能引发股价崩盘（Jin and Myers，2006）。另一方面，从利益相关者的信息不对称问题出发，认为当利益相关者无法了解到企业的真实经营情况，作出错误的经济决策导致企业股价存在泡沫（李小荣和刘行，2012；叶康涛等，2015）。随着研究的深入，该领域文献逐渐丰富。从代理问题角度看，大股东（谢德仁等，2016；姜付秀等，2018；Li et al.，2021）、高管行为（易志高等，2019）和特征（李小荣和刘行，2012；鲁桂华和潘柳芸，2020；Chen et al.，2021）以及激励方式（Sun et al.，2019；周蕾等，2020）等都是影响股价崩盘的重要因素。从信息不对称问题出发，机构投资者行为（许年行等，2013；曹丰等，2015；Ni et al.，2020）、分析师（许年行等，2012；Xu et al.，2013）、媒体（罗进辉和杜兴强，2014；An et al.，2020）、投资者情绪（赵汝为等，2019；唐勇等，2022）、企业 ESG 信息披露（席龙胜和王岩，2022）等也与其密切相关。然而，混改作为推动我国国民经济发展的重要举措，其对资本市场和微观企业的影响是毋庸置疑的。但从以上文献回顾来看，现有文献仍缺乏将股价崩盘风险置于混改背景下的讨论。

现有研究对混合所有制改革的经济后果研究大体可以分为价值效应和治理效应。就价值效应来说，引入非国有资本可以提高国企的资本利润率（宋立刚和姚洋，2005），全要素生产率（刘晔等，2016），国企投资效率（向东和余玉苗，2020；李井林，2021）以及信用评级（张娆和宋丽娟，2022）。混改的治理效应则表现为代理问题的缓解和代理成本的降低。非国有股东通过参加国企公司治理促进国企创新（冯璐等，2021），程承坪和陈志（2021）则指出内部控制和高管薪酬激励的完善是其中的作用机制。此外，混改的治理效应还体现为减少国企冗员（张伟华等，2021）和财务重述行为（蔡贵龙等，2021），缓解国企的产能过剩现象（马新啸等，2021）。已有文献对混改是否会影响国企股价崩盘风险这一问题还未有定论。仅有一篇文献研究了同样作为国企改革方式的股权分置改革对崩盘风险的治理作用（Liang et al.，2020）。混改作为当前国企改革的重要一环，是基于股权分置改革但又比其更深层次的改革。因此，有必要对从混改这一视角对股价崩盘风险进行分析。

股价崩盘风险主要来自以下两个问题：一是与管理者相关的委托代理问题；二是利益相关者的信息不对称问题。而在国企中，前者占据主导地位。这是因为，一方面，已有文献指出国企的社会责任信息披露质量更高（陈欢和夏频，2016），且在投资者保护制度不完善的情况下，国有控股能够替代投资者保护机制发挥作用（甄红线等，2015）。另一方面，在国企，由于最终控制权与剩余索取权两者分离程度最大，国有控股企业的管理层代理问题最严重，因此代理成本自然也最高（刘小玄，1996）。除了所有者缺位问题，国企的多重目标也造成了管理者的激励扭曲问题从而增加了代理成本（郑志刚，2020）。罗宏和黄文华（2008）也指出我国国企亟待解决的问题就是管理层代理问题。从上述文献回顾中可知，混改通过引入非国有股东"到位"参与治理在一定程度上缓解了所有者缺位的问题，在缓解代理问题和降低代理成本方面发挥了重要的治理作用。如混改引入非国有股东能够提高国企的内部控制以及审计质量水平，加强对国企管理层的监督和制衡（刘运国等，2016；马勇等，2019），缓解代理问题从而抑制股价崩盘风险。同时，国企的多重目标是造成国企高管激励扭曲、代理成本高居不下的重要原因，而混改能减轻国企的政策负担从而缓解国企高管的多目标压力及其代理问题（张辉等，2016）。因此，混改可以通过对国企"所有者缺位"和"多重目标"带来的管理层代理问题的缓解进而降低国企的股价崩盘风险。基于以上分析，提出假设 3.1。

H3.1：混改能够降低国企股价崩盘风险。

3.3 研究设计

3.3.1 样本与数据来源

本章的样本期间为 2011 ~ 2019 年，样本筛选标准为：在 2011 年，A 股上市公司企业性质为国有的公司。选择 2011 年为样本起始点的原因在于 2015 年混改全面展开，因此选取混改全面推行的前四年和后四年即 2011 ~ 2019 年为样本区间。为了识别进行混改的国企，本章参考了马连福等（2015）的做法，将混改定义为国企中有其他性质的资本进入，如集体资本、外商资本和法人资本等。首次非国有资本进入的当年和以后年份认定为处于混改状态。

在对国企的混改状态进行识别后，剔除金融类、ST，*ST 样本。本章使用的变量数据来自 CSMAR；高管晋升的数据源于公司年报、新浪财经等多渠道搜集进行手工整理以及搜索引擎相关信息的补充。经过以上数据筛选过程，最终得到 3146 个样本[①]。

3.3.2 变量说明

1. 被解释变量。

参考现有文献的普遍做法，本章基于式（3 - 1）和式（3 - 2）分别计算两个股价崩

---

① 由于少部分变量统计和计量缺失，描述性统计和回归样本数量有所变动。样本数量较 3 146 个样本有所增加是因为"高管晋升"一变量中高管包含董事长和总经理，样本企业高管晋升的年份和人数不定，因此回归样本有所变动。

盘风险指标，见式（3 – 3）和式（3 – 4）。

（1）个股的周特有收益[①]。

$$r_{i,t} = \alpha_i + \beta_1 r_{M,t-2} + \beta_2 r_{M,t-1} + \beta_3 r_{M,t} + \beta_4 r_{M,t+1} + \beta_5 r_{M,t+2} + \varepsilon_{i,t} \quad (3-1)$$

$$W_{i,t} = \ln(1 + \varepsilon_{i,t}) \quad (3-2)$$

（2）负收益偏态系数（NCSKEW）。

$$NCSKEW_{i,t} = -\left[n(n-1)^{\frac{3}{2}} \sum W_{i,t}^3 \right] / \left[(n-1)(n-2)\left(\sum W_{i,t}^2 \right)^{3/2} \right] \quad (3-3)$$

n 为个股当年交易周数。

（3）收益上下波动比率[②]（DUVOL）。

$$DUVOL_{i,t} = \ln\left\{ \left[(n_u - 1) \sum_{down} R_d^2 \right] / \left[(n_d - 1) \sum_{up} R_u^2 \right] \right\} \quad (3-4)$$

2. 解释变量。

Treat 表示国企是否经过混改，是为 1，否则为 0。参考孙焱林和覃飞（2018）的做法，本章将在 2011～2019 年经过混改的国企作为实验组，而未经过混改的国企作为对照组。Post 表示混改的前后，分别对应 0 和 1。交乘项 Treat * Post 作为多期 DID 模型的解释变量。

3. 控制变量。

参考普遍做法（许年行等，2012；王化成等，2015；史永和李思昊，2020），本章控制了以下变量（见表 3 – 1）。

表 3 – 1　　　　　　　　　　　　　　　主要变量定义

变量类型	变量名	符号	衡量方法
被解释变量	股价崩盘风险	NCSKEW	负收益偏态系数
		DUVOL	收益上下波动比率
解释变量	是否实施混改	Treat	Treat 表示是否实施混改，是为 1，否则为 0
	混改前后	Post	Post 表示混改前后，混改前为 0，混改后为 1
控制变量	财务杠杆	Lev	资产负债率
	盈利能力	ROE	净资产收益率
	企业规模	Size	公司总资产的自然对数
	企业成长性	Growth	营业收入增长率
	市盈率	PE	股票价格除以每股收益
	账面市值比	BM	资产总计/市值

[①] 式（3 – 1）和式（3 – 2）的符号解释：$r_{i,t}$ 表示公司 i 的个股在第 t 周的收益率，$r_{M,t}$ 为市场在第 t 周的经流通市值加权的平均收益率，残差 $\varepsilon_{i,t}$ 表示公司周收益率不能被市场周收益率波动所解释的部分。$W_{i,t}$ 则为基于残差基础上的个股周特有收益。

[②] 式（3 – 4）的符号解释：将各公司每年的周特有收益率按均值分为高于平均值和低于平均值两组，分别计算各组标准差（R_u，R_d），其中 $n_u(n_d)$ 为个股 i 的周特有收益率大于（小于）均值的周数。DUVOL 越大说明股价崩盘风险越高。

续表

变量类型	变量名	符号	衡量方法
控制变量	董事会持股比例	B_holder	董事会持股数量/总的公司股本数量
	管理层持股比例	M_holder	管理层持股数量/总的公司股本数量
	第一大股东持股比例	LargestHolder	第一大股东持股数量/总的公司股本数量
	两职合一	Dual	若总经理兼任董事长取 1，否则取 0
	信息不透明度	absDA	采用修正 Jones 模型计算的应计盈余
	周特有收益的标准差	Sigma	股票 i 在第 1 年的收益波动，为公司 i 在第 1 年周特有收益的标准差
	平均周特有收益率	Ret	股票 i 在第 1 年的平均周特有收益率
	月平均超额换手率	Turnover	月平均超额换手率，为第 1 年股票 i 的月平均换手率与第 t－1 年股票 i 的月平均换手率的差

3.3.3　模型构建

为了检验国企进行混改前后的股价崩盘风险的变化，本章采用 DID 模型对改革的政策效应进行估计。由于每个国企进行混改的年份不同且改革前后的时期为多期，一般的双重差分模型并不适用。因此，本章参考刘晔等（2016）的做法，使用更通用的多期 DID 模型检验混改对股价崩盘的影响。

$$NCSKEW(DUVOL) = \beta_0 + \beta_1 Treat \times Post + \beta_2 Control + \sum Year + \sum Firm + \varepsilon$$

$$(3-5)$$

NCSKEW（DUVOL）为因变量，表示企业的股价崩盘风险。参考张辉等（2016）的做法，将实施混改的国企作为处理组，其余样本作为对照组，Treat 表示若企业进行改革取 1，否则取 0；Post 表示混改之前取 1，否则取 0。Control 为一系列控制变量。此外，模型对年份（Year）和企业个体（Firm）进行了控制。根据 DID 的基本思想，Treat × Post 交乘项的系数 β_1 表示混改前后股价崩盘风险的变化。

3.4　实证结果与分析

3.4.1　实证结果

1. 描述性统计。

表 3－2 报告了股价崩盘风险均值分别为 －0.5 和 －0.24，这与已有结论相近。但其最

大值1.34和0.89，最小值为 −2.77 和 −1.41，标准差为0.739和0.475。可见，股价崩盘风险程度在国企间的差异较大。其他变量的统计结果与现有文献基本一致，不再赘述。

表 3 − 2　　　　　　　　　　　　　　　　描述性统计

变量名	观测数	均值	标准差	最小值	中位数	最大值
NCSKEW	3 847	− 0.50	0.74	− 2.77	− 0.43	1.34
DUVOL	3 847	− 0.24	0.48	− 1.41	− 0.22	0.89
Lev	3 847	0.51	0.19	0.10	0.52	0.91
ROE	3 845	0.08	0.09	− 0.23	0.07	0.32
Size	3 847	22.88	1.43	20.20	22.71	27.62
Growth	3 845	0.42	1.23	− 0.65	0.10	8.70
BM	3 749	0.70	0.25	0.17	0.71	1.19
B_holder	3 624	0.00	0.00	0.00	0.00	0.04
M_holder	3 658	0.00	0.01	0.00	0.00	0.04
Dual	3 847	0.11	0.31	0.00	0.00	1.00
absDA	3 702	0.06	0.06	0.00	0.04	0.34
Sigma	3 787	0.04	0.02	0.02	0.04	0.10
Ret	3 787	− 0.00	0.01	− 0.02	− 0.00	0.02
Turnover	3 844	− 0.02	0.27	− 0.81	− 0.01	0.82

2. 基准回归分析。

表 3 − 3 报告了多期 DID 模型下，混改对股价崩盘的影响。表 3 − 3 中第（1）列和第（3）列分别报告了无固定效应的回归结果，第（2）列和第（4）列对个体和年份进行了控制。可以看到，在 4 个回归中，Treat * Post 的系数为负且显著。这说明实施混改显著减少了国企的股价崩盘风险。H3.1 得到验证。回归结果进一步证实了混改对企的治理效应，对稳定资本市场和维持国民经济健康平稳运行方面发挥重要作用。

表 3 − 3　　　　　　　　　　　　　　混改对股价崩盘的影响

	（1） NCSKEW	（2） NCSKEW	（3） DUVOL	（4） DUVOL
Treat * Post	− 0.060 ** （ − 2.28 ）	− 0.076 *** （ − 2.69 ）	− 0.040 ** （ − 2.29 ）	− 0.052 *** （ − 2.77 ）
Lev	− 0.053 （ − 0.66 ）	− 0.065 （ − 0.78 ）	− 0.062 （ − 1.15 ）	− 0.066 （ − 1.19 ）

续表

	（1） NCSKEW	（2） NCSKEW	（3） DUVOL	（4） DUVOL
Size	0.069 *** （5.39）	0.060 *** （4.48）	0.041 *** （4.76）	0.034 *** （3.87）
PE	0.000 （0.12）	−0.000 （−0.09）	0.000 （0.84）	0.000 （0.61）
Growth	−0.002 （−0.21）	−0.002 （−0.21）	−0.006 （−0.89）	−0.006 （−0.99）
BM	−0.682 *** （−8.95）	−0.576 *** （−7.16）	−0.418 *** （−8.21）	−0.348 *** （−6.39）
M_holder	4.601 （0.71）	3.282 （0.49）	−1.336 （−0.28）	−2.274 （−0.47）
absDA	0.142 （0.68）	0.178 （0.86）	−0.022 （−0.16）	0.001 （0.01）
Sigma	−0.987 （−1.05）	0.349 （0.33）	−0.939 （−1.48）	−0.096 （−0.14）
Ret	−0.169 *** （−7.55）	−0.164 *** （−7.22）	−0.152 *** （−10.05）	−0.143 *** （−9.26）
Turnover	−0.215 *** （−4.00）	−0.070 （−1.09）	−0.170 *** （−4.80）	−0.040 （−0.95）
_cons	−1.591 *** （−5.68）	−1.418 *** （−4.77）	−0.965 *** （−5.02）	−0.836 *** （−4.15）
Year	No	Yes	No	Yes
Firm	No	Yes	No	Yes
N	3 146	3 146	3 146	3 146
R^2	0.089	0.106	0.103	0.121
Adj. R^2	0.08	0.10	0.09	0.11

3. 进一步研究。

（1）机制检验。

前文的基准回归结果表明，混改能够有效降低国企的股价崩盘风险。股价崩盘风险是高管代理行为的表现之一，与代理成本密切相关。而平新乔等（2003）的研究结果指出中国国企的代理成本使国企只能发挥其30%～40%的利润潜力。换言之，国企的代理成本大大降低了企业的效率。李寿喜（2007）认为国企改革取得重大突破的关键在于如何减少代理成本。其中，管理层代理动机是治理的重点和难点（罗宏和黄文华，2008）。本章认为，通过混改降低国企的代理成本是国企股价崩盘风险降低的根本原因，而高管代理成本的降低在国企混改中的直接体现为高管激励机制的优化。激励机制的改革是混改中公司治理改革的重点（蔡贵龙等，2018）。良好的激励机制设计可以缓解高管代理问题，降低代理成本。因此，本章选取高管激励机制作为混改影响股价崩盘风险的中介变量而非直接考察代理成本指标的中介作用。这一做法既可以将代理成本更加具体化，又可以呈现高管激励机制作为混改重要一环的改革成效。

公司高管激励契约由货币薪酬、在职消费和行政晋升等一系列子契约组成（傅颀和汪祥耀，2013）。薪酬契约作为高管激励的主要组成部分，已经被证实能够对股价崩盘产生显著的影响，如较高的薪酬会降低股价崩盘风险（毕朝辉和张涛，2018）。相反，当薪酬无法满足 CEO 时，他们会通过并购扩大公司规模从而增加薪酬。崔等人（2020）证实了这一观点并指出国际并购对 CEO 薪酬的增长影响高于国内并购。当国企对高管进行限薪时，地方国企的股价崩盘风险却显著增加（Bai et al.，2020）。以上研究大多以高管薪酬的绝对形式作为衡量指标，无法体现出国企限薪令下以及混改之后薪酬的变化大小。因此，在本章的研究背景下，考察高管薪酬差距更具现实意义。以高管薪酬差距为锦标赛激励衡量指标，锦标赛激励与股价崩盘风险负相关（Sun et al.，2019）。

关于在职消费与股价崩盘的关系，国内外文献形成了一致的观点，即为了享受在职消费高管更可能隐藏坏消息，引发股价崩盘（Xu，2014）。若使用商业娱乐支出作为衡量指标，则过度的关系支出会增大股价崩盘风险（Hu et al.，2020）。除了货币薪酬和在职消费，高管晋升是国企激励最核心的方式（Xin et al.，2019）。而国企高管对政治晋升的追求会使他们更加谨慎和规避风险，因此降低了股价崩盘风险（Chen et al.，2018）。

通过文献回顾可以窥见不同高管激励方式与企业股价崩盘风险密切相关，而高管激励机制改革是国企改革的重要内容[①]，也是混改影响股价崩盘的重要桥梁。为了检验薪酬差距、在职消费和高管晋升三种激励方式在混改和股价崩盘关系的中介作用，在模型（3 - 5）的基础上构建了中介效应模型（3 - 6）和模型（3 - 7）进行估计（温忠麟等，2004）。

$$\text{Incentives} = \beta_0 + \beta_1 \text{Treat} * \text{Post} + \beta_2 \text{Control} + \sum \text{Year} + \sum \text{Firm} + \varepsilon \quad (3-6)$$

$$\text{NCSKEW} = \beta_0 + \beta_1 \text{Treat} * \text{Post} + \beta_2 \text{Incentives} + \beta_3 \text{Control} + \sum \text{Year} + \sum \text{Firm} + \varepsilon$$
$$(3-7)$$

Incentives 分别代表高管薪酬差距，在职消费和高管晋升三种激励方式。参考张正堂（2008）做法，高管薪酬差距（Gap）通过式（3 - 8）求得：

$$\text{Gap} = \frac{\text{董事、监事及高管前三名薪酬总额}}{3} \bigg/ \frac{\text{董事、监事及高管年薪总额}}{\text{董事、监事及高管总人数}} \quad (3-8)$$

---

① 2015 年国务院发布的《关于国有企业发展混合所有制经济的意见》再次强调国企治理机制的完善，具体包括确立企业市场主体地位、健全法人治理结构和市场导向的选人用人和激励约束机制等。2019 年国资委在《中央企业混合所有制改革操作指引》中则将市场化选人用人这一项高度概括为管理人员"能上能下、能进能出、收入能增能减"。

高管在职消费（Perks）常用衡量方式参考蒋涛和廖歆欣（2020）的做法，将八项费用①根据营业收入标准化。高管晋升（Promotion），表示国企高管平调、晋升和降职，分别对应1、0、-1（陈仕华等，2015）。本章的国企高管是指董事长和总经理，并根据以下情况判断高管调任方向：（1）晋升：前往政府部门任职；在股东单位或同级国企担任更高职位；（2）平调：在同级国企担任相似职务；任期到期后续任；（3）降职：调任至下级企业；在原公司或同级国企担任董事或降职（如副总）；因违法、受罚或丑闻等自行辞职或被辞退。

根据中介模型的原理，在模型（3-5）的β₁和模型（3-6）的β₁显著的情况下，若模型（3-7）的β₁不显著而β₂显著则说明高管激励方式发挥了完全中介作用；若模型（3-7）的β₁显著但显著性水平较模型（3-5）有所下降而β₂显著则说明高管激励方式发挥了部分中介作用。

表3-4报告了三种高管激励方式作为中介变量的实证结果。表3-4中第（1）列的结果与假设3.1的结论一致，混改显著降低了股价崩盘风险；第（2）列显示薪酬差距（Gap）的系数显著为正。因此，表3-4中第（1）列和第（2）列的解释变量系数显著性符合中介效应模型的应用。表3-4中第（3）列显示了在第（1）列的模型基础上加入了高管薪酬差距这个中介变量的回归结果。可以看到，Treat * Post的显著性从5%下降到10%，且系数从0.059减小至0.049。同时，中介变量（Gap）的系数依然显著。这说明，薪酬差距发挥了部分中介作用。需要注意的是，表3-4中第（2）列显示混改与薪酬差距显著正相关，即混改增大了高管的薪酬差距。这可能是因为在混改前，"限薪令"对高管薪酬实施约束，薪酬差距在国企高管间和国企之间较小。而激励机制市场化是国企进行混改的重要内容，如国资委在《指引》强调的三项制度改革，可以概括为市场化选、用、薪。这意味着国企高管封闭的职业生涯被打开，激励方式与市场挂钩，薪酬差距会有所扩大。

表3-4中第（4）列显示混改与在职消费（Perks）负相关且显著，符合中介效应模型的应用，这说明进行混改可以显著降低国企的在职消费。表3-4中第（5）列报告了加入在职消费（Perks）以后，混改（Treat * Post）的回归系数统计显著性从5%下降到10%，且系数绝对值也减小。同时，中介变量即在职消费（Perks）显著，发挥了部分中介作用。这说明，混改通过作用于激励机制中的在职消费影响了股价崩盘风险。

表3-4中第（6）列的Treat * Post系数并不显著，即混改对高管晋升无显著的影响，因此不符合进一步分析高管晋升的中介效应的条件。表3-4中第（7）列显示，即使加入了中介变量（Promotion）之后，其回归系数也不显著。高管晋升（Promotion）非有效中介。

---

① 财务报表附注中"其他与经营活动有关的现金流"表中的办公费、差旅费、业务招待费、通讯费、出国学习费、董事会费、小车费和会议费。

表 3 - 4　　　　　　　　　　　　高管激励的中介效应

	（1）NCSKEW	（2）Gap	（3）NCSKEW	（4）Perks	（5）NCSKEW	（6）Promotion	（7）NCSKEW
Treat * Post	− 0.058 ** （− 2.13）	0.065 *** （2.91）	− 0.049 * （− 1.81）	− 0.002 *** （− 2.80）	− 0.051 * （− 1.73）	− 0.003 （− 0.08）	− 0.039 （− 0.96）
Gap			0.048 *** （2.71）				
Perks					1.067 * （1.76）		
Promotion							− 0.006 （− 0.25）
Controls	Yes	Yes	Yes	Yes	Yes	Yes	Yes
Year	Yes	Yes	Yes	Yes	Yes	Yes	Yes
Firm	Yes	Yes	Yes	Yes	Yes	Yes	Yes
N	3 389	3 552	3 419	3 057	2 964	1 638	1 556
R^2	0.084	0.312	0.096	0.195	0.090	0.022	0.118
Adj. R^2	0.07	0.30	0.09	0.19	0.08	0.00	0.10

（2）高管激励方式。

高管激励方式作为混改作用于股价崩盘风险的重要机制之一，有必要对其进行进一步讨论。

已有文献往往考察一种激励方式对国企价值的影响。孔东民等（2017）认为薪酬差距对创新效率的作用是非线性的。耿云江和王明晓（2016）指出高管超额在职消费导致高管薪酬和国企业绩相关程度更低，而陈怡秀等（2017）指出在职消费在中国企业中更多呈现出 "效率观"，是高管薪酬激励的补充。从现有文献来看，三种激励方式对企业价值影响并没有一致的结论，而且现有研究也较少将这三种高管激励方式同时置于混改的制度背景下考察国企激励机制是否会发生转变。

由于货币薪酬、在职消费与行政晋升不论在混改前后都是常用的激励方式，仅考虑其中的一种或者两种对企业价值的影响都是不够全面的。多种激励方式之间并不是独立开来的，激励方式组合的存在意味着两者之间往往存在一定的作用力。已有研究检验薪酬管制下国企高管在职消费与晋升的非对称替代关系（王曾等，2014）或者高管晋升与在职消费的因果关系（曹伟等，2016）、在职消费与货币薪酬同时存在替代和互补作用（蒋涛和廖歆欣，2020）。但随着应用场景的变化（如混改导致国企高管的职业生涯被打开，开始与市场接轨），激励方式之间的相互作用关系是否会转换，作用的强弱是否会变化，现有研究还未进一步探索。但这对混改中高管激励机制的设计和完善却至关重要，找到混改前后的激励方式的转变能够帮助企业的薪酬设计和公司治理有的放矢。因此，本章将进一步分析高管薪酬差距与在职消费、高管薪酬差距与高管晋升的作用关系。具体模型设计如式（3 - 9）和式（3 - 10）。

$$Perks = \beta_0 + \beta_1 Gap + \beta_2 Control + \sum year + \sum individual + \varepsilon \qquad (3-9)$$

$$Promotion = \beta_0 + \beta_1 Gap + \beta_2 Control + \sum year + \sum individual + \varepsilon \qquad (3-10)$$

表 3 - 5 显示，薪酬差距与在职消费正相关。即薪酬差距扩大时在职消费也会增加。进一步区分混改前后，发现这种互补效应仅在混改后表现得十分显著，组间差异在 1% 的水平上显著。这一定程度上说明混改促进高管激励机制市场化，薪酬差距会进一步扩大。公平分配理论认为薪酬差距会给高管带来心理的不平衡和挫败感（张正堂，2008），高管会寻找其他渠道如在职消费进行替代激励。这也指出在市场化薪酬激励的同时，国企需要将高管薪酬差距控制在合理区间，否则将会导致高管薪酬差距与在职消费的互补效应。

表 3 - 5　　　　　　　　　　　　薪酬差距与在职消费

	(1) Perks	(2) Perks（混改前）	(3) Perks（混改后）
Gap	0.002 *** (2.65)	0.002 (1.49)	0.002 *** (2.95)
Lev	-0.008 *** (-3.02)	-0.017 *** (-4.04)	0.002 (0.52)
Size	-0.002 *** (-6.10)	-0.001 * (-1.77)	-0.003 *** (-6.29)
Tobin Q	0.002 *** (3.09)	0.001 (1.14)	0.003 *** (3.07)
Growth	0.000 (1.34)	0.000 (0.76)	0.001 (1.25)
Dual	0.002 (1.21)	0.008 ** (2.38)	-0.002 * (-1.82)
B_holder	-0.001 (-0.98)	-0.013 *** (-3.70)	0.002 (1.37)
Largestholder	-0.000 *** (-3.16)	-0.000 * (-1.88)	-0.000 *** (-3.77)
_cons	0.058 *** (5.30)	0.034 * (1.86)	0.072 *** (5.24)
Year	Yes	Yes	Yes
Firm	Yes	Yes	Yes
N	3 018	1 478	1 540
R^2	0.188	0.193	0.267
Adj. R^2	0.18	0.18	0.25
组间差异	0.008 ***		

　　表 3-6 显示，不论是总样本回归还是区分混改前后的回归，高管薪酬差距都与高管晋升呈显著负相关关系，且组间差异不显著，即薪酬差距与高管晋升呈替代效应。结果表明：一方面，混改通过引入职业经理人和改革激励机制可以一定程度上改善国企高管"能上不能下"的问题；另一方面，高管晋升是国企激励最核心的方式。通过行政晋升激励，国企能够在薪酬较低的情况下调动高管的工作积极性和提高企业价值，政府也能在使用少量资源的情况下实现对国企的控制。因此，混改后薪酬差距与高管晋升的替代效应也说明要控制高管薪酬差距，以防高管晋升作为另一激励方式无法发挥其应有的效应。

表 3-6　　　　　　　　　　　　　　　薪酬差距与高管晋升

	（1） Promotion	（2） Promotion （混改前）	（3） Promotion （混改后）
Gap	-0.096 *** （-6.40）	-0.099 *** （-4.55）	-0.098 *** （-4.80）
Lev	0.044 （0.74）	-0.050 （-0.61）	0.091 （1.04）
Size	0.021 ** （2.13）	0.010 （0.69）	0.035 *** （2.62）
Tobin Q	0.019 （1.51）	-0.019 （-1.18）	0.055 *** （2.97）
Growth	0.011 （1.35）	-0.004 （-0.37）	0.038 *** （3.09）
Dual	0.034 （1.17）	-0.054 （-1.24）	0.100 ** （2.56）
B_holder	-0.013 （-0.47）	-0.043 （-0.55）	0.005 （0.15）
Largestholder	0.002 ** （2.54）	0.000 （0.41）	0.003 *** （3.36）
_cons	0.746 *** （3.40）	1.312 *** （4.00）	0.022 （0.07）
Year	Yes	Yes	Yes
Firm	Yes	Yes	Yes
N	3 060	1 510	1 550
R²	0.042	0.069	0.066
Adj. R²	0.03	0.05	0.05
组间差异		0.560	

（3）内部与外部治理机制。

本章证实了混改带来的高管激励机制的变化降低了国企的股价崩盘风险，这一结论主要基于内部的管理层视角。现有文献也认为外部的投资者关系管理是影响股价崩盘风险的重要因素。投资者关系管理更加注重公司与投资者的互动，这与常见的财务报告、预测报告等信息披露有所区别。丁慧等（2018）基于投资者与企业互动的数据证明投资者信息能力越强越能够降低股价崩盘风险。因此，若将高管激励视为企业降低股价崩盘风险的内在机理，则投资者关系的管理可以认为是股价崩盘外在治理机制。两者作为影响企业股价崩盘的内外部治理机制，是否存在替代、互补或者无关的关系值得进一步讨论。本章参考丁慧等（2018）的方法构建投资者与企业互动性指标（Interact），数据来源于 CNRDS 的投资者关系管理数据库。

$$Interact_{i,t-1} = Ln(1 + wd) \qquad (3-11)$$

其中，wd 是上月投资者与上市国企 i 问答的总字数。

检验模型设计如式（3-12）：

$$Incentives = \beta_0 + \beta_1 Interact + \beta_2 Control + \sum year + \sum industry + \varepsilon \qquad (3-12)$$

其中 Incentives 分别代表高管薪酬差距，在职消费两种已在上文验证过的有效中介。回归结果见表 3-7。从表 3-7 中第（1）列和第（2）列可以看到，投资者关系管理与薪酬差距呈显著正相关关系，即薪酬差距与投资者关系为互补关系。表 3-7 中第（3）列和第（4）列显示投资者关系管理与在职消费呈显著负相关关系。由于在职消费是高管激励机制有效性的反向指标，综上，高管激励机制作为内部治理机制与外部治理机制的投资者关系管理是互补的，即投资者关系的管理优化可以进一步强化内部治理机制对股价崩盘风险的稳定作用。

表 3-7　　　　　　　　　　　高管薪酬激励与投资者关系管理

	(1) Gap	(2) Gap	(3) Perks	(4) Perks
Interact	0.038 *** (12.29)	0.017 *** (5.36)	−0.029 *** (−2.65)	−0.033 *** (−2.99)
Lev		−0.042 (−0.58)		−0.321 (−1.23)
Size		0.241 *** (22.33)		−0.269 *** (−8.75)
ROA		4.598 *** (15.51)		6.566 *** (5.16)
Tobin Q		0.089 *** (5.89)		0.226 *** (3.61)

续表

	(1) Gap	(2) Gap	(3) Perks	(4) Perks
M_holder		20. 159 *** (8. 12)		18. 620 * (1. 95)
Largestholder		− 0. 004 *** (− 6. 08)		− 0. 014 *** (− 4. 66)
Dual		− 0. 001 (− 0. 03)		0. 121 (0. 69)
S_Size		− 0. 046 *** (− 5. 56)		− 0. 163 *** (− 5. 68)
_cons	12. 698 *** (625. 52)	7. 071 *** (29. 03)	1. 800 *** (25. 12)	8. 662 *** (11. 55)
Year	No	Yes	No	Yes
Industry	No	Yes	No	Yes
N	3 834	3 552	3 315	3 057
R^2	0. 038	0. 410	0. 002	0. 122
Adj. R^2	0. 04	0. 40	0. 00	0. 12

（4）国有资本进入民营企业——国企并购民企。

前文借鉴以往文献对混改进行定义，所选样本本质上是以民营资本进入国企的方式进行混改。为了进一步了解混改的另一种形式——国有资本进入民营企业，本章对 2011～2019 年上市国企并购民企的样本进行了简单的描述。本章选取了 2011～2019 年并购的买方为上市国企，标的方为民营或者其他性质的企业，删去交易未成功或者并购交易金额为 0、1 或者缺失的样本①。

图 3－1 显示了 2011～2019 年国企并购民企事件和交易金额的简单统计结果。从并购数量上看，在 2011～2019 年共发生了 4 842 起国企并购民企的事件，且每年发生的并购数量较为均匀，但是在 2016 年达到了最高 590 起。这可能是由于 2015 年国企混改全面展开导致 2016 年的国企并购民企更为活跃。从并购交易金额来看，虽然国企并购民企的频数较为均匀，但是不论是从年交易均值还是年交易总额来看，交易金额都呈现增长的趋势。在 2016 年并购交易总额达到最高 579 288. 2（百万元），2018 年并购交易均值达到最高 1 011. 62（百万元）。同年 11 月国资委披露的数据显示，国企并购上市民企项目占 A 股市场并购项目总量的 32%。这说明除了上文分析的民营资本进入国企，以国企并购民企为特征的国有资本进入民企也十分活跃。在未来，可能呈现并购事件和并购金额稳定增长的趋势。

_____

①　保留重组类型为资产收购、吸收合并、要约收购以及股权转让的并购事件。

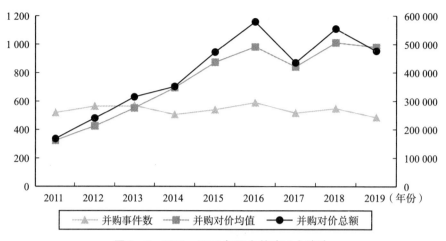

图 3 – 1　2011～2019 年国企并购民企统计

国企并购民企的趋势是否意味着国企扩张会与民营企业争利限制其发展的空间？在近期政策例行发布会上，国资委明确回应了这类质疑，表明国资委从未对国企与民企的并购整合设限。国资委支持国企与民企、央企之间以及央企与地方国企的兼并重组。在遵循实事求是和适度原则的前提下，只要能够提高企业竞争力国资委都会予以大力支持①。

3.4.2　稳健性检验

1. 倾向得分匹配法。

本章将进行混改的国企设置为实验组，而未进行混改的国企设置为控制组。刘晔等（2016）认为这种处理方式会导致结果不准确。一是因为国企是否进行混改的非随机性产生样本选择性偏差；二是混改和未混改的国企股价崩盘风险的部分差异是由其他难以观察的因素造成的，直接进行比较会产生异质性偏差。因此本章进一步采用倾向得分匹配方法寻找与进行混改的国企相似的控制组以解决样本选择性问题。

由于样本量的限制和得到最小化方差，本章采用了有放回的一对四近邻匹配（Abadie et al.，2004）。根据已有文献和最大化 R^2 的原则，本章选取前文的控制变量作为匹配变量，具体见表 3 – 8。表 3 – 8 报告了平衡性假设检验的结果：所有匹配变量的偏差值绝对值都小于 10%，说明本章选取的匹配变量是合理的，变量在实验组和控制组间不存在显著的差异（仅应计盈余匹配后在 10% 的水平上显著），符合进行 DID 模型分析的要求。

表 3 – 9 同时报告了使用未匹配数据进行多期 DID 回归和经过 PSM 的数据进行多期 DID 回归的结果。与表 3 – 9 中第（1）列和第（3）列相似，经过 PSM 后的第（2）列和

---

①　在 2020 年 10 月 12 日的国务院政策例行吹风会上，国务院国资委党委委员、副主任翁杰明表明国资委"从来没有在国企和民企的兼并重组和专业化整合方面设置界限。我们理所当然支持国企和民营企业兼并重组，我们也同样支持中央企业和中央企业之间兼并重组，支持中央企业和地方国企兼并重组，关键的一点就是要把握实事求是的原则，只要兼并重组能够提升企业的竞争力，能够避免企业之间的无序竞争，能够比较好地提升产业的集中度，当然这肯定要适度，提升企业的国际竞争力，我们都会做相应支持。"

第（4）列 Treat * Post 的回归系数依旧显著为负，说明显示前文的结论并没有发生实质性的改变，本章的数据处理方法是合理的。主假设结果与稳健性检验都表明：与没有经过混改的国企相比，实施混改的国企股价崩盘风险显著降低，再次验证了国企深化混合所有制改革对稳定资本市场的重要作用。

表 3 - 8　　　　　　　　　　　　　　　　PSM 平衡性检验结果

变量名称		均值		标准偏差（%）	标准偏差减少幅度（%）	t 统计量	t 检验 p > t
		实验组	控制组				
Lev	匹配前	0.517	0.454	32.9	87.7	8.49	0.000
	匹配后	0.510	0.518	-4.1		-1.35	0.178
Size	匹配前	22.992	22.452	41.4	95.2	9.91	0.000
	匹配后	22.870	22.844	2.0		0.68	0.495
PE	匹配前	78.259	75.650	1.8	-144.5	0.45	0.652
	匹配后	78.175	84.554	-4.3		-1.32	0.187
Growth	匹配前	0.435	0.406	2.4	-76.1	0.59	0.553
	匹配后	0.439	0.491	-4.2		-1.30	0.195
BM	匹配前	0.701	0.663	15.5	86.5	3.85	0.000
	匹配后	0.692	0.697	-2.1		-0.71	0.478
M_holder	匹配前	0.00041	0.00028	7.8	34.8	1.82	0.069
	匹配后	0.00036	0.00044	-5.1		-1.53	0.126
absDA	匹配前	0.061	0.0667	-9.9	45.9	-2.59	0.010
	匹配后	0.061	0.064	-5.4		-1.81	0.071
Sigma	匹配前	0.045	0.043	9.5	89.3	2.35	0.019
	匹配后	0.045	0.045	-1.0		-0.34	0.737
Ret	匹配前	-0.135	-0.148	2.4	31.2	0.58	0.559
	匹配后	-0.139	-0.130	-1.6		-0.54	0.588
Turnover	匹配前	-0.024	-0.021	-1.1	58.7	-0.26	0.793
	匹配后	-0.025	-0.026	0.4		0.15	0.884

表 3 - 9　　　　　　　　　　　　　　　　匹配前后回归结果对比

	(1) NCSKEW	(2) NCSKEW (PSM)	(3) DUVOL	(4) DUVOL (PSM)
Treat * Post	-0.076 *** (-2.69)	-0.087 ** (-1.97)	-0.052 *** (-2.77)	-0.060 ** (-2.04)

续表

	(1) NCSKEW	(2) NCSKEW （PSM）	(3) DUVOL	(4) DUVOL （PSM）
Lev	-0.065 （-0.78）	0.120 （0.83）	-0.066 （-1.19）	-0.117 （-1.22）
Size	0.060 *** （4.48）	-0.005 （-0.19）	0.034 *** （3.87）	0.035 ** （1.99）
PE	-0.000 （-0.09）	-0.000 （-1.24）	0.000 （0.61）	0.000 （0.04）
Growth	-0.002 （-0.21）	-0.001 （-0.02）	-0.006 （-0.99）	-0.030 ** （-2.46）
BM	-0.576 *** （-7.16）	-0.529 *** （-4.25）	-0.348 *** （-6.39）	-0.358 *** （-3.76）
M_holder	3.282 （0.49）	-9.15 （-0.58）	-2.274 （-0.47）	-12.657 （-0.94）
absDA	0.178 （0.86）	0.124 （0.41）	0.001 （0.01）	-0.050 （-0.22）
Sigma	0.349 （0.33）	-2.993 （-1.55）	-0.096 （-0.14）	-1.126 （-0.81）
Ret	-0.164 *** （-7.22）	-0.178 *** （-4.44）	-0.143 *** （-9.26）	-0.195 *** （-7.08）
Turnover	-0.070 （-1.09）	-0.036 （-0.23）	-0.040 （-0.95）	-0.043 （-0.48）
_cons	-1.418 *** （-4.77）	0.145 （0.24）	-0.836 *** （-4.15）	-0.884 ** （-2.38）
Year	Yes	Yes	Yes	Yes
Firm	Yes	Yes	Yes	Yes
N	3 146	2 187	3 146	2 187
R^2	0.106	0.101	0.121	0.203
Adj. R^2	0.10	0.09	0.11	0.19

2. 平行趋势检验。

为了进一步验证多期 DID 结果的稳健性，本章采用平行趋势检验。首先构建了虚拟变量 Before_i，After_i 表示样本进行混改的前后时间差。其中 Before_i 表示混改实施前的第 i 期，After_i 表示混改实施后的第 i 期。根据计算，i = 8，由于 Before_6 ~ Before_8 的样本个数较少，因此进行缩尾处理，故表 3 - 10 仅列示混改实施前第 5 期（Before_5）之后的回归结果。若多期 DID 的结果稳健，则 Before_i 的系数应均不显著，而 After_i 应显著为负，表明混改显著降低了国企的股价崩盘风险。

表 3 - 10 的回归结果显示 Before_i 的系数均不显著，即在混改前各个时间段国企股价崩盘风险无法得到抑制。而 After_1 的系数为负但不显著，After_2 的系数显著为负，说明混改后的第一年股价崩盘风险尚未得到完全的抑制，而国企实施混改后的第二年，对股价崩盘风险的抑制作用开始显现。回归结果表明国企实施混改的对股价崩盘风险的治理作用并非立竿见影，原因可能在于混改后国企调整、实施以及完善高管激励机制尚需一定的时间。总体而言，结果表明本章所使用的样本通过了平行趋势检验。

表 3 - 10　　　　　　　　　　　平行趋势检验

	NCSKEW
Before_5	0.014 (0.21)
Before_4	0.076 (1.15)
Before_3	−0.032 (−0.58)
Before_2	0.075 (1.54)
Before_1	−0.037 (−0.80)
After_1	−0.042 (−0.97)
After_2	−0.121 *** (−2.67)
After_3	−0.111 ** (−2.21)
After_4	−0.112 * (−1.94)
After_5	−0.075 (−1.18)
After_6	−0.148 ** (−2.10)
After_7	−0.269 *** (−3.26)
After_8	−0.365 *** (−3.77)

	NCSKEW
_cons	-2.006^{***} (-2.83)
Controls	Yes
Year，Firm	Yes
N	3 146
R^2	0.124
Adj. R^2	0.11

3. 剔除异常年份的样本。

考虑到 2015 年股灾重大事件对样本数据质量的影响，本章剔除了 2015 年的样本数据后再进行模型的回归（限于篇幅未列示），前文的结论未发生改变。可见，混改对股价崩盘风险的影响并不是由于其他重大事件的冲击和时间变化导致的。混改对资本市场稳定和国民经济安全的影响具有其独特和重大意义。

3.5　结论与建议

本章实证结果显示，混改对国企股价崩盘风险具有治理作用。从缓解管理者代理问题的角度出发，本章以公司治理中的高管激励机制作为研究混改与股价崩盘风险关系的桥梁。机制检验结果显示，高管薪酬差距和在职消费两种激励方式发挥了有效的中介作用，而高管晋升不是其传导路径。为了考察混改后高管激励机制设计和完善的重点，在进一步分析中，本章还检验了混改前后高管激励方式之间的相互作用关系以及作用的强弱。回归结果表明高管薪酬差距与在职消费存在互补关系，且在混改后更为显著；高管薪酬差距与高管晋升存在替代关系，且在混改前后都十分显著。此外，进一步分析还表明，作为股价崩盘外部治理机制的投资者关系管理能够与高管激励的内部治理机制形成互补效应。

本章尝试检验了混改与股价崩盘风险的关系，验证了混改在稳定和提高国企价值和竞争力、促进国民经济平稳运行的重要作用，同时丰富了混改的经济后果研究和治理效应研究的相关文献。研究结论从混改角度为股价崩盘风险现象提供了新视角和新证据。除此之外，本章对金融市场、劳动力市场和机制建设具有一定的实践意义。

从金融市场来看，国企是我国社会主义经济建设和发展中的主力军。维持国企稳定发展、国有资本保值增值才能维护国民经济安全。混改对国企股价崩盘风险的抑制作用再次验证了国企改革之于稳定资本市场、防范化解重大风险和提高国家经济运行效率的重要性。因此，推进混合所有制改革是当前以及今后相当长一段时期的系统工程。

　　从劳动力市场来看，混改中市场化国企激励机制改革是国企真正成为市场主体的必经之路，是劳动力要素市场化配置进一步畅通国内经济大循环。国企高管参与职业经理人市场的竞争与流动能够降低国企在职消费等代理成本，提高国有资产保值增值的能力。同时，国企也需警惕市场化薪酬带来的薪酬差距的扩大可能会导致其他代理问题，如高管寻求在职消费进行替代激励，高管晋升激励不足等。如蔡芸等（2019）利用国企上市公司薪酬差距数据进行研究发现，锦标赛理论不足以完全阐明薪酬差距与企业绩效的关系，即薪酬差距的积极作用存在显著的门限效应——以 32.216 为门限值，门限值以下薪酬差距呈现出积极作用而以上则积极作用逐渐减弱。过大的薪酬差距带来其他负面效应不容忽视。因此，如何引入职业经理人制度并合理控制高管薪酬差距、平衡竞争和公平两者的关系是混改后高管激励机制设计和完善的重点，也是畅通国内大循环的助推器。

　　从机制建设来看，作为内部治理机制的高管激励和外部治理机制的投资者关系管理对降低企业股价崩盘风险具有互补作用。中国资本市场的股价波动剧烈导致投资者产生负面情绪。对投资者关系进行管理能够促进投资者与企业互动，减少信息不对称，重建投资者信心。因此，在完善内部治理机制的同时也应该加快外部治理机制的建设，内外部治理制度的合力对稳定股价和资本市场、促进国家治理体系和治理能力的现代化有重要意义。

第 4 章

案例研究

4.1 基于扎根理论的国企引入民资的混改绩效及机制分析①

4.1.1 引言

1. 研究背景。

国有企业是我国国民经济的中坚力量。国有企业实力雄厚，天然拥有独特的资源，在诸多领域拥有较大的话语权，但也正因为国资的特殊属性而使得国企经营存在一些弊端。为提升国有企业的经济实力，我国将国企改革作为经济发展的重点。自 1978 年以来，国有企业的改革步履不停，先后经历了初探、制度性创新、纵深推进、全面深化改革四个阶段。在国企改革的进程中，确认了产权制改革和股份制改革的方向。当前国企改革处在全面深化改革阶段，国家将"混合所有制经济"作为改革的抓手。2014 年，国家鼓励先行先试，国投集团、中粮集团、中国医药集团等六家央企成为混改试点，目的是试验出适合中国国情的国企改革措施。2016 年，在已有经验的基础之上，国资委又选择了九家央企作为改革试点，包括中国联通、A 航集团等。2018 年，国企改革"双百行动"开启，国企改

---

① 作为广东省自然科学基金面上项目（课题编号：2021A1515011479）的前期研究基础，部分数据用于本人学生杨帆的硕士论文。

革从央企逐步落实到地方国企，实现国企混改全面落地。据国资委公布，"双百企业"混改后的全员劳动生产率超过中央企业，人均高达 85.3 万元。

随着混合所有制改革的深入，国企提效增速明显。目前我国大部分国企响应国家号召，进行了混改，股权实现了多元化。但是改革仅仅停留在股权层面，没有深入国企内部经营管理层面进行改革。2020 年，为落实国企改革"1 + N"顶层政策设计，国企改革三年行动成为关键之举。三年行动第一年中央企业实现营业总收入 41.73 万亿元，同比增长 17.7%。地方国有企业营业总收入为 33.83 万亿元，同比增长 19.5%。

在本轮混改中，国企治理结构和经营机制的改革是重点。故本节选取混改领域比较经典的多个案例，采用扎根理论的研究方法，研究混合所有制改革作用机制，总结得出混合所有制改革的操作重点，为国有企业混合所有制改革提供可参考、可复制的经验。

2. 研究意义。

首先，本节研究了混合所有制改革的作用机制，丰富了混改作用机制领域的相关研究，以往的研究主要是集中在混改模式、混改绩效等，但是没有总结归纳混改的作用机制。本节通过案例研究和扎根理论研究方法，揭示了混改是如何从本质上改变国企经营和发展的，即混改通过完善国有企业的公司治理结构，改善制衡与监督机制，进而改善市场化用人机制和市场化经营机制，从而激活国有企业发展活力，提升国有企业市场竞争力。

其次，本节为国有企业在微观层面的具体操作提供了可以参考的经验。国企的混改不仅是不同性质资本的融合，更是各种优势资源的融合，包括人才、管理经验、业务资源等。混改通过完善治理结构发挥各种作用机制，提高国企的经营效率。所以，国企混改方案设计需从激发各种作用机制的角度出发，不能仅停留于表面的混股权，而应彻底去除国有企业僵化的治理机制，建立健全的市场化治理机制，真正地实现制度改革。

4.1.2　文献综述

1. 相关概念界定。

（1）混合所有制改革。

自从 1978 年以来，国企改革在扩大自主经营权、股份制改革、建立国资监管体系等方面进行了探索，取得了较好的成效（国企改革进程见表 4 - 1）。进入全面深化改革以来，我国国有企业的改革没有停留在经营权和股权层面，而是向国有企业内部治理体制和经营机制改革转变。通过混改吸收非公有资本在管理、资源等诸多方面的优势经验，最大程度提高国有企业发展活力。对于民营企业来说，可以借助国有企业雄厚的资金等资源优势，补足竞争短板，加快发展。混改的最终目标是各类资本实现取长补短、共同发展。

表 4 - 1　　　　　　　　　　　　　国企改革进程

时间	内容
1978 ～ 1993 年第一阶段：国企改革的初步探索	为调动管理层积极性，政府扩大了经营自主权，实施承包经营责任制、利改税等

时间	内容
1993～2003 年第二阶段：国企改革的制度创新	提出建立社会主义市场经济体制，建立现代企业制度，实施股份制改革、抓大放小搞活国有企业
2003～2013 年第三阶段：国企改革的纵深推进	建立健全国有资产管理和监督体制，继续深化和完善以产权制度改革为核心的现代企业制度
2013 年至今第四阶段：国企改革的全面深化	以混改为突破口，完善国有企业公司治理结构，推动国资监管模式从管企业向管资本转变，以"混"促"改"

资料来源：自行整理。

　　混合所有制改革阶段，即 2013 年开始至今的国企改革全面深化阶段。本阶段的国企改革意在首先通过产权改革，引入非公有资本丰富国有企业的股权多样性。其次，引入非公有资本市场化的机制体制，提升国企的发展活力。最终实现各类所有制资本融合发展、完善国家经济布局。国家推行混改的举措有"双百行动""三年行动"等，具体进程见图 4-1。

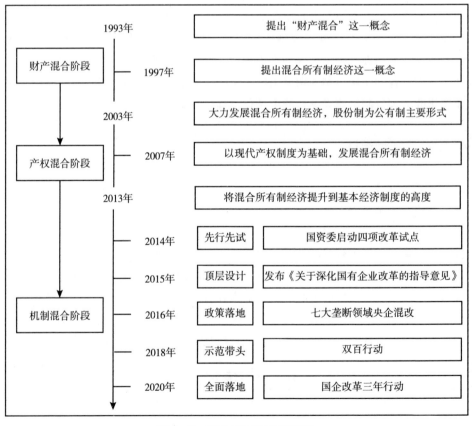

图 4-1　混合所有制改革进程

资料来源：自行整理。

（2）扎根理论。

扎根理论由格拉泽和施特劳斯在《The Discovery of Grounded Theory：Strategies for Qualitative Research》一书中共同提出。陈向明（1999）首先在中国社会科学研究领域引入了扎根理论。扎根理论的操作流程是：首先，系统收集资料、进行归纳分析，从经验事实中提炼出概念，根据概念之间的内在关系构建所需的社会理论。所有的概念均来源于事实资料，所以最后得到的理论是可以回归到资料中进行验证的。费小东（2008）指出经典扎根理论强调自然呈现和发现，切忌先入为主。所以扎根理论不是对理论假设的验证，而是构建理论的过程。扎根理论研究方法在管理学领域的适用性方面，徐淑英和张志学（2005）明确指出，扎根理论研究法可以充分考虑中国的特定环境条件，是当前中国管理研究必要且合适的研究方法。

在对扎根理论研究法的研究相对成熟之后，学者纷纷应用该方法展开研究。最初数据来源均是通过访谈获取的第一手资料。李志刚等（2006）将通过实地访谈方式获得的调研资料作为主要研究数据，以企业公告、论文等二手资料为辅助数据，研究了蒙牛公司的发展阶段和不同阶段的影响因素。贾旭东（2010）研究了基层政府不完全外包的原因，数据来源是广州 F 区和深圳 H 区的环卫外包的深度访谈资料。由于一手资料获取比较困难，基于证据三角形原则，学者开始从多个途径搜集数据，新闻媒体报道、企业官方报道以及知网文献等二手资料都成了研究数据的来源。杜晓君等（2012）选取了 11 个中国企业海外并购失败的案例，研究得出了海外并购的关键风险因素，其数据来源于各大财经网站以及财经专家公开的评论等。张省等（2017）通过对知网与"产学研用"相关的文献、百度搜索获取的新闻报道进行编码分析，得到了产学研发挥协同效应促进产业创新的机制。李秉祥等（2019）根据"证据三角形"准则，从知网文献、官网公告、新闻媒体报道三个途径收集了中国联通混改的资料，基于资源异质性构建了混改过程中的共生机制。

关于案例选择，扎根理论既可以与单案例研究法结合，也可以与多案例研究法结合使用。单案例适用于对单一案例的个性化和全面化研究，多案例适用于对某一现象结合多案例进行研究得出普适性的结论。在进行单案例研究时，理论构建环节与理论饱和度检验环节均是用同一案例的相关数据资料进行验证的。在进行多案例研究时，起先学者是选择几个案例进行分析编码构建理论模型，然后再用剩余的几个案例进行理论饱和度检验。周文辉（2015）选择了 4 家中小制造企业作为研究对象，得出了知识服务机构通过价值共创帮助中小制造企业实现创新转型的模型。在研究过程中，周文辉先以顶立科技为研究对象进行单案例分析，然后对其他 3 家企业进行分析，第二个案例中出现了新的概念和范畴。当分析第三个和第四个案例时，没有出现新的范畴，他认为已经达到饱和。随着扎根理论在我国的发展，扎根理论中多案例研究的过程发生了演化，出现了以单案例为主案例进行研究，再选择多案例来验证理论的饱和性的研究。苏郁锋等（2017）以马云创办阿里巴巴的案例为主案例进行资料收集和分析，然后利用王石创办万科、任正非创办华为等 7 个创业案例修正、完善理论，验证理论的饱和度，进而得到了制度视角的创业模型。张敏等（2017）在研究企业家精神的发展演变过程时，首先以企业家 A 为主分析案例，然后将企业家 B 和 C 作为对比分析案例。在进行多案例分析时，只是出现了新的概念，但是没有出现新的范畴，张敏认为理论已经达到饱和。

本节研究发现，不管研究对象是单案例还是多案例，理论构建和理论验证是两个相辅相成的环节。对主案例的编码和分析可以指导后续理论验证环节中的编码，同时理论验证中编码形成的新概念和新范畴可以修正和完善初步构建的理论。此外，学者在采用扎根理论研究法时，越来越倾向于结合多案例研究，以提高构建理论的普适性。所以，本节在使用扎根理论研究方法时，对多个案例进行了分析编码，以增强理论的普适性。

2. 理论基础。

（1）产权理论。

产权是根据法律对相应资产的所有权。产权的明确性和专业性有利于划分权利和义务。产权的可转让性和可操作性是社会资源有效配置的保障。以上四个特征意味着产权所有人可以使用和支配明确的产权所对应的所有资源，并享受产生的所有收益。

产权理论认为，私有产权的效率较高，因为私有产权的产权人对剩余利润具有所有权，所以产权人有更多追求经济收益的动机，进而通过改善公司治理以及经营制度提高资产收益率。对于国有产权来说，产权属性是明确的，但是国有产权的行政性目标高于经济性目标，所以其追求经济收益的动机不大。此外，国有产权所对应的经营权不明晰，出资人和经营者在经营决策和利益分配上的权利分配不明确，进一步弱化了国有企业追求利润的动机。

第三阶段国企改革实施了产权混合，产权改革是混改的第一步。通过引入私有化的民营资本，实现民营股东和国有股东之间的制衡，进一步去行政化、强化国有企业的盈利属性，提高资源配置效率，保证私有经济和国有经济的高效运行。

（2）委托代理理论。

随着社会生产力的发展，社会分工进一步细化，大量拥有专门技能的经理人涌现。企业的出资人由于时间、精力、专业能力有限，所以将公司的经营权委托给具有专业能力和精力充足的职业经理人。但是，由于代理人追求工资奖金、在职消费、闲暇时间等最大化，这些势必会削弱股东的收益。在这种委托关系中，双方的利益诉求存在矛盾，这就产生了委托代理问题。

委托代理问题存在于经济实体的日常运营中。但是，国企的委托代理问题更加严重，原因主要有以下三个：首先，国企的委托链条较长，民营企业的委托关系直接是股东委托管理层一级关系，而国有企业委托关系中多了地方政府、地方国资委等代理人，委托层级的增加削弱了监督效率。其次，国企的盈利动机较差，政府作为委托人的监管力度不够，导致出现所有人缺位问题。最后，委托人和受托人的行政身份使得他们的风险承受能力较差，公司经营决策趋于保守，不能应对瞬息万变的市场，从而国有企业的运行效率低下，国有企业的经济表现不佳。

通过混改，国家将更多的产权让渡给民营资本，吸收民营企业丰富且成熟的管理经营经验，实现市场化经营，提高国有企业业绩，实现从"管企业"向"管资本"的转变。

（3）利益相关者理论。

在现代的公司制企业中，企业的目标不仅是股东财富最大化，而是利益相关者利益最大化。公司是各利益相关者向公司投入生产要素而形成的契约主体，股东投入资金资本，员工投入人力资本，各要素投入方都有权享有收益分配权。所以，公司应将实现长远稳定发展作为主要任务，并且注重其他利益相关者的利益实现，保障利益相关者的整体利益。

混改要改机制，主要是公司治理机制和经营机制，意在充分调动各方的积极性。所以，基于利益相关者理论，进行混改不仅要注重保障股东财富增值，也要确保政府、员工以及等其他利益相关者的利益实现。实现各方利益的最大化，充分发挥各生产要素的作用，从而实现国企相关者利益最大化。

3. 文献综述。

（1）混合所有制改革路径研究。

刘小玄（2000）认为国有企业经营效率低下、发展活力不足。主要存在的原因是国企政治任务重、盈利动机小、政企不分。董晓庆（2014）研究得出国企的创新效率明显比民企低。这可能是因为国企背后有国家支持，对创新的重视不足。也可能是因为国企市场敏锐度较低。所以在混合所有制改革浪潮下，如何提高国企的盈利动机、提高市场竞争力、重塑国有企业形象成为学者研究的重点。而非国有资本进入国有企业可以为国企带来新鲜的血液，提升内在发展活力（Sun，2015）。

在混合所有制改革整体思路方面，郑志刚（2015）认为混改的关键在于实现国资监管职能从"管企业"到"管资本"的转变。他认为民营资本在公司治理与市场化经营方面优于国有企业，引入民营资本可以促进国企转变。他强调实现资本混合后，还要融合民间资本的市场化经营机制。此外，为吸引民资进入，还必须制定制度保障民营资本的利益实现。杨克智（2015）总结得出现阶段国有企业改革的整体思路：一是引入能够产生协同效应的异质股东，以实现公有资本和非公有资本的融合。二是控制权如何安排。国企是保持绝对控股，还是相对控制，应当基于国企所在的领域与地位判断。此外，杨克智认为完善董事会制度是混改的关键。董事会是连接股东与管理层的重要纽带，既可以保证所有人到位，又可以避免内部人控制。綦好东（2017）通过文献回顾，认为目前的混改意在通过不同资本的融合，促进不同所有制资本优势互补。更重要的是重构国企的体制机制，改善国企的经营效率、发展活力。

关于混改路径，学者们也进行了详细的研究。公开上市是混改的路径之一，魏成龙等（2011）研究认为整体上市可以大幅度提高国企绩效。赵阔楠（2019）认为国企整体上市是实现股权多元化的合适的方式，同时也可以发挥信息披露机制。此外，也是消除集团内部同业竞争的重要方式。可见，国有企业整体上市是混改可选择的路径之一。邱霞（2015）认为民营资本进入国企不仅是国企单方面的选择。民营企业想要借助国企的市场地位以及独特的资源能力，故国企引入民营资本可以实现双赢局面。具体表现为国有资本和民营资本融合后，国企的经营绩效显著提高（Megginson，2012）。杜媛等（2015）研究发现混合所有制可以实现不同资本的独特资源优势的有机融合，不仅可以实现业务协同，还可以实现管理协同。綦好东等（2017）认为引入民营资本，可以推动国企完善公司治理，从而实现国企经营管理的现代化和市场化。张娆和宋丽娟（2022）认为，国有企业通过引入民营资本的方式进行混改，能够显著提高国有企业的主体信用评级。混改后国企对于市场中需求变化更加敏感，不断进行商业模式创新，提高了国企市场竞争力。除此之外，员工持股也是混改的重点，但是与内部员工持股、管理层持股有所不同。张孝梅（2016）认为混改背景下的员工持股具有以下特征：一是强调大多数普通员工参与；二是设立第三方机构代员工行使股权；三是注重长期激励。混改背景下的员工持股意图是让员工成为资本所有者，真正地实现员工当家作主。这种情形下的员工持股不是福利均等，而是构建国企与员工利益共同体。在员工持股的作用方面，姜涛（2016）认为员工持股是实现产权多元化的一种途径。员工持股成为所有者后，国企为完善治理结构，让员工代表进入董事会和监事会，可以充分发挥治理机制。郭东阳（2020）研究了员工持股计划与绩效的关系。同时研究了市场的竞争格局是否会起到促进作用。结果表明：员工持股可以提高企业绩效。国企所在市场竞争越充分，员工持股发挥的作用越大。

（2）混合所有制改革与企业绩效关系研究。

大多数学者通过实证研究认为混改可以改善国企绩效。起初学者们主要研究了股权结构与企业绩效之间的关系。刘小玄（2000）对竞争性行业的451家企业数据进行了分析。研究结果表明企业绩效与非国有资本同向变动，其中个人资本对绩效的影响度最大。杜莹和刘立国（2002）通过建立回归模型也得出了相同的结论。他们认为增加国有股比例会降低公司绩效，而国企股权结构中法人股占比越高，则企业绩效越高。武常岐等（2014）基于1998~2007年期间的中国工业企业相关资料数据，研究发现国有企业引入非国有资本可以改善企业的绩效。并且当企业控制权转移时绩效提升的幅度更大。何锦安等（2022）基于2008~2019年我国国有上市企业混合所有制改革样本数据，使用双重/无偏机器学习方法，研究国有企业混合所有制改革对企业创新水平的影响，研究表明，国有企业混合所有制改革有效促进了企业创新水平的提升，同时，引入具有政治关联的民营股东能进一步提升企业的创新水平。

逐渐地，学者们研究了除股权成分之外的其他混改因素对企业绩效的影响。混改与企业绩效之间关系的研究逐渐丰富。王惠卿（2015）的研究表明：混合所有制改革显著提高了企业绩效，混改引入的非国有股比重与企业成长两者之间是"U"型的非线性关系，拐点在72%左右。此外，实际控制人为自然人或民营企业要比实际控制人为国企的混改更为成功。刘汉民（2018）认为前五大股东中国有股比例越低、董事会结构越完善，国有企业绩效越好。相比之下，董事会结构的完善程度对绩效的影响程度更大。刘晔等（2016）研究得出在充分竞争领域进行混改对企业绩效的影响效果比垄断领域效果更加明显。除了非国有股比例外，刘诚达（2019）研究发现非国有大股东制衡度对国企绩效改善也有显著的作用。

（3）混合所有制改革作用机制研究。

我国诸多学者对混合所有制改革的作用机制进行了研究。王竹泉（2016）认为国有企业进行混合所有制改革的本质是利益相关者资本管理，混合所有制改革的作用机理有两个：一是国有企业通过明确所有权关系和优化治理结构，改进生产关系进而提升企业生产力；二是混改通过优化资本配置提升企业价值，混改可以实现不同所有者的资本以及物质资本、智力资本和社会资本等不同形态资本的优势互补和协同运作，从而改善企业生产力的物质基础，提升企业的生产力。郑志刚（2022）认为所有者缺位是国有企业治理问题的制度根源，需要引入民资背景的战略投资者落实所有者身份，同时通过"制衡"的治理构架解决"中国式内部控制人问题"。杨红英和童露（2015）认为为了实现混合所有制改革的目标，调整治理结构的同时也应该设置制度安排，充分发挥各种治理机制，包括职业经理人激励约束机制、选聘与退出机制、公司绩效评价机制、公司信息披露机制和监督机制，各机制相互作用共同提高国企治理效益。张辉（2016）探讨了混合所有制改革对国企经营效率的影响机制，认为混合所有制改革可以通过降低国企的政策性负担显著地提升企业绩效。郝阳（2017）研究了国有和民营参股股东对公司绩效的影响机制，发现民营资本拥有成熟的薪酬激励机制，民营参股增强了国企管理层的薪酬和离职对业绩的敏感度，从而提高了国有企业的企业绩效。韩沚清（2019）在张辉和郝阳的研究基础上，进一步研究得出混改首先降低了国企的政策性负担，这是国企功能定位的转变。而且，混改转变了国企的内部治理机制。混改对国企的影响有：股权结构更加完善、内部控制更加完善、激励中长期化。李向荣（2018）研究了国企中民营制衡股东的治理作用。研究发现制衡股东的比例越高、参与公司治理的积极性越高、对大股东行为制衡的能力越强，企业的绩效越好。周绍妮（2021）以董事会效率作为中介变量，具体包括董事会规模、独立董事比例、董事会会议次数及董事持股比例，研究了混合所有制改革程度对混合所有制改革有效性的影响，实证研究结果表明董事会效率能够发挥中介作用，而且进一步研究发现，董事会效率的中介效应在竞争性国企行业中更为显著。倪宣明（2022）研究了混改影响国企盈利能力的作用机制，从企业产权的角度，混合所有制改革通过优化企业委托代理机制、降低代理成本提高了经营利润；从政策性负担的角度，混改通过硬化预算约束，降低企业杠杆水平，提升了盈利水平。何瑛等（2022）研究发现，非控股股东参与治理在股权治理、高层治理和网络治理三个维度上均有利于提高国有企业的风险承担水平。

（4）文献述评。

综上所述，我国关于混改路径的研究相对丰富。可以选择的方式有公开上市、引入民营资本、员工持股。此外，强调了进行改革过程中应该从整体上把握方向：首先，实现国有资本从"管企业"到"管资本"的转变，以实现国有资本增值。其次，大部分学者认为混改可以有效提高企业绩效，这部分实证研究相对较为丰富。关于混合所有制改革的作用机制研究较少，学者们的研究结论主要包括完善治理结构解决委托代理问题和优化资源配置两个方面，具体包括降低政策性负担、职业经理人激励约束机制、选聘与退出机制、公司绩效评价机制、激励中长期化、公司信息披露机制和监督机制、股权结构更加完善、内部控制更加完善、董事会效率提升、股东制衡增强等机制。

综合现有文献梳理，关于我国的混合所有制改革，可以通过重点研究混合所有制改革的作用机理，提升研究的系统性和实用性，为我国现阶段的混合所有制改革提供可以参考的经验。

4.1.3　案例介绍

1. 公司简介。

A 航空物流股份有限公司（简称"A 航物流"），是 A 航空公司旗下从事航空货运的专业子公司。2021 年 5 月 A 航物流入选双百企业，同年 6 月份成功于上交所上市，股票代码为 601156。A 航物流的前身是 2004 年 8 月 23 日成立的上海 A 远航物流有限公司。中国 A 航空股份有限公司（简称"A 航股份"）为控股股东，持股比例为 69.3%。第二大股东中国远洋运输（集团）公司（简称"中远集团"）持股 29.7%。第三大股东中国货运航空有限公司（简称"中货航"）持股 1%。2013 年 A 航股份收购中远集团和中货航合计 30.7% 的股份，实现全资持有 A 航物流。2017 年 A 航物流响应国家号召，积极进行混合所有制改革，实现国资、民资、员工共同持股。2018 年 12 月改制为股份有限公司。

A 航物流掌控了航空货运核心资源，包括航空货运机队、航网、货站资源。A 航物流的航空货运机队资源充沛，包括 725 架客机腹舱资源和 10 架全货机。在航点分布方面，A 航物流航线依托 170 个国家、共 1 036 个站点的航空网络资源。在货站资源方面，A 航物流控制着全国最大的货运枢纽上海的主要资源。除了上海当地的 7 个货站外，还有 10 个分布在北京、武汉等地。A 航物流强大的运力资源、辐射全球的航网，以及丰富的货站资源为 A 航物流占据航空货运市场提供了"天地合一"的资源支持。A 航物流致力于成为全球服务集成商，以安全、高效、专业化、定制化的服务打造声名远扬的民航货运品牌。

2. A 航物流混改动因。

A 航物流自成立以来，既经历了快速盈利扩张阶段，也经历了发展停滞连年亏损阶段，这既受到航空物流行业的影响，也有 A 航物流自身发展活力缺乏的原因。总而言之，不论是顺境还是逆境，A 航物流一直处于不断变革之中，2017 年选择进行混合所有制改革也是 A 航物流摆脱发展困境，寻求发展突破的必然之举。

（1）行业发展机遇与挑战并存。

1998 年之前，各大航司以客运业务为主，民用航空货物周转量不足 50 亿吨公里，航空货运行业发展不充分。

1998～2004 年，航空货运摆脱了完全依赖客机腹舱的局面，开始采用全货机进行经营，开启了航空货运发展的新篇章。在此发展阶段，市场需求持续增长，但是航空货运运力供给未能同步增长。A 航物流抓住这一市场机遇，不断进行规模扩张，成功实现了 7 年连续盈利。

2005～2013 年，随着航空货运市场的不断发展，各大航空公司先后将航空货运业务分立出来，成立专业航空货运公司。例如国航与国泰航空于 2011 年设立合资货运航空公司国货航。除三大航之外，其他航空货运公司也纷纷通过民航局批准。随着中国航空货运市场的逐渐发展与开放，四大快递巨头 DHL、UPS、TNT、联邦快递相继进入中国市场争夺市场份额。在这一阶段，行业集中度提高，市场竞争愈发激烈。行业中竞争主体增加，运力端供给快速增长，而需求端增速不敌供给，市场出现了明显的"供大于求"的局面，各企业纷纷开始价格战抢占客户资源、抢夺新的市场份额。运价一路走低，导致大多数航空货运公司经历了十年九亏的怪象，A 航物流也难逃此厄运。

为摆脱亏损的局面，各航空货运企业纷纷寻求新的盈利模式，开始了由传统航空货运企业向现代综合物流服务商的转型。在航空货运行业中，主要竞争者有传统航空公司和第三方物流企业。传统航空公司拥有完善的全球航空网络资源，直接进行航空货物运输；第三方物流企业承担代理人的角色，能够掌握更多的客户资源，并且控制了产业链的前端和终端，包括货源组织、派送管理、地面物流综合处理、客户管理等，具有较强的话语权。相比之下，传统航空货运企业的护城河较低，单一的市场角色决定了无法应对市场需求的快速变化。所以，传统的航空货运企业开始了向综合物流服务商的转型，整合地空资源，延长服务链，提升综合物流服务能力。

2014 年以来，航空货运市场不断涌现新的发展契机，各大航空货运企业纷纷开始构建新的业务布局。在当今社会消费转型和经济一体化的今天，跨境电商成为人们的主要消费方式。从 2012 年起，我国的跨境电商业务年均增长超过 20%。即便处于经济低迷时期，也实现了 19.8% 的增长。在跨境电商交易环节中，跨境物流在跨境贸易中扮演着举足轻重的角色，而航空物流在速度和安全方面优势明显，所以跨境电商的快速增长带动了航空货运行业的发展。此外，冷链市场也为航空货运提供了发展空间。随着生鲜行业发展以及行业政策的不断加码，我国的冷链物流已经由起步阶段迈入了高速发展快速上升阶段，发展空间巨大。作为冷链客户的首要选择，航空物流迎来新的发展机遇。跨境电商和冷链物流与航空物流的协同效应，为传统航空货运公司的产业升级带来了机遇。

在此发展机遇期，航空物流行业内部竞争愈加激烈，A 航物流必须进行彻底的改革，提高内部发展活力，以抓住机遇提高可持续经营能力。

（2）公司内部缺乏发展活力。

在成立初期，受市场繁荣的刺激，A 航物流积极引入货机，提升运力供给水平，全货机最多时有 20 架，因为机型不同、飞机航程不同，对飞行员的要求不同、航材备件也不同，大幅提高了 A 航物流的成本，在市场需求疲弱的情况下，高昂的运营成本导致 A 航物流在十年的时间里有九年发生亏损。在此之后，A 航物流管理层认识到传统航空货运的局限性。传统的航空货运企业先保证自身拥有足够的运力，然后等着货源上门，即先有运力后寻找货源；而第三方物流公司是先寻找货源再解决运力问题，可以更好地迎合需求端。为摆脱航空承运人的单一角色，A 航物流开始改革。2013 年，中货航与 A 航集团的地面运输公司，以及 A 航快递公司进行整合，将地面综合服务纳入主营业务之中。之后 A 航物流进行瘦身健体，大幅度削减过剩的运力，货机从 20 架减少到 8 架，通过减少运力 A 航物流终于在 2014 年扭亏为盈，但是在 2012～2016 年的 5 年时间里仍然出现了两次亏损，A 航物流的规模和盈利仍然很薄弱。此外，从公司治理角度看，A 航物流属于国有企业，内部治理结构不完善和管理机制落后，使其内部运行效率低下，无法适应外部日新月异的市场环境，导致发展势头无法和同行业其他公司匹敌。

综上所述，A 航物流为解决体制弊端、完善公司治理，实现商业模式转型、扩大产业链布局，提升持续盈利能力，在未来的竞争中灵活、敏捷地应对市场变化，增强可持续发展能力，抓住了混合所有制改革的契机，进行了更为深刻、彻底的改革。

3. A航物流混改过程。

（1）股权转让。

随着全球货运市场走入低迷，各大航空公司纷纷缩减航空货运业务，将该业务资产剥离成立专业的运营平台。在此宏观环境下，A航物流所在航空货运业务板块同样表现不佳，在A航股份全部营收中占比较低，并且呈逐年降低的走向。为提升整体业绩表现，A航物流抓住国家政策红利，积极进行混改。2016年A航集团设立集团投资管理平台A航空产业投资有限公司（简称"A航产投"）。A航产投受让了A航股份持有的A航物流的全部股权，至此，A航物流的货运业务与A航股份的客运业务分离，可以实现各专业板块的精细化发展，提升整体发展能力。此外，此次股权转让为接下来引入非国有资本清除了体制障碍。

（2）增资扩股。

①引入战略投资者和财务投资者。

A航物流于2017年4月18日发布了增资计划。公告内容显示A航物流将新增注册资本2.788亿元人民币，方式为民营战略投资者、财务投资者与员工持股平台出资。新引入的投资者持股不超过55%。此次参与增资的民营企业分别为联想控股股份有限公司（以下简称"联想控股"）、普洛斯投资（上海）有限公司（以下简称"普洛斯"）、德邦物流股份有限公司（以下简称"德邦股份"）、绿地金融投资控股集团有限公司（以下简称"绿地集团"）。其中，四家民营投资者共出资1.3592亿元，员工持股平台出资1.4288亿元。以上股权交易完成后，联想控股又将其所持4.9%的股权转让给北京君联慧诚股权投资合伙企业（有限合伙）（简称"北京君联"）。至此，混改后A航集团以45%的股份主动放弃了绝对控股地位。非国有资本联想控股、珠海普东物流、德邦股份、绿地集团、北京君联、天津睿远分别持有A航物流20.1%、10%、5%、5%、4.9%、10%的股权。其中，北京君联为联想控股旗下公司，故联想控股实际拥有25%的股份。

②员工持股。

A航物流的员工持股计划是物流领域混改的一大亮点。A航物流设置员工持股平台，实现诸多员工间接持股，有利于员工股东集体发声，同时也保障了A航物流股权结构不会因员工持股的变化而变化。关于员工持股平台，A航物流设立了天津睿远企业管理合伙企业（有限合伙）（简称"天津睿远"）等几个合伙企业。员工持股平台的结构具体见图4-2。其中，参股员工持有天津驰远、天津泽远、天津璟远、天津华远这四个合伙企业的股份，以上四个合伙企业为天津睿远的合伙人。并设立上海晖远企业管理有限公司（简称"上海晖远"）管理员工持股平台，由A航物流董事、总经理李九鹏担任上海晖远的执行董事、总经理。

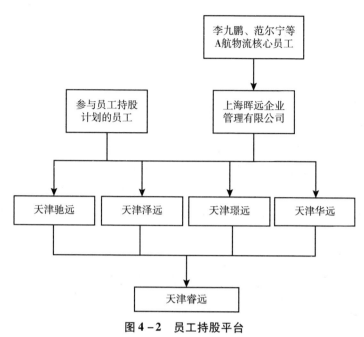

图 4 – 2 员工持股平台

资料来源：招股说明书。

（3）改制上市。

A 航物流混改的第三步是在主板上市。2018 年 12 月，A 航物流进行了股份制改革，改制成为股份有限公司。然后于 2019 年 6 月，正式向证监会提交上市申请。2020 年 6 月 9 日成功在上交所主板上市，公司证券代码为 601156。

A 航物流经过层层严格审查成功登陆 A 股市场，至此 A 航物流成为一家集国有资本、民营资本、员工持股和公众持股的混合所有制企业。上市是 A 航物流混改的最后一步，成功上市意味着 A 航物流作为全国首批、民航首家混合所有制改革试点工作顺利完成。上市后 A 航物流需按照资本市场规则进行运作，进行信息披露，有利于社会各界加强对其的监督。对于 A 航物流自身来说，可以借助资本市场的力量加快高质量发展，充分释放混改红利。

4.1.4 案例分析

1. 混合所有制改革作用机制分析。

本小节的目标是采用扎根理论构建混合所有制改革作用机制模型。本小节介绍了案例选择原则、研究过程、研究结论。最终构建出了理论模型，以此作为下文分析 A 航物流混改案例的理论基础。

（1）研究设计。

①研究方法。

a. 扎根理论研究法。

扎根理论是定性研究与定量研究相结合的一种方法，具有规范的操作步骤，流程为：开放式编码—主轴编码—选择性编码。首先通过文献阅读确定研究的方向，进行资料收集，可以利用一手访谈资料或者是二手新闻或书籍资料。然后将数据资料打乱，逐段、逐句进行阅读、分析，通过不断比较分析，高度概括出概念和范畴。将最终获得的范畴根据典范模型梳理成一个故事线，根据这个故事线选择核心范畴，分析副范畴和核心范畴之间的关系，以核心范畴将其他范畴联系起来，从而构建理论模型。在初步构建理论后，需有选择性地进一步收集资料，进行理论饱和度验证，若未饱和，则需扩大资料收集范围，重复上述步骤，若没有出现新的范畴，则意味着已经达到饱和，可以得出结论。其具体操作流程如图 4 - 3 所示。

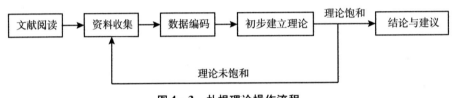

图 4 - 3　扎根理论操作流程

资料来源：自行整理。

b. 多案例研究法。

首先，本小节研究的是"混改过程中的作用机制"，要研究"如何"这类问题，案例研究法是合适的选择；其次，本小节拟通过资料分析构建理论模型，单案例研究具有针对性，而普适性较差，故采用多案例研究，以提高研究的信度和效度，使得理论更加完整，提高理论的适用性。

②研究设计。

本小节采用扎根理论研究方法和多案例研究法对混合所有制改革作用机制进行探究，最终形成一套可复制、可参考的理论模型。根据数据可得性以及案例典型性，本小节选择中国联通、中粮集团、中金珠宝、东北制药四个案例作为构建理论模型的研究案例，通过各种途径搜集有关以上混改案例的资料。首先，根据扎根理论研究法，对中国联通混改案例进行单案例研究，进行三级编码。以中国联通案例分析中得到的概念和范畴为标准，对剩余三个案例进行扎根理论分析，重点关注出现的新的概念和范畴，对之前得到的概念与范畴进行修正补充，若没有出现新的范畴，则达到理论饱和，继而得到构建的理论模型。

（2）案例选择的典型性。

本小节选择知本咨询和《企业管理》杂志联合发布的《中国国有企业混合所有制改革典型案例100 家分析》中排名前 10 且关注度比较高的四家混改案例，本节选择的案例具有典型性，详细情况见表 4 - 2。

表 4 - 2　　　　　　　　　　　　　　本节研究案例的典型性

公司	选择原因	主要业务
中国联合网络通信股份有限公司	在央企集团层面的第一家混改试点企业，同时是通信行业首家进行混改的国有企业	电信行业三大巨头之一，通信业务互联网化转型
东北制药集团股份有限公司	2018 年沈阳市国企混改唯一试点企业	我国最大的综合性药企之一，主要产品包括化学药、生物制药以及制剂产品
中粮集团有限公司	中粮集团是国内最大的农粮央企，其混改是国有企业在充分竞争领域的一次探索、改革自下而上	业务布局：种植养殖、食品加工、肉类销售、物流储运，以及金融服务、地产酒店等领域
中国黄金集团黄金珠宝股份有限公司	入选 2018～2020 年"国企改革双百行动"企业	黄金行业板块唯一的"国字招牌"

资料来源：网络整理。

　　（3）数据可得性以及资料收集途径。

　　本小节的数据来源于案例公司发布的新闻公告、新闻媒体报道以及知网学术期刊等二手资料。通过多渠道收集数据资料，不同途径获得的信息可以相互比较、验证，提高数据可信度。根据知本咨询发布的混改典型案例排名，中国联通混改案例排名第一，社会关注度较多，知网期刊数量远超过其他案例；且中国联通官网对于混改进程的报道相对较为丰富，故先对中国联通混改案例进行单案例分析，作为其他案例分析的基础，再对其他研究对象进行研究，起到补充验证的作用，进而构建相对完整的理论。在去除部分重复率较高的文章后，共选取有关中国联通混改的资料 107 篇，东北制药、中粮集团、中金珠宝共 85 篇。

　　（4）案例分析。

　　①开放性编码。

　　扎根理论的第一步是开放性编码。从中国联通混改资料中提取概念，通过比较不同概念之间的相互关系，提炼范畴。对获取的标签、概念、范畴进行不断比较，寻找内在关联，不断浓缩提炼，最终得到 19 个概念，7 个范畴，如表 4 - 3 所示。

　　②主轴编码。

　　主轴编码是程序化扎根理论编码环节的第二个步骤。开放性编码得到了范畴，在主轴编码时，需要不断比较分析各个范畴之间的关系。然后运用"动因、现象、脉络、中介条件、行动策略、结果"的典范模型将各个范畴串联起来，如图 4 - 4 所示。主轴编码是构建理论的关键一步。

表 4 - 3 混合所有制改革作用机制的开放性编码

原始资料	贴标签	概念化	范畴化
通信运营行业的企业中，各层级的管理者风险偏好比较低、决策较为保守，本质原因是国有体制存在弊端	行政化问题严重、组织缺少发展活力	a1 企业发展内在需要	A1 驱动因素
在三大运营商中，联通的营收、利润、用户规模等，均表现不佳，处于落后地位	提升市场竞争力		
2016~2017 年，数字化进入通信行业视野，联通作出了正确的研判，认为数字化发展是联通实现超越的机遇，于是抓住了 2I2C 带来的增长机会，开始内部技术研发，同时寻找合适的合作伙伴	行业发展机遇	a2 行业发展需要	
中国联通 4G 布局较晚，落后于电信和移动，而在即将迎来 5G 时代的时候，三大运营商开始激烈的价格战。同时，中国移动又开始向固网市场推进，再次加大了联通的竞争压力	行业竞争加剧		
混改后联通集团、14 家新增战略投资者、公众股东、员工股权激励计划分别持股 36.7%、35.2%、25.5%、2.6%，在股权层面实现了不同所有制资本的混合和各类资本的制衡	股权结构改变	a3 股权制衡	A2 制衡与监督机制
中国联通表示，充分保证非国有资本的话语权，各类股东按照公司章程履行义务、形式决策权和监督权	行政性干预减少、拥有话语权和决策权		
中国联通在设计混改方案时，坚持党中央的领导，确定了党组织的前置决策地位，并把企业党组织纳入公司治理体系中，发挥党的指导作用	坚持党组织领导	a4 完善党组织建设	
将党建写进公司章程，确立党组在公司治理结构中的领导作用和地位，赋予党组重大决策事项的前置讨论的权利，充分保障党组的把关权、监督权等权利	赋予党组织权利		
中国联通在董事会中引入中国人寿、腾讯、京东百度、阿里巴巴的管理层和经理人，就有关公司治理结构、整体战略、经营管理、市场布局等重大事项展开讨论与决策	完善董事会结构	a5 完善董事会建设	
中国联通股权层面实现多元化后，进而完善公司治理结构。混改后中国联通的董事会结构更加科学合理，联通集团派出 3 名董事，战略投资者委派 5 名董事，独立董事 3 人。允许民营股东超额委派董事有助于实现董事会的制衡	董事会独立性增强		
混改后中国联通的监事会由 2 名国资监事以及 1 名员工监事组成，这种以国资监管为主的监事会结构很好地弥补了国资在董事会中的劣势地位，保护了国有资本的利益	完善监事会结构	a6 完善监事会建设	
坚持管理人员 5% 的最低退出比例。对不具备专业胜任能力的人员进行警告甚至强制退出，岗位级别越高淘汰率也相应提高	从严管理、专业胜任能力、市场化管理	a7 完善经理层建设	

原始资料	贴标签	概念化	范畴化
自 2018 年开始，我们按照"组织扁平化、专业模块运营互联网化、内部结算货币化、人财物法服务支撑共享化"的改革思路，在公司内部全面贯彻市场化改革	扁平化、组织专业化、互联网化、提升经营效率	a8 精简机构	A3 市场化经营机制
所谓"共享"，就是把省市公司在人资、财务、物资、法律服务四块的资源都打包在一起，由省公司来统筹，根据一线的需求，高质量、低成本面向全省提供规模化、精细化和专业化的服务	设立专业子公司、总部提高统筹与协调能力	a9 优化资源配置	
2017 年 5 月，针对企业移动办公需求，中国联通联合阿里钉钉研发出"钉钉卡"。同年，联通携手腾讯完成合作项目"大王卡、小王卡"，大幅降低了流量费用。中国联通与 BATJ 纷纷展开合作，步入了互联网＋运营数字化时代	代理逐渐向直营转变、数字化转型、战略合作	a10 商业模式转型	
消费互联网 BG、产业互联网公司、企业与家庭业务 BG，分别针对个人市场、政企市场、中小企业和家庭用户市场，网络建设、维护、信息化和信息安全模块则划入云网 BG	重组整合业务结构、提高产业融合度和集中度	a11 业务布局	
首先废除僵化的行政化聘任，实施严格的契约化和任期管理制度。通过与员工签订《岗位聘用合同书》，约定聘期、职责、义务、权利，并且设置任期考核标准，加强任期管理。中国联通不断引进各专业新型人才，制定了"猎英"和"U 才生"等专项计划吸引人才加入	打破铁饭碗、去行政化、引入专业人才、市场化退出机制	a12 市场化聘任机制	A4 市场化用人机制
联通将各事业部员工的薪酬与业绩挂钩，将固薪的 40% 改为浮动薪酬。同时，销售人员的固薪降为 25%，管理人员的固薪降为 18%。基层实施"划小"承包，这种小 CEO 模式，为愿意刻苦实干的员工提供了途径，真正实现多劳多得，通过让员工当家作主激发了员工工作积极性	业绩考核机制和薪酬机制、划小改革、企业文化	a13 市场化薪酬机制	
中国联通实施限制性股票激励，解锁条件严苛，对 2018～2020 年的净资产收益率等指标设置了要求；同时设置了长达 24 个月的禁售期和 36 个月的解锁期	激励机制、长期化	a14 激励与约束机制	
2016 年 12 月，国资委宣布将要在七大垄断领域开始混改试点。电信行业是首当其冲需要改革的领域	宏观政策支持	a15 宏观政策支持	A5 宏观政策支持
腾讯、阿里等战略投资者与中国联通可以实现业务协同和战略协同，联通积累了丰富的客户资源，战略投资者可以提供技术、数据等优质资源，从而实现产业链的延长。其次，联通可以结合战略投资者的机制优势，实现自身企业制度现代化和治理机制市场化	异质资源协同、战略协同、管理协同	a16 协同效应	A6 利益共同体
中国联通引入民营资本，实现了股权多元化。由于民营资本的盈利动机较强，强化了国有资本追求资本增值的目标。各股东为实现自身的目标，达成共识，只有齐心协力才能实现各方利益。因此，各个投资主体都在积极推动公司技术创新、扩展业务，开拓市场，助力公司长远发展	员工持股、主人翁意识	a17 利益诉求	

续表

原始资料	贴标签	概念化	范畴化
王晓初说，"混改为中国联通注入了新活力，混改后的联通是新基因、新治理、新运营、新动能、新生态在内的"五新"联通，混改推动联通实现了差异化突围和高质量可持续发展。"	员工积极性、运营效率提高	a18 内生活力	A7 混改成效
福建联通交出了一份满意的成绩单：2016～2020年主营收入年复合增长率3.3%，高出行业1.4%；2020年利润比2017年增长3.65亿元，增长超过7倍	主营业务收入、利润、自由现金流、创新业务收入	a19 绩效提升	

资料来源：自行整理。

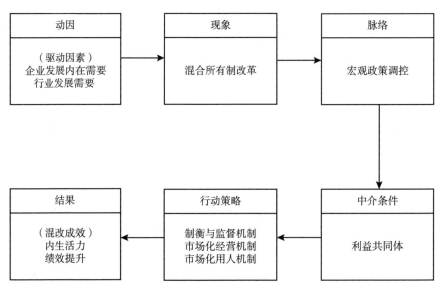

图 4 - 4 混合所有制改革作用机制的主轴编码

资料来源：自行整理。

③选择性编码。

在主轴编码阶段得到了7个范畴，并且初步分析得到了范畴之间的联系。在选择性编码环节，需要确定核心范畴，以核心范畴为出发点将其他范畴串联起来就形成了本节的理论模型。通过不断的比较分析，本节认为"混合所有制改革"能够起到核心范畴的作用，从而形成一个故事线。基于资料分析得到的故事线为：

国有企业由于存在"国有资本一股独大""行政性负担较重""所有者缺位"等问题，导致内部经营管理效率低下，经营业绩不佳；同时外部行业竞争激烈，为打破发展困境，国有企业不断进行改革。自党的十八届三中全会以来，国家陆续设置混改试点，并出台相关政策引导支持国企积极探索混改。首先，由于民营资本存在资源优势以及掌握了先进的管理经验，所以国企积极引入具有协同效应的民营资本提高股权多元化，实现了资本混合；其次，作为利益共同体，各所有制资本积极推进公司治理结构优化，使得三会一层各司其职，充分发挥制衡与监督作用。建立市场化的用人机制，实现激励与约束的中长期化，赋予员工参与经营与监督的权利，提高员工积极性；建立市场化经营机制，提高经营管理质量和效率，加速组织结构改革，提高资源配置能力，提升组织内在发展活力；整合重组关键业务，强化主业，积极探索创新商业模式，增强市场竞争力，提升企业绩效，最终实现不同资本的融合，实现国有资本的增值。

④理论饱和度检验。

本节先对中国联通混改案例进行编码，先构建出初步的理论模型。在已经形成的概念和范畴的基础上，对剩余三个案例进行编码，将两个编码过程进行对比分析。如果出现新的概念或者范畴，且另外存在合理且符合逻辑的观点时，则可以补充完善中国联通混改案例编码的概念范畴。这种螺旋式的比较分析能够使归纳提炼的概念和范畴之间的关系更加明确完整，进而有利于达到理论性饱和。在比较分析过程中，剩余三个案例编码情况如表 4-4 所示。

表 4-4　　　　　　　　　　　　理论饱和度检验编码

案例	原始资料	贴标签	概念化	范畴化
中粮集团	中粮集团旗下中粮肉食自身生产经营效率偏低的问题十分显著：根据行业研究报告，中粮肉食的单公斤造肉成本超过 14 元，明显高于行业领先水平 12 元，问题的核心出在管理和运营上	生产经营效率低下、组织缺少发展活力	a1 企业发展内在需要	A1 驱动因素
东北制药	混改前，由于企业长期以来股权结构单一，导致政企不分，市场主体地位不突出，企业运行质量和效率不高。近年来，东北制药受制于落后的机制体制等原因，一度累计亏损达数亿元，经营陷入困境	政企不分、机制体制落后、经营不善		
中粮集团	中粮集团旗下中粮肉食自成立以来持续亏损，原因之一是猪肉行业下行周期挤兑利润	行业竞争加剧	a2 行业发展需要	
中金珠宝	传统黄金珠宝的经营模式受到了新兴消费业态的冲击，市场同质化竞争日趋严重，供给侧结构性矛盾凸显。市场环境的深刻变化已经对中金珠宝传统业务形成了一定影响			

案例	原始资料	贴标签	概念化	范畴化
中金珠宝	混改后，中国黄金集团及其一致行动人的持股比例由85.79%降至51.19%，下降将近30%，中金珠宝股权分散度与制衡度进一步提升，进一步激发了国企活力	股权结构改变、制衡度提升	a3 股权制衡	
东北制药	党委政府坚持领导是东北制药混改成功的关键。党委政府从全局高度进行顶层设计，定出基调、指明方向，并且扫除原有的制度性障碍，给东北制药混改创造了必要的环境和条件	坚持党组织领导、党组织引领混改	a4 完善党组织建设	
中粮集团	作为国有资本投资公司改革试点企业，中粮集团党组以"管好资本、放活企业"为原则，加快从管资产向管资本转变，放管结合、分类放权，从顶层设计层面为引入投资者及其之后的深化机制改革开创了充分的空间			
东北制药	东北制药强化组织建设，任命专职的党委书记，增强党委班子力量。修订完善《东北制药党建工作管理制度》，明确党建工作要求，将党建工作纳入经济责任考核，推动基层党组织建设规范化	强化党组织责任、规范党组织运作		A2 制衡与监督机制
中金珠宝	中金珠宝董事会有9名董事，国有资本董事数量降到50%以下，在有效落实和维护公司董事会依法行使重大决策、选人用人、薪酬分配权利等方面更具活力，形成了更加制衡有效的法人治理结构	完善董事会结构、非国资股东话语权增强、制衡有效	a5 完善董事会建设	
中粮集团	中粮集团更为创新的举措是治理制度层面的"一票否决权"：中粮集团将包括单笔超过300万元或年度超过1 000万元的重大投资和关联交易等重要事项规定为需要每家股东提名的1名董事通过方能执行	提高非国资股东话语权、股东制衡		
中金珠宝	中金珠宝混改后监事会成员共5名，其中：中国黄金集团推荐2名，嘉兴融勤推荐1名，职工监事2名	完善监事会结构	a6 完善监事会建设	
东北制药	东北制药优化了法人治理结构，国企领导变身职业经理人，通过优胜劣汰提高经理人的经营管理素质	从严管理、专业胜任能力、市场化管理	a7 完善经理层建设	
中粮集团	上市后，公司的股权结构中增加了社会公众股份，进一步提高了股权多元化。同时，资本市场有严格的监督管理制度和公开透明的信息披露制度准则以及退市制度，这有利于提高相关利益者对中粮资本的监督	监督管理制度、信息披露制度	a20 上市	

案例	原始资料	贴标签	概念化	范畴化
中粮集团	2017年上半年，依据精简高效原则，中粮的管理架构设置和人员分流基本完成，职能部门从13个压缩到7个，总部职能部门人员由610人减至234人，减幅63%。专业化公司职能部门编制1 184人，减少804人	压缩管理层级、组织专业化、精简人员、提升经营效率	a8 精简机构	A3 市场化经营机制
	依据业务聚焦原则，中粮集团以核心产品为主线推进整合组建了18个专业化公司，并将用人权、资产配置权、生产和研发创新权、考核评价权以及薪酬分配权5大类关键权力全部下放，使其真正成为依法自主经营、自负盈亏、自担风险的市场主体	权力下放、市场化经营		
中粮集团	中粮总部将重点发挥"投融整"职能，更大范围整合农业经营资源	总部提高统筹与协调能力	a9 优化资源配置	
中金珠宝	京东在新零售、物流、云计算等方面具有突出优势，混改引入京东推进了中金珠宝线上线下融合发展健全体系，开创了新的发展局面	线上线下销售模式结合、战略合作	a10 商业模式转型	
中金珠宝	中金珠宝在混改时引入了下游30家优质加盟商。30家优质加盟商共同组成北京彩凤金鑫商贸中心（有限合伙）作为产业投资者入股中金珠宝。产业投资者以"资本"为纽带，为中金珠宝夯实线下渠道打下良好基础	掌握销售渠道	a11 业务布局	
东北制药	根据医药市场竞争新形势，企业不断加大研发投入，优先发展智能制造，全球最大的吡拉西坦原料药智能工厂已投入运行，进一步完善全产业链优化布局	完善产业链		
中粮集团	肉鸡养殖销售业务拉低了中粮肉食的各项业绩指标，为了使公司能够更专注于具有相对优势的猪肉价值链，中粮肉食转让中粮宿迁100%的股权，剥离这一薄弱板块	剥离不良资产、专注主业	a21 聚焦主业	
中粮集团	中粮集团在专业化公司探索在非绝对控股企业或非核心主业推行职业经理人制度，先后对蒙牛乳业、中国茶叶、中粮酒业长城酒事业部、中粮家佳康生鲜制品部、中粮饲料的总经理岗位开展市场化选聘，按照职业经理人进行管理，打破了国企干部"终身制"的传统思维	打破铁饭碗、去行政化、引入专业人才	a12 市场化聘任机制	A4 市场化用人机制
中粮集团	中粮肉食对薪酬体系也进行了市场化的调整：一方面调整薪酬结构，根据岗位设置，将浮动薪酬提高到与固定薪酬一致的水平，并将浮动薪酬与业绩考核充分挂钩；另一方面对标市场水平，由专业薪酬顾问进行分析，确保薪酬水平合理性	业绩考核机制和薪酬机制、薪酬市场化、浮动薪酬	a13 市场化薪酬机制	

案例	原始资料	贴标签	概念化	范畴化
中粮集团	董事会为此设立了严格行权指标，根据受益人所在部门达成运营目标的程度进行绩效考核，核心团队利益与公司长期业绩表现绑定；同时为对管理层进行长期绑定促进公司的持续健康发展，中粮肉食对期权设置了锁定期	激励机制、长期化	a14 激励与约束机制	A4 市场化用人机制
中金珠宝	中金珠宝本次"混改"中还选择了员工持股方案，员工持股比例为"6%"，依据员工职级（40%）、司龄（40%）以及学历（20%）三项指标作为评定标准			
东北制药	企业设立了向国外最先进医药企业看齐的业务指标，并将公司的总体目标分解到每个岗位上。贯彻严格考核，奖罚分明的原则，做到"奖得心动、罚得心痛"	切实落实惩罚制度、培养工作作风	a22 奖惩机制	
中粮集团	2014年7月，国务院国资委发布了央企"四项改革"试点名单，中粮集团成为国资委首批确定的中央企业改组国有资本投资公司试点企业之一	宏观政策支持	a15 宏观政策支持	A5 宏观政策支持
中粮集团	最终择优引进了温氏投资等不同领域排名靠前或有独特优势的七家战略投资者，快速补齐企业在资本、技术、团队、管理等方面的短板，促进业务持续快速健康发展	异质资源协同	a16 协同效应	A6 利益共同体
中金珠宝	陈雄伟表示，中金珠宝"混改"，不是简单追求股份上的增量募集，而是引入合作基础牢固、前景广阔、潜力巨大的资本，通过资源互补和产业协同，进一步提升企业核心竞争力和品牌实力，为培育世界一流的黄金珠宝企业打下坚实基础	资源互补、产业协同		
东北制药	民营、国有和社会资本都是出资人，管理层和核心骨干都是股东，全体员工与企业利益实现共享，也相当于没有入股的股东，企业经营必须对出资人负责、对效益负责，职责内的事，企业定的事，必须办好	利益共享、主人翁意识	a17 利益诉求	
中粮集团	通过引资本、健体制、转机制和资本化的混改实践，中粮肉食实现了公司利益与核心员工利益的捆绑，提升了团队凝聚力，大家更关注投资回报，整个管理由被动推进变为自主自发，更注重业绩导向，更强化成本控制意识	机制转变、经营管理更加主动化	a18 内生活力	A7 混改成效

续表

案例	原始资料	贴标签	概念化	范畴化
中粮集团	2016 年，全球粮油市场低迷。作为中国粮油行业的龙头企业，中粮集团逆市增长，实现利润总额 61.5 亿元，同比增长 79%，超额完成 50.5 亿元的预算，集团整体管理水平及盈利能力大幅提升、全年预算指标超额完成	超额完成预算、盈利能力大幅提升	a19 绩效提升	A7 混改成效
东北制药	东北制药历经一年混改，浴火重生焕发出强大的生命力——2018 年当年实现营业收入 74.67 亿元，同比增长 31.54%；净利润 1.95 亿元，同比增长 64.04%	营业收入、净利润增长迅速		

资料来源：自行整理。

通过不断地比较分析，尽管理论界出现了新的概念，但是并没有出现新的范畴，说明该模型的主要范畴已经全部呈现，该理论已经达到了饱和。基于选择性编码结果，最终得到的理论模型如图 4-5 所示。

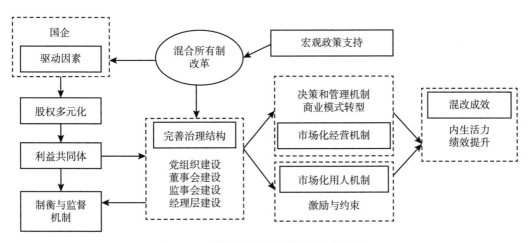

图 4-5　混合所有制改革作用机制模型

资料来源：自行整理。

2. 航物流混合所有制改革作用机制分析。

本小节将具体分析 A 航物流混改的作用机制，包括制衡与监督机制、市场化用人机制、市场化经营机制。首先，参考 2003 年南开大学公司治理研究中心推出的中国公司治理评价指标体系（简称"南开治理指数 CCGINK"），从中选取合适的指标分析 A 航物流的公司治理效应，以验证混改是否发挥了制衡与监督机制。其次，将采用员工薪酬以及销售产出比指标，说明 A 航物流混改后是否发挥了市场化用人机制。最后，分析了 A 航物流的市场化经营机制，并且利用营业收入增长率、业务结构比例、净资产收益率验证了该机制对于国企的影响。

（1）改善制衡和监督机制。

根据《公司法》规定，股东人数较少或者规模较小的有限责任公司，可以不设董事会与监事会。A航物流混改前，未设立董事会和监事会。A航物流2018年12月改制成为股份有限公司后，根据《公司法》《证券法》《上市公司治理准则》等有关法律法规的要求，建立健全了股东大会、董事会、监事会、独立董事、董事会专门委员会制度。所以，A航物流进行混合所有制改革，形成了三会一层的治理结构，从而发挥了制衡和监督机制。

①引入非国有股东，实现股权制衡。

a. 股权结构变化。

在进行混改之前，国有股权高度集中。A航物流由A航集团旗下上市公司A航股份全资持有。A航集团是中央国资委全资持有的中央企业，所以A航物流的实际控制人是国资委，具体见图4-6。混改完成后，国有股东放弃了绝对控股地位，仅持股40.5%，将更多的股份转让给民营企业。A航物流于2021年在上交所成功上市，上市后A航物流的股权结构见图4-7。

图4-6 A航物流混改前股权结构

资料来源：招股说明书。

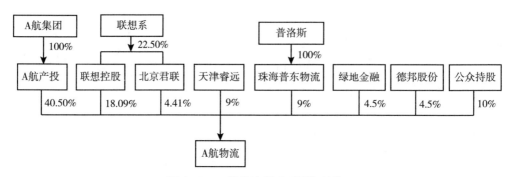

图4-7 A航物流混改后股权结构

资料来源：招股说明书。

b. 股东大会。

A航物流2018年改制为股份有限公司。根据有关要求，A航物流建立了股东大会制度，通过制度规范和约束各股东的行为。同时，修订后的公司章程规定，股东大会可以决定公司经营方针、行使选举董事监事等权利。A航物流股东大会制度的建立和完善可以使A航物流在股东大会层面发挥股权制衡与监督机制。自改制为股份有限公司后，截至2021年底，A航物流共召开14次股东大会（具体情况见表4-5），说明股东大会已成为A航物流股东日常行使权利的平台，进一步印证了A航物流在股权层面实现了不同性质的资本之间的制衡与监督。

表 4 - 5　　　　　　　　　　　　A 航物流改制后股东大会召开情况

年度	召开时间	会议名称
2018 年度	2018 年 12 月 8 日	创立大会暨第一次股东大会
	2019 年 6 月 5 日	2018 年度股东大会
2019 年度	2019 年 3 月 21 日	2019 年第一次临时股东大会
	2019 年 11 月 25 日	2019 年第二次临时股东大会
	2020 年 4 月 28 日	2019 年度股东大会
2020 年度	2020 年 2 月 5 日	2020 年第一次临时股东大会
	2020 年 3 月 26 日	2020 年第二次临时股东大会
	2020 年 5 月 27 日	2020 年第三次临时股东大会
	2020 年 10 月 15 日	2020 年第四次临时股东大会
	2020 年 12 月 6 日	2020 年第五次临时股东大会
	2021 年 4 月 28 日	2020 年度股东大会
2021 年度	2021 年 3 月 16 日	2021 年第一次临时股东大会
	2021 年 9 月 17 日	2021 年第二次临时股东大会
	2021 年 12 月 18 日	2021 年第三次临时股东大会
	2022 年 5 月 12 日	2021 年度股东大会

资料来源：自行整理。

c. 股东之间实现相互制衡与监督。

股权结构的变化决定了股东话语权的变化，这是混改发挥作用的第一步。A 航物流混改后国有股比例降为 40.50%，放弃了绝对控股，将更多的股权让渡给民营企业，实现了不同性质的股东之间的相对制衡。因此，A 航物流成为混改中第一家国资放弃绝对控股的央企具有重大意义。A 航物流由高度集中的股权结构向几个大股东相互制衡的股权结构实现了转变，这与前面构建的理论模型中，混改后国有企业实现了股权多元化，从而发挥民营股东的监督制衡作用机制一致。

张文魁（2017）提出了实质性混合所有制的概念。他认为只有引入持股比例较高的积极参与国企管理的非国有股东，才可以对国企治理和经营机制产生实质性的影响。并研究得出在国有股比例小于 66.6% 时，该股权结构拐点为某个非国有股东的比例达到国有股的 1/2。A 航物流第一大非国有股东联想系实际持有股权 22.50%，大于国有股 40.50% 的一半。以上说明 A 航物流在股权层面实现了实质性混合所有制。

A 航物流引入联想控股等民营股东之后，首先实现了股权层面的制衡。混改前，国资股东一股独大，A 航物流的经营完全按照国资股东的意愿。但是国资股东政治性动机较强，盈利性动机较低，市场化经营经验较少，决策可能存在偏差，无法应对快速变化的市场环境，导致国企经营业绩不佳。民营资本进入国企后，民营股东拥有丰富的市场化竞争经验，能够准确把握市场走向，从而能够推动决策市场化、科学化。A 航物流融合民营资本，能够实现不同性质股东之间的制衡与监督。以上结论与李向荣（2018）的观点一致，非国有制衡股东的制衡作用可以影响国企的企业绩效。

d. 股东对董事会的制衡和监督。

同时，多元化的股权结构缓解了国企所有者缺位问题。国企的产权在名义上属于全体人民，但是并没有实际为国企经营负责、行使产权职能的所有人。国有股东更多地追求政府特定政治目标以及个人政治晋升，不能对代理人进行有效监督，从而会引发内部人控制等一系列问题。通过混改引入具有民资背景的股东，可以有效解决以上问题。

A 航物流混改引入了联想控股等实力雄厚的民营企业，新进入的战略投资者均已形成了相对成熟的经营管理经验，有效地解决了他们自身的代理冲突问题，其经验可以帮助到A 航物流。例如，联想控股有丰富的参与国企改革的经验，可以帮助 A 航物流深化体制改革。联想控股等民营股东具有明确的盈利动机，所以有持续的动力推动 A 航物流的全面改革，提高经济效益，实现国有企业资本增值。为了追求经济效益，民营股东有更强的动力去监督和制衡董事会，确保董事会按照既定的战略进行决策，保证 A 航物流的正常经营。所以，A 航物流引入合格的战略投资者，对董事会起到了监督和制衡作用，解决了郑志刚（2022）研究得出的国企问题根源——所有者缺位问题，有效制衡了内部管理者。

e. 小结。

首先，A 航物流的混改具有突破性，体现在国有资本放弃绝对控股。其次，国有股东释放了较多股权吸引民营资本进入，不仅实现了股东之间的相互制衡与监督，也推动了股东对董事会的监督。A 航物流的混改既实现了"混股权"，也实现了"制衡与监督机制"。

②完善党委会建设，强化制衡与监督机制。

A 航物流在混改进程中，首先明确了公司党委"把方向、管大局、保落实"的地位。其次把党建工作总体要求纳入公司章程，明确和落实党组织在公司法人治理结构中的法定地位，认真贯彻党委的决策，坚持党的领导不动摇。

在组织架构上，A 航物流的党委会参与公司治理，形成了三会一层的治理结构。党委班子成员进入董事会、监事会、高级管理层，有助于落实党委的核心领导地位，并且实现对其他治理机构的监督和制衡。A 航物流的党委书记范尔宁同时任董事、副总经理、财务总监；党委副书记李九鹏任董事、总经理，这种交叉任职机制有助于党委、董事会和经理层相互协调，在党的领导和监督下进行科学决策，完善国有企业公司治理。

③完善董事会结构，强化制衡与监督机制。

作为公司的最高决策机关，董事会对股东负有直接责任。董事会治理是公司治理的中心环节，决定着公司发展战略的制定以及未来发展的方向。混改后 A 航物流的董事会结构得到优化，制衡和监督机制得以充分发挥。本节从南开治理指数 CCGINK 中选取出合适评价 A 航物流董事会治理效应的指标，详情见表 4-6。本节将从董事会成员构成、董事会下属专门委员会的设立情况、独立董事几个方面分析 A 航物流的董事会治理水平，评价董事会发挥制衡与监督机制的效果。

表 4 - 6　　　　　　　　　　A 航物流董事会治理效应评价指标

准则层指标	子因素层指标	指标说明	评价标准
董事会运行状态	董事权利与义务	评价董事的责任	制定董事会细则
	董事会的人数	考核董事的人员规模	能够进行富有成效的讨论和确保全体股东的利益被公平、客观地代表
	董事会人员构成	考核董事会的人员结构的合理性	外部董事和独立董事占多数，且具有不同的专业知识
	董事会年召开次数	考核董事会的工作效率	董事会应根据需要及时召开
董事会设置	战略委员会的设置	衡量董事会的权力制衡状况	对公司长期发展战略和重大投资决策进行研究并提出建议
	审计委员会的设置		设置审计委员会并有效运行
	审计委员会中会计人数		1 人
	提名委员会的设置		设置提名委员会并有效运行
	薪酬与考核委员会的设置		设置相关委员会并有效运行
独立董事制度	独立董事的职能	考核独立董事履行监督咨询职能的程度	独立董事应对公司重大经营决策等事项履行监督咨询职能
	独立董事的人数	考核独立董事的全体效应	至少与董事成员的1/3

资料来源：摘选自南开治理指数 CCGINK。

a. 混改后董事会运行状态。

a）董事的权利与义务。

A 航物流在股权层面实现国有资本和非国有资本的融合后，A 航物流进一步完善了董事会结构。并且制定了《董事会议事规则》，各董事需要在该《规则》范围内行使权利履行义务。

b）董事会人员。

首届股东大会于 2018 年 12 月 8 日举行，经审议选出 12 位董事（具体见表 4 - 7），这意味着 A 航物流将混改的影响从股权结构层面进一步落实到了董事会治理层面。

表 4 - 7　　　　　　　　　混改后 A 航物流董事会成员具体情况

董事姓名	职务	提名方	兼任
冯德华	董事长	A 航产投	A 航集团党组成员等
范尔宁	董事、党委书记、副总经理、财务总监	A 航产投	A 航物流党委书记、副总经理、财务总监
汪健	董事	A 航产投	A 航股份董事会秘书、A 航产投董事长

续表

董事姓名	职务	提名方	兼任
俞雅红	董事	A航产投	A航股份财务会计部总经理
李家庆	董事	联想控股	君联资本管理股份有限公司董事
宁旻	董事	联想控股	联想控股董事长、执行董事
东方浩	董事	珠海普东物流	珠海隐山资本股权投资管理有限公司董事长、总经理
李九鹏	董事、总经理、党委副书记	天津睿远	A航物流总经理、党委副书记
丁祖昱	独立董事	全体发起人	易居（中国）集团有限公司CEO
包季鸣	独立董事	全体发起人	复旦大学管理学院教授、EMBA学术主任
李颖琦	独立董事	全体发起人	上海国家会计学院教授
李志强	独立董事	全体发起人	上海金茂凯德律师事务所创始合伙人

资料来源：A航物流招股说明书。

　　A航物流混改前没有设置董事会，只有一名由国资委任命的执行董事，国有资本拥有绝对的话语权，公司治理结构不完善。

　　进行混合所有制改革后，A航物流董事由12名董事组成。首先，董事数量增加，董事可以在董事会中进行充分的讨论，从而提高决策的效率。其次，董事会的构成更加合理，代表A航产投的董事有4名，代表民营股东的有3名，员工代表1名，还有4名独立董事。A航物流修改后的公司章程规定，除注册资本增减、发行证券或债券、对外担保、重大收购、合并、分立、修改章程等需三分之二的董事同意外，其他决定均至少需二分之一的董事同意。这就意味着仅占有三分之一席位的国资代表无法单独决定A航物流的决策，需要其他董事支持才可以。

　　c）董事会召开次数。

　　在设置了完善的董事会后，A航物流积极发挥这一治理结构的作用。自2018年12月8日召开首次董事会会议以来，A航物流切实落地董事会制度，截至2021年12月31日，共计召开了29次会议。其中，2019年会议有9次，2020年9次，2021年10次。A航物流董事会虽然2018年才成立，但是很快进入正常运转状态。将董事会作为常态化的治理结构和决策机构，可以充分保证决策的有效性和科学性，更好地满足A航物流的战略发展目标。A航物流完善的董事会结构以及常态化的运行，充分发挥了制衡与监督机制。

　　b. 独立董事制度。

　　a）独立董事的人数。

　　独立董事是指与公司无业务往来、且非公司股东，仅对企业提供独立的建议的董事。独立董事制度是企业内部监督管理的重要制度。独立董事在参与公司决议时，既不代表股东的利益，也不代表企业内部员工的利益。在各利益相关方发生利益冲突时，可以独立于其他利益体，仅代表公司的利益，作出有益于公司长远发展的决策。独立董事的任职要求较高，这也决定了他们的专业性，所以独立董事参与董事会可以提高决策科学性，并且从专业化的角度指导经理层的经营管理。A 航物流独立董事的专业能力以及工作履历如表 4-8 所示。

表 4-8　　　　　　　　　　　混改后 A 航物流独立董事的具体情况

姓名	曾任	现任	业务专长
包季鸣	曾任上海实业（集团）有限公司集团助理总裁、集团副总裁兼海外公司总裁、集团执行董事兼海外公司董事长	复旦大学管理学院教授 EMBA 学术主任	战略管理
丁祖昱	曾任易居（中国）企业管理集团有限公司研究部经理，中国房产信息集团联席总裁，中国房产信息集团董事等	现任易居企业（中国）集团有限公司 CEO	战略管理
李志强	曾任上海市金茂律师事务所二级律师、高级合伙人，美国格杰律师事务所中国法律顾问	现任上海金茂凯德律师事务所创始合伙人	法律
李颖琦	曾任立信会计高等专科学院助教，上海立信会计学院讲师、副教授、教授	现任上海国家会计学院教授	财务

资料来源：A 航物流招股说明书。

由表 4-8 可知，A 航物流 12 名董事中有 4 名独立董事，占比三分之一，满足南开治理指数 CCGINK 中的最低标准，独立董事的人数占比决定了董事会中决策的科学性。此外，在董事会的专门决策机构中独立董事占大多数，充分保障了决策的有效性。并且，A 航物流的 4 名独立董事，均为在各自专业领域有所建树的高知分子，他们眼界开阔，拥有丰富的经验和能力。如表 4-8 所示，A 航物流的独立董事涵盖了律师事务所合伙人、大学教授、会计师事务所合伙人、公司 CEO。他们在法律、战略、财务、管理等方面有较高的造诣，能够以独到的专业视角为 A 航物流提供广泛的帮助，提出实用而中肯的建议，有助于董事会作出科学合理的决策。

b）独立董事的职能。

独立董事制度的创设是为了防止企业内部人控制问题，避免控股股东或管理层利用信息不对称损害公司整体利益。A 航物流为保障董事会决策的独立性、专业性和客观性，完善董事会结构和运行效率，引入独立董事对董事会形成监督、制衡作用。A 航物流的 4 名独立董事对关键重大事项出具了独立意见，履行了对利益相关者的诚信与勤勉义务。A 航物流上市后，公开披露的对于董事会相关议案的独立意见，详情见表 4-9。这充分说明 A 航物流的独立董事能够对公司重大经营决策等事项履行监督咨询职能。

表 4 - 9　　　　　　　　　　A 航物流独立董事发表独立意见情况

时间	会议名称	审议的相关事项
2021 年 8 月 28 日	《独立董事关于第一届董事会 2021 年第 2 次例会相关议案的独立意见》	《关于提名第一届董事会非独立董事候选人的议案》 《关于使用募集资金置换预先投入募投项目及已支付发行费用的自筹资金的议案》 《关于使用部分闲置募集资金进行现金管理的议案》
2021 年 11 月 30 日	《独立董事关于第一届董事会第 21 次普通会议相关议案的独立意见》	《关于公司董事会换届选举的议案》 《关于增加 2021 年日常关联交易预计金额上限的议案》 《关于预计 2022 年日常关联交易额度的议案》 《关于调整公司独立董事津贴的议案》
2021 年 12 月 21 日	《独立董事关于第二届董事会第 1 次普通会议相关议案的独立意见》	《关于聘任公司高级管理人员的议案》 《关于使用募集资金向控股子公司提供委托贷款以实施募投项目的议案》

资料来源：根据公司公告自行整理。

c. 董事会下属专门委员会。

除了董事会会议之外，董事会下属专门委员会的设立和运行也是保障董事会职能落实的重要方面。董事会专门委员会是董事会的内设机构。随着企业内部管理越来越复杂，公司治理中董事会的地位越来越高。所以，设立专业化的机构，根据不同董事的专长进行分工，提升决策的专业性和效率。同时，董事会和经理层人员任职的分离有助于发挥董事会的监督作用。在上市公司中审计委员会是必设机构，其他三个委员会可以根据实际情况考虑是否设置。A 航物流根据需要在董事会中设立了审计、提名、薪酬与考核及战略委员会，并制定了"四会"的《工作制度》。A 航物流的专门委员会中独立董事占多数，有助于提高各个专门委员会的独立性与专业性，落实董事会职责。董事会专门委员会各司其职，自建立董事会以来至 2021 年 5 月 25 日前，共召开了 39 次专门会议（具体情况见表 4 - 10）。这说明 A 航物流专门委员会运行状况良好，增强了董事会决策的民主性和科学性，促使董事会充分履行了决策和监督职能。

表 4 - 10　　　　　　　　　混改后 A 航物流董事会专门委员会具体情况

专门委员会	设置原则	人员	会议召开次数
审计委员会	5 名董事，独立董事占多数，至少一名独立董事为专业会计人员	李颖琦（独董）、李志强（独董）、丁祖昱（独董）、宁旻、俞雅红	18
提名委员会	5 名董事，独立董事占多数	包季鸣（独董）、丁祖昱（独董）、李志强（独董）、汪健、宁旻	4
薪酬与考核委员会	5 名董事，独立董事占多数	丁祖昱（独董）、包季鸣（独董）、李颖琦（独董）、汪健、李家庆	8
战略委员会	5 名董事	李九鹏、俞雅红、东方浩、李家庆、范尔宁	9

资料来源：A 航物流招股说明书。

④完善监事会结构，强化制衡与监督机制。

监事会是股份有限公司的必设机构，是公司治理中重要的一个环节。本节从南开治理指数 CCGINK 中选取出合适评价 A 航物流监事会治理效应的指标，详情见表 4－11。本节将从监事能力保障性、监事会运行有效性两个方面分析 A 航物流的监事会治理水平，评价监事会发挥制衡与监督机制的效果。

表 4－11　　　　　　　　　A 航物流监事会治理效应评价指标

准则层指标	子因素层指标	指标说明	评价标准
监事能力保障性	监事资格要求	考核监事的资格	公司的董事、经理与财务负责人不得兼任监事
	非职工代表监事候选人提名	考核非职工代表监事候选人的提名权对监督有效性的影响	非职工代表监事候选人的提名者应能代表广大股东的利益
监事会运行有效性	近三年来召开监事会会议的次数	考核监事会履行职责的状况	监事会应定期举行监事会会议

资料来源：摘选自南开治理指数 CCGINK。

a. 监事能力保障性。

股份有限公司必须设置监事会，监事会独立于董事会和经理层，对股东大会直接负责。监事会的工作是根据公司章程，对公司的经营情况和财务状况进行监督检查，确保公司按照既定战略发展。同时，监督董事和经理层的行为，确保其依据公司章程履行了义务，保证 A 航物流生产经营的正常进行。此外，监事会可以保护公司各利益相关者的利益。表 4－12 是 A 航物流监事会成员的相关信息。经过比对，不存在监事兼任董事、经理人的现象。

表 4－12　　　　　　　　　混改后 A 航物流监事会成员

董事姓名	职务	提名方	履历
袁俊	监事会主席	A 航产投	曾任 A 航股份纪委纪检员、A 航股份党委工作副部长
崔维刚	监事	德邦股份	德邦股份副总经理
施征宇	监事	绿地投资公司	经济师，曾任中国农业银行上海分行总经理
刘书萍	职工监事	职工代表大会选举	曾任中国航工会办公室主管
申霖	职工监事	职工代表大会选举	曾任东远物流党群工作部纪委办公室副主任

资料来源：A 航物流招股说明书。

A 航物流监事会中包括职工监事和股东监事。如表 4－12 所示，混改后 A 航物流监事会共有 5 位监事，包括 1 名国资监事，2 名员工监事，2 名民资监事。2 名民资监事分别由德邦股份以及绿地投资派出。混改后 A 航物流的监事会形成了国有方、民营方、员工代表三方相互制衡的局面。同时监事会中民营资本代表和员工代表人数超过国有资本代表，可以保证民营股东和员工利益的实现。可见，混改后 A 航物流的监事会结构更加完善，监督和制衡机制可以得到充分发挥。

b. 监事运行有效性。

表 4 – 13 是 A 航物流混改后各年度监事会的召开情况。自 2018 年 12 月完善监事会制度以来，2019 年度、2020 年度每年监事会的召开次数都在 6～7 次，2021 年度监事会召开了 9 次，这充分说明了 A 航物流内部治理中监事会的重要性，同时也可看出 A 航物流的监事会已经进入日常运转阶段，能够充分发挥监督作用。

表 4 – 13 混改后 A 航物流监事会召开情况

年度	2018 年	2019 年	2020 年	2021 年
次数	1	7	6	9

资料来源：自行整理。

⑤完善经理层结构，强化制衡与监督机制。

A 航物流混改前，一直存在着管理层决策权缺失的问题。并且经理层人员由政府委派，按照行政等级制定薪酬，这种薪酬模式使得经理人失去管理公司的动力。A 航物流为了更好地调动经理人的工作积极性，开始实行市场化的职业经理人制度。首先，让所有经理人摆脱国企员工身份，参照市场化原则重新选聘上岗。以市场化用人制度激励和约束职业经理人，充分调动其企业家精神，提升公司经营管理效率。由表 4 – 14 可知，混改后 A 航物流的经理人具有较高的专业水平和丰富的管理经验，说明经理层治理水平有所提升。

表 4 – 14 混改后 A 航物流高管情况

高管姓名	任职	工作履历	业务专长
李九鹏	董事、总经理、党委副书记	曾任中国民用航空北京管理局维修基地助理工程师、上海东方飞行培训有限公司副总经理	综合管理
范尔宁	董事、党委书记、副总经理、财务总监	曾任 A 航空进出口公司进口部经理、党委副书记，A 航集团办公厅主任	战略管理
孙雪松	副总经理	正高级飞行员，曾任 A 航股份甘肃分公司飞行部经理、副总经理	综合管理
王建民	副总经理	高级会计师。曾任 A 航股份西北分公司副总会计师兼财务部部长、财务部经理	财务
许进	副总经理	曾任上海航空股份有限公司货运处副总经理、上海航空国际货物运输服务有限公司总经理	战略管理

高管姓名	任职	工作履历	业务专长
万巍	总经理助理、董事会秘书、总法律顾问	曾任中国北方航空公司销售总公司副科长，中货航市场销售部经理、人力资源部部长	市场营销、人力资源

资料来源：A航物流招股说明书。

国有企业治理结构中，董事会与经理层高度重合，两者的职责划分模糊，监督和制衡作用失效。A航物流混改后，董事会与经理层的权利和责任更加清晰具体。董事会是公司的决策机构，经理层是执行机构，负责将决策落实到日常生产经营中。经理层受董事会委托，在董事会的指导和监督下履行日常经营管理职责。混改后A航物流在《公司章程》中明确列举了董事会和经理层的具体职责，清楚地划分了两者之间的职责界限，充分调动了不同治理层级之间的监督和制衡机制。

⑥小结。

经过上述分析，可以看出A航物流进行混改后，形成了包含党委会、股东大会、董事会、经理层的完善的公司治理结构，充分发挥了有效的监督和制衡机制，如图4-8所示，A航物流公司治理中的监督机制分为内部监督和外部监督。公司内部治理中，董事会、监事会、经理层职责清晰、明确，各司其职。各治理层级日益完善，实现了内部之间的制衡与监督；同时，各治理层级之间也实现了制衡与监督。A航物流治理结构的完善可以有效防止大股东"拍脑袋"做决定，解决一股独大以及内部人控制的问题，加强管理层对企业的管理。此外，A航物流上市可以加强社会公众对其的监督，约束其经营行为，最大限度保护A航物流各利益相关方的利益。

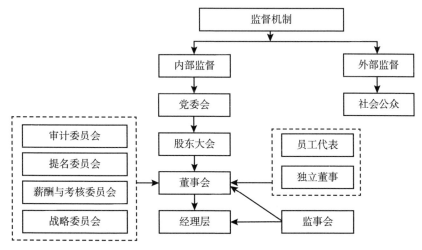

图4-8 A航物流的治理机制

资料来源：根据招股说明书整理。

（2）改善市场化用人机制。

①市场化选聘机制。

长期以来，我国国有企业的管理人员是由政府机构委派的，通常是用选拔干部的标准来选拔企业经理人，一般由具有政治身份的官员担任，这种行政性任命方式导致经理人普遍缺乏创新、冒险精神和专业能力，不能应对快速变化的市场环境，管理和决策趋于保守、经营效率低下，导致国企经济效益不佳。

混合所有制改革所倡导的市场化聘任方式能够有效改变国企内部运作机制。混改后所有职工均转换了国企员工身份。然后，员工重新签订市场化的契约，不仅包括劳动合同、岗位聘用书，高级管理人员还要签署业绩承诺书。同时，A 航物流转换了行政化的聘任机制，采用市场化选聘方式，在人才市场中择优录取员工。选取高素质的人才为企业提供专业服务，提高了企业内部经营效率，提高了人力资本创造价值的能力。同时，具有专业能力的高级管理者可以帮助 A 航物流转变经营理念，促使 A 航物流更加自主地参与市场竞争，从而提升 A 航物流的市场竞争力。

②市场化薪酬机制。

a. 市场化薪酬机制。

国有企业的行政性目标使得国有企业高管忽视企业的经济目标，更加重视内部政治晋升。政治晋升在带来经济收益的同时也会带来更大的政治权利，所以国企的管理者有很大的动力去追求政治晋升。这种扭曲的激励方式使得国企高管很难作为"经济人"去管理和经营企业，导致国企丧失竞争力。

通过混改，A 航物流建立了完善的绩效评价体系和科学的薪酬体制，能够促使国企高管积极参与公司经营管理，提升企业的经济效益。A 航物流摒弃了过去以行政级别制定薪酬的方法，取消了平均主义分配制度。建立了将薪酬与业绩挂钩的市场化薪酬体系，薪酬制度更加合理、科学。根据 A 航物流招股说明书可知，A 航物流优化后的员工薪酬由固定薪酬和浮动绩效奖金构成，体现了根据岗位级别、价值创造定薪的理念。A 航物流员工薪酬的整体原则为：岗位与业务关联度越紧密，绩效工资的占比越高；岗位层级越高，越强化与业绩的关联程度，同时各种绩效奖励越多。此外，A 航物流还设置了超额利润分配奖，进一步加强了薪酬与业绩的关系，鼓励员工超额完成工作，最大限度提高公司业绩。同时，A 航物流将员工薪酬对标市场同业薪酬，提高公司绩效结果和绩效奖金的关联度，营造绩效导向的企业文化。这种以公司业绩评定员工薪酬的分配方法，极大地提高了员工工作的积极性。

b. 高管薪酬安排。

高管人员薪酬为年薪酬，固定工资和年终奖的比例为 1:1。A 航物流高管人员与董事会签订《绩效合约》，作为绩效考核的依据。绩效考核的标准为公司利润、经济增加值等财务指标，也包括转型业务发展情况、战略发展和实现情况等非财务指标。绩效系数考核设置见表 4-15。

表 4 - 15 **A 航物流高级管理人员绩效考核设置**

考核等级	D	C	B	A	S
分数	< 60	60 ~ 80	80 ~ 90	90 ~ 100	> 100
绩效系数	0	0.5	0.8	1.0	1.3

资料来源：A 航物流招股说明书。

c. 员工薪酬情况。

A 航物流各级员工的薪酬均与公司业绩挂钩，随着业绩的变化而变化，有利于提高员工的工作积极性。本节选择 A 航物流归母净利润反映 A 航物流整体业绩的变化情况（详情见表 4 - 16）。2019 年中美贸易摩擦不断加码，导致对美出口商品的成本增加，使进出口需求减少，从而在一定程度上间接影响了 A 航物流的航空货运业务，利润大幅减少。2020 年以来，贸易摩擦紧张局面有所缓和，加之 2019 年底新冠肺炎疫情暴发，航空物流行业的运力供应紧张，运价快速上升，收入端实现高增长。同时，航油价格下降导致成本节约。在此市场环境下，A 航物流凭借丰富的运力资源，以及高效率的经营管理，实现了利润的高水平增长。

表 4 - 16 **2018 ~ 2020 年度 A 航物流归母净利润情况** 单位：万元

年度	2020 年度	2019 年度	2018 年度
归属于母公司所有者的净利润	236 874.01	78 773.83	100 128.70
增长率（%）	200.70	- 21.33	46.08

资料来源：根据 A 航物流财务报表自行整理。

表 4 - 17 为 A 航物流员工薪酬情况，其变化方向与 A 航物流整体绩效情况相符。2019 年 A 航物流经营利润下降，各级员工的薪酬降幅分别为 24.97%、40.61%、9.56%，与 A 航物流整体绩效变化趋势一致。其中，普通员工的浮动薪酬包括提成或计件工资，在市场需求减少的情况下，浮动薪酬也随之减少。中层员工工资下降幅度大于普通员工，这是因为"层级越高，与业绩的关联度越高"。普通员工和中层员工工资变化幅度大于高层人员，这是因为 2018 年享受了当年的超额利润分享奖，但是 2019 年业绩下滑，无法享受这部分奖励。2020 年度高层员工薪酬上升幅度高于普通员工和中层人员，这是因为 2020 年高层人员年终目标绩效奖金占年薪比例高于中层员工和普通员工绩效薪酬占总薪酬的比例。各级员工的薪酬变化充分体现了 A 航物流实行了市场化的薪酬制度。

表 4 - 17　　　　　　　　　A 航物流员工薪酬水平及增长情况　　　　　　　单位：万元

员工	2020 年度		2019 年度		2018 年度
	月均薪酬	增长率	月均薪酬	增长率	月均薪酬
普通员工	1.46	28.80%	1.13	-24.97%	1.51
中层员工	6.46	27.73%	5.06	-40.61%	8.52
高层员工	27.73	45.79%	19.02	-9.56%	21.03

资料来源：A 航物流招股说明书。

d. 销售产出比。

销售产出比由营业收入与销售人员数量的比例关系反映，代表了每位营销人员可以为 A 航物流带来的经济效益水平，销售产出情况见表 4 - 18。销售产出比越高，说明销售人员的工作积极性和工作效率较高。A 航物流的人均客机腹舱货运收入整体呈现上升趋势，2017 年进行混改之后，2018 年的人均客机腹舱货运收入上升明显，由 590 万元/人增加至 821 万元/人，销售产出比大幅提高。销售产出比的增加，是由于 A 航物流进行了混改，推行了市场化的用人制度，将员工薪酬与业绩挂钩，调动了员工的工作热情，从而改善了 A 航物流的经营水平。

表 4 - 18　　　　　　　　　A 航物流的客机腹舱货运业务销售产出情况

项目	2017 年	2018 年	2019 年	2020 年
客机腹舱货运业务收入合计（亿元）	33.47	36.84	36.56	52.16
平均客机腹舱货运业务销售人员数量（人）	567	449	414	430
人均客机腹舱货运收入（万元/人）	590	821	883	1 213

资料来源：A 航物流招股说明书。

③改善长期激励与约束机制。

此次员工持股计划的对象为 A 航物流 169 名高级管理人员和核心骨干，约占 A 航物流 6 949 名员工数量的 2.43%。员工认购新增注册资本 14 288 万元，占注册资本的 10%，认购价格与战略投资者认购价格相同。其中，有 2% 的股份是为未来加入 A 航物流的核心骨干预留的。以 A 航物流总经理李九鹏为例，他认购 A 航物流仅 0.78% 的股份对价高达 3 000 多万元。此外，此次员工持股计划有两个 36 个月内不得转让股份的规定。一是自员工实际完成缴纳之日起 36 个月，二是自首次上市之日起 36 个月。两个 36 个月锁定期的规定，将员工持股所带来的激励效应中长期化，可以实现公司整体利益和员工个人利益的长期绑定。

国有企业通常长期激励与约束不足，为提高员工工作积极性，A 航物流实施了员工持股，将员工自身利益与企业长远发展捆绑在了一起；同时让员工以股东身份参与到经营管理和监督工作中，有效建立了中长期的员工激励与风险约束机制，以此增强了员工的责任感和归属感，激发了员工的工作热情。以上结论与杨红英（2015）和郝阳（2017）的观点一致，混合所有制改革可以改善激励与约束机制，提高员工对公司业绩的敏感度，从而将员工的个人利益和公司的整体利益紧密结合起来，通过充分发挥人力资本的价值提高国有企业的业绩。

（3）改善市场化经营机制。

制衡与监督机制和市场化用人机制，有效缓解了委托代理问题，协调保障了利益相关者的利益，增强了A航物流降本增效的动机，推动了市场化经营机制的发挥与实现，以上两种作用机制的发挥最终体现在A航物流的业务能力上。首先，A航物流精简机构和人员提升了决策和管理效率，有效降低了费用水平。其次，A航物流积极与战略投资者进行合作，完善并升级产业布局，增强了核心竞争力，改善了A航物流的经济效益。

①决策和管理机制。

a. 决策和管理机制优化。

国有企业市场化改革滞后，行政化色彩较重，决策多为完成政治任务而非经济目标，导致决策科学性不足。根据第3章构建的混改作用机制模型，混合所有制改革可以通过完善公司治理改善国有企业的决策机制。上文分析得出A航物流已经完善了治理结构，形成了股东大会授权、董事会决策、监事会监督、经理层日常经营的管理层级。其中，A航物流的董事会不再是大股东的"一言堂"，已经实现股权制衡。首先，在进行决策时，国有资本与民营资本相互制衡，国家的行政性干预减少，最终以相关利益者最大化为目标进行市场化决策，一定程度上保证了决策的质量。其次，战略投资者进入董事会，能够提高决策的效率。A航物流引入的三家战略投资者为物流行业各细分领域的佼佼者，具有丰富的行业洞察力，所以，战略投资者入驻董事会后，A航物流可以及时把握市场新趋势，提高决策有效性和风险防御能力。最后，A航物流明确了董事会和经理层的权利和责任，并且董事和经理均为行业内经验丰富的职业人士，管理层专业化水平的提高促进了决策机制的转变。

b. 经营效率提升。

a）精简机构。

A航物流进行扁平化管理、调整销售模式和精简人员等一系列措施逐步提高了企业运行效率。以A航物流的客机腹舱业务为例，A航物流货运营销业务国内外分支机构众多，截至客机腹舱业务承包经营前，A航股份拥有包括国内26个营业部和国外31个营业部。A航物流实施客机腹舱业务承包经营后对货运营销机构进行精简，成立国内14个分支机构和海外9个分支机构；同时开展扁平化管理，由总部直面分支机构的行政以及销售管理工作，并由这些分支机构负责所有通航点的客机腹舱货运业务。上述管理模式精炼了管理层级，加快了包括任务下达和汇报上传在内的信息流转速率，提高公司决策效率，有效降低了客机腹舱业务运营费用。

b）管理费用率和销售费用率水平。

期间费用包括管理费用、销售费用和财务费用。管理费用与营业收入的比，即管理费用率在一定程度上可以反映企业的经营效率，也可以体现企业的代理成本。如表4－19和

图 4 - 9 所示，A 航物流的管理费用率呈现持续下降趋势。这说明 A 航物流混改后，公司治理日益完善、决策和管理效率提升，代理成本下降，同时经营效率上升。

表 4 - 19　　　　　　　　　　　A 航物流的期间费用管理情况

财务指标	2016 年	2017 年	2018 年	2019 年	2020 年	2021 年
期间费用率	7.92%	5.39%	5.89%	4.73%	3.37%	3.12%
销售费用率	2.87%	2.19%	2.47%	2.28%	1.60%	1.17%
管理费用率	3.61%	4.02%	3.14%	2.53%	2.28%	1.74%

资料来源：Wind 数据库。

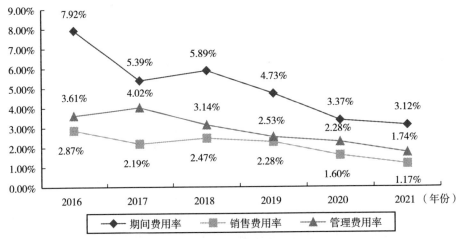

图 4 - 9　A 航物流期间费用变化情况

资料来源：根据 A 航物流财务报表自行整理。

销售费用率是销售费用与营业收入之比，A 航物流的销售费用率五年以来整体呈现下降趋势。其中，2018 年销售费用率上升是因为市场需求增加，业务规模扩大，支付给代理商的手续费增加所致。

随着营业收入增加，管理费用和销售费用不升反降，这是因为 A 航物流进行混改后，公司治理更加完善，决策效率有所提高；同时加强了成本费用管控，进行了扁平化管理、精简人员，建立了多层次、系统化的激励约束体系，逐步降低了运营成本，提升了经营效率和企业管理能力。

②商业模式转型。

a. 优化传统业务。

混改后，A 航物流积极探索航空速运商业模式创新，在民航货运领域首次引入客机腹舱承包经营模式，从原委托经营模式下"固定利润率"的盈利模式转变为承包经营模式下"自负盈亏"的盈利模式，不仅有效解决了 A 航物流与 A 航股份之间的同业竞争，也使 A 航物流得以实质性掌握通达全球 170 个国家、1 036 个目的地的客机腹舱运力资源，有助于 A 航物流在日益激烈的国际化竞争中提升竞争实力，并为长远发展积攒了宝贵的产业资源。

b. 与民营企业的战略协同效应。

民营企业参股国有企业，与国有股东形成利益共同体，在公司治理结构完善的基础上，双方实现相互制衡能够作出更加科学的决策，并且可以根据行业发展情况以及各股东的资源优势，制定符合市场发展趋势的战略，充分发挥战略协同效应，提升 A 航物流的行业竞争力，以应对日益激烈的竞争。这一作用机制符合前文得出的理论模型中混改通过完善公司治理促进商业模式创新、发挥战略协同效应这一机制。

a）与联想控股的战略协同效应。

联想控股实际控股 25%，是 A 航物流的现任第二大股东。联想控股主业是战略投资和财务投资，投资范围广泛，包括互联网行业、制造业、金融服务业等。此外，联想控股在物流行业也有所涉猎。从 2018 年开始着手智慧物流产业布局，在传统物流业务的基础上重视自动化、精准化管理，提升运转效率。联想控股旗下的物流业务与 A 航物流的新兴业务高度吻合。此外，A 航物流近年来大力发展跨境电商物流、生鲜冷链物流，而联想控股旗下诸多公司有跨境电商、生鲜冷链业务，可以与 A 航物流形成战略合作关系，实现共赢。例如，佳沃集团主要供应生鲜果蔬，可以与 A 航物流合作，采用航空物流进行运输，保证时效性与安全性等。

b）与德邦股份的战略协同效应。

传统航空货运企业的最大弊端在于缺乏"门到门"末端派送能力，核心业务仍然以航空速运为主，A 航物流虽然在 2013 年就开拓了产地直达业务，但是定位不得不局限于B2B。近年来，随着客户"门到门"需求的增加，第三方物流企业的精准配送能力显现，这对传统航空货运企业造成了不小的冲击。为提高地面配送能力和综合物流能力，A 航物流从众多的意向合作商中选择了德邦进行战略合作。

德邦物流拥有国内最具规模的地面网络，其快递网点已经遍及大部分城市，并且已经渗透到 93.50% 的乡镇，员工人数超过 12 万人。德邦物流强大的配送能力可以帮助 A 航物流增强门到门的服务能力。而 A 航物流拥有强大的运力资源以及机场资源，A 航物流的全货机有 10 架，同时拥有浦东机场货站的使用权。A 航物流与德邦物流在寻找货源、地面配送、产业链拓展等方面都可以产生协同效应。

c）与普洛斯的战略协同效应。

珠海普东物流由普洛斯投资（上海）有限公司（简称"普洛斯"）全资持有，普洛斯以物流地产为主营业务，其物流地产资源遍布全国各地，拥有 252 个园区和 4 900 万平方米物流仓储基础设施。同时，普洛斯还拥有先进的、可以满足个性化需求的物流中心，提供专业化的服务。普洛斯入股 A 航物流具有重要的战略意义。对于普洛斯而言，可以借助A 航物流强大的航空货运能力，为客户提供一体化的服务和专业解决方案。而对于 A 航物流来说，航空货运业务的发展需要强大的货站资源支撑，但是货站属于土地资源，购置需要投入大量资金。并且土地属于重资产，重资产结构运营会降低 A 航物流经营的灵活性。但是引入普洛斯后，可以以相对较低的成本获取货站资源，提高经营稳定性。

d）混改后 A 航物流的产业布局。

综上所述，混改后 A 航物流解决了与 A 航股份之间的同业竞争，实质性控制了客机腹舱运力资源，提高了航空速运业务服务能力；同时，联想控股、珠海普东物流和德邦股份三家战略投资者分别处于物流行业的不同领域，均能够与 A 航物流产生协同作用。A 航物流与联想控股在综合物流解决方案业务上能够实现协同效应，与珠海普东物流在货站操作和仓储业务上能够实现协同，与德邦股份在多式联运业务上实现协同。A 航物流引入战略投资者，整合了可利用的优质资源，拓展了传统的物流产业链（A 航物流的战略布局详见图 4 – 10），推动了商业模式的转型，增强了 A 航物流的可持续发展能力。以上结论印证了王竹泉（2016）的观点，混合所有制改革优化了资源配置效率，实现了不同资本间的协同效应。A 航物流混改后实现了战略协同效应，提升了市场竞争力，业务能力的增强进一步影响财务绩效，下文将从细分收入占比变化、营业收入增长率、净资产收益率以及股价变化几个方面进行验证。

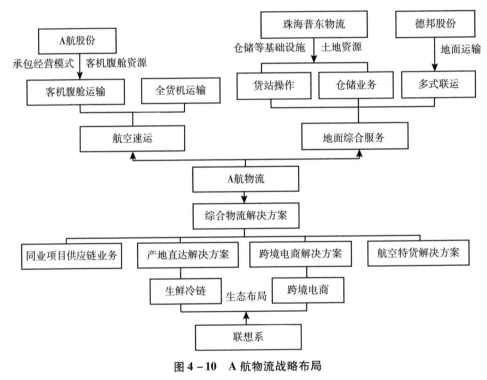

图 4 – 10　A 航物流战略布局

资料来源：自行整理。

c. 商业模式转型机制验证。

a）各细分收入占比以及变化。

混改后，A 航物流调整了商业模式，实现了商业模式转型，业务结构也随之发生变化。从表 4 – 20 和图 4 – 11 可以看出，A 航物流的收入结构发生了变化，新兴业务——综合物流解决方案业务大幅度增长，2020 年的增速达到 108.01%，2021 年增速为 40.02%。

航空速运业务和地面综合服务业务平稳增长。在跨境电商、生鲜冷链发展需求的加持下，A 航物流抓住混改红利，引入具有协同作用的战略投资者。借助战略投资者的资源优势，大力发展综合物流解决方案业务，开拓了新的业务增长点，进一步深化和完善了新兴业务布局。

表 4 – 20　　　　　　　　　　　A 航物流各细分收入占比及变化　　　　　　　　金额单位：亿元

年份	项目	航空速运	同比增速	地面综合服务	同比增速	综合物流解决方案	同比增速
2017	金额	39.77	—	20.48	—	16.25	—
	占比	51.89%	—	26.73%	—	21.20%	—
2018	金额	66.13	66.28%	22.74	11.03%	19.89	22.39%
	占比	60.75%	—	20.89%	—	18.27%	—
2019	金额	66.72	0.89%	22.41	- 1.48%	23.72	19.28%
	占比	59.06%	—	19.84%	—	21.00%	—
2020	金额	78.19	17.19%	23.46	4.69%	49.34	108.01%
	占比	51.74%	—	15.52%	—	32.65%	—
2021	金额	124.31	58.98%	28.70	22.34%	69.08	40.02%
	占比	55.93%	—	12.91%	—	31.08%	—

资料来源：A 航物流招股说明书。

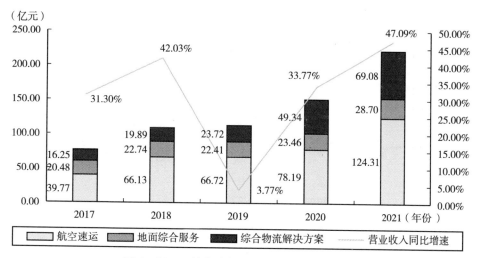

图 4 – 11　A 航物流各细分收入占比以及变化

资料来源：A 航物流招股说明书。

b）营业收入增长率。

A 航物流混改后，利用民营股东的资源优势，拓展了产业链，改善了业务布局，A 航物流借此机会实现收入高速增长。从表4-21和图4-12可以看出，在混改前，即2016年A航物流的收入同比增长率远低于中国外运和顺丰控股，2017年进行混合所有制改革后，收入增速超过其他三家可比公司，2019年由于中美贸易摩擦，收入增速只有3.77%；2020年受新冠肺炎疫情影响，航空货运运价上升，A航物流收入增速恢复至高位，2020年和2021年营业收入增长率稳固上升。在未来贸易摩擦和新冠疫情缓解改善的宏观经济下，A航物流能够凭借充足的运力资源和航线网络，保持收入高速、可持续增长。混合所有制改革，完善了A航物流的经营机制，提高了经营效率，促进了A航物流商业模式创新，增强了市场竞争力。

表4-21 　　　　　　　　　　　A航物流营业收入同比增长率横向对比

年份		2016	2017	2018	2019	2020	2021
A航物流	金额（亿元）	58.37	76.65	108.86	112.96	151.11	222.27
	同比增长率	-8.16%	31.30%	42.03%	3.77%	33.77%	47.09%
中国外运	金额（亿元）	602.5	731.6	773.1	776.6	845.4	1 243.46
	同比增长率	31.17%	21.42%	5.68%	0.44%	8.86%	47.09%
华贸物流	金额（亿元）	73.08	87.15	94.45	102.52	140.95	246.68
	同比增长率	-8.39%	19.25%	8.38%	8.54%	37.47%	75.02%
顺丰控股	金额（亿元）	574.83	710.94	909.43	1 121.93	1 539.87	2 071.87
	同比增长率	19.50%	23.68%	27.60%	23.37%	37.25%	34.55%

资料来源：Wind数据库。

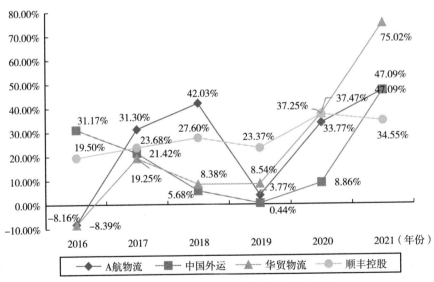

图4-12　A航物流营业收入同比增长率横向对比

资料来源：Wind数据。

c）净资产收益率。

A 航物流通过混合所有制改革转换了经营机制，激发了发展活力，现通过分析净资产收益率这一指标说明 A 航物流的混改效果（A 航物流的净资产收益率情况见表 4 - 22 和图 4 - 13）。2017 年为 A 航物流正式开启混改之年，A 航物流的净资产收益率从 2016 年的 50.75% 降低到 49.32%，下降了 2.82%，这主要是因为 A 航物流以增资扩股方式引入民营投资者，所有者权益从年初的 7.38 亿元增加至年末 23.12 亿元，增加了 213.28%；而净利润一年之内从 3.30 亿元仅增加至 6.85 亿元，上升了 107.58%。因为净利润的增长幅度不及所有者权益的增加幅度，导致净资产收益率产生轻微的下降，但是下降幅度远低于顺丰控股的 17.94%、华贸物流的 13.14%、中国外运的 7.27%、行业均值的 14.22%，A 航物流的净资产收益率的下降速度低于同行业可比公司，说明混改提高了 A 航物流运用自有资本产生收益的能力。

表 4 - 22 A 航物流净资产收益率（加权）横向对比

公司	2016 年	2017 年	2018 年	2019 年	2020 年	2021 年
A 航物流	50.75%	49.32%	36.83%	24.10%	53.61%	45.53%
中国外运	12.10%	11.22%	11.97%	10.29%	9.35%	11.69%
华贸物流	8.83%	7.67%	8.37%	8.77%	12.21%	17.13%
顺丰控股	22.46%	18.43%	13.21%	14.86%	15.21%	6.81%
行业均值	15.75%	13.51%	6.96%	4.27%	7.95%	10.89%

资料来源：Wind 数据库。

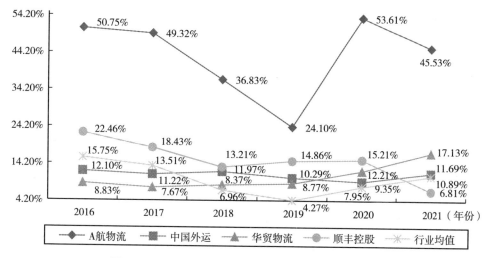

图 4 - 13 A 航物流净资产收益率（加权）横向对比

资料来源：Wind 数据库。

2018 年和 2019 年 A 航物流净资产收益率持续下降，2019 年的净资产收益率较 2017

年下降了 51.14%，与同行业均值变化趋势一致，行业均值下降了 68.39%。主要是因为 A 航物流的航空速运业务较易受国际贸易环境及政策的影响，2018～2019 年，中美贸易摩擦不断加码，导致对美进出口商品的成本增加，使进出口需求减少，从而在一定程度上间接影响了 A 航物流的航空速运业务；而顺丰控股、中国外运和华贸物流的业务结构与 A 航物流不同，中国外运和华贸物流均为货运代理商，并不直接拥有货机提供运输服务，而顺丰控股国内业务占比较高，所以贸易摩擦对其冲击力较小，净资产收益率下降不明显。

2020 年以来，因疫情影响航空货运运力供应大幅减少，运价大幅增加，同时航油价格下跌。A 航凭借丰富的物流运力资源，营业收入大幅度增加，所以 A 航物流 2020 年净资产收益率大幅上升。2021 年 A 航物流在上交所上市，净资产同比增加 108%，而净利润仅同比增加 53.12%，故净资产收益率有所下降。

A 航物流受宏观环境的影响较大，但是在宏观经济下行时期，A 航物流可以凭借其日益完善的物流服务体系，减少外部环境带来的影响，从而使盈利能力下降幅度低于同行业其他公司；且在宏观环境向好时，又能利用强大的资源优势，大幅提高盈利能力，所以混合所有制改革提高了 A 航物流的盈利能力。

d）股价变化。

股票价格在一定程度上可以反映上市公司的经营情况以及未来的发展能力。A 航物流混改后公司治理得到优化、经营机制实现转型、业务布局完善，企业发展活力得到有效提升。混改对 A 航物流带来的影响可以通过分析 A 航物流上市后的股价变化进行验证。本节选取同行业未进行混合所有制改革的可比公司中国外运和华贸物流进行比较，排除行业宏观因素对股价的影响，从而分析混改对 A 航物流股价的影响。A 航物流于 2021 年 6 月 9 日上市，故选取 2021 年 6 月 9 日～2022 年 3 月 20 日的股价，A 航物流以及可比公司的股价变化见图 4-14。

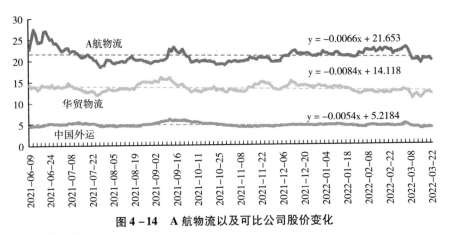

图 4-14　A 航物流以及可比公司股价变化

资料来源：自行整理。

由上图可以看出 A 航物流、中国外运、华贸物流股票价格变化的整体趋势相同，但是 A 航物流在 2021 年 6 月 9 日～2021 年 6 月 30 日，股价呈现整体下降的趋势。A 航物流在

2021 年 6 月 9 日以发行价格 15.77 元上市后，股价持续上升，6 月 11 日股价一度上升至 27.48 元，然后股价逐步下降。这是因为 A 航物流完成了混合所有制改革的第三步——上市，这一举措意味着 A 航物流混合所有制改革的成功，同时向市场传递了积极的信号，投资者普遍看好混改后的 A 航物流，导致股票价格上涨。当投资者回归理性后，A 航物流股价逐步下跌。为将 A 航物流上市这一事件对股价的短期影响排除，本节选取了 2021 年 7 月 1 日 ~ 2022 年 3 月 20 日的股价，并且分别得到三家公司股价的线性回归公式（见表 4 – 23）。

表 4 – 23 股价线性回归公式

公司	回归线公式
A 航物流	$y = 0.0046x + 20.262$
华贸物流	$y = -0.0089x + 14.05$
中国外运	$y = -0.0063x + 5.24$

资料来源：自行整理。

股价的回归线是利用统计学的方法对上市公司股价变化的一种描述，回归线的系数若为正数，则代表该公司股价处于上升趋势。对比 A 航物流、中国外运、华贸物流的回归线公式，可以看出，A 航物流的回归线公式系数为正，其他两家可比公司的回归线系数为负。这说明 A 航物流的股价处于上升趋势，股价变化优于其他两家可比公司。股票价格的变化说明了 A 航物流混改后公司经营情况得到改善，市场竞争力得到提升，可持续盈利能力增强。

4.1.5 结论与启示

1. 研究结论。

本节通过扎根理论研究法构建了混合所有制改革作用机制理论模型，该模型认为混合所有制改革的作用机制有三种：改善制衡与监督机制、改善市场化用人机制、改善市场化经营机制。然后本节具体分析了 A 航物流的混改情况，以及混改前后三个作用机制的情况，验证了上文构建的作用机制模型的适用性，能够为其他国有企业进行混合所有制改革提供参考。本节的主要结论为：

（1）在制衡与监督机制方面，A 航物流引入非公有资本，实现了股权多元化，进而实现了股东之间、股东与董事会之间的制衡和监督机制。首先，进行混合所有制改革后，A 航物流的经营管理体现的不再仅是国有资本的意志，而是国有资本与非公有资本组成的利益共同体的综合意志，异质性股东之间的制衡有效避免了"一股独大"。同时国有股东和民营股东均对公司董事会进行监督，确保所有人到位，避免了内部人控制现象产生。其次，A 航物流坚决维护党组织的核心领导地位，同时鼓励联想控股等民营股东向董事会派出代表，使董事会不再是国有股东的一言堂；并且完善了监事会结构，使监事会真正起到监督作用。董事会与经理层职权划分更加明确，加强了董事会对经理层的监督和制衡。最后，A 航物流成功上市，也为公众股东进行监督提供了有效途径。A 航物流完善了党组织结构、董事会结构、监事会结构、经理层结构，使内部各治理结构各司其职，充分发挥各方的制衡和监督机制。

（2）在市场化用人机制方面，A 航物流取消行政化的用人方式，采用市场化的聘任制度和薪酬制度，同时实施员工持股计划实现激励和约束长期化。A 航物流与所有员工签订市场化的劳动合同，并且采用一人一薪的薪酬制度，将员工工资与公司业绩挂钩，实施关键核心人员持股，将员工的个人目标与 A 航物流的目标统一起来，一致性的目标提高了员工工作的积极性。同时，选取员工代表进入治理层级，给予员工参与公司经营和监督的权力，提高员工在公司中的地位，增强了员工的归属感以及工作积极性，可以最大限度地发挥人力资本的作用。A 航物流近三年各级员工的薪酬水平变化与 A 航物流整体的企业绩效变化一致，充分体现了薪酬与绩效挂钩的原则，实现了市场化的用人制度。这种市场化用人制度对 A 航物流的作用可以直接体现在销售产出比上，每个销售员工所带来的营收增加，说明 A 航物流的市场化用人制度发挥了作用。

（3）在市场化经营机制方面，A 航物流通过混合所有制改革提高了决策效率降低了期间费用，以及进行了商业模式创新。相比国有企业，民营企业具有丰富的现代化管理经验以及敏锐的市场洞察力，联想控股等民营企业代表入驻董事会能够提高 A 航物流决策的质量和效率，及时调整公司发展战略、为经营管理指明方向，同时管理更加科学有效。此外，A 航物流通过内部组织结构的整合减少了经营决策层级，给予各业务单元更大的自主经营权、提高了信息传递效率。同时精简机构和人员降低了管理费用和销售费用；另外，通过业务整合聚焦主业，利用民营资本独特的资源能力，与国有资本实现优势互补，发挥战略协同效应，开拓新的商业模型，提高了核心竞争力。

2. 启示。

（1）引入非国有资本优化股权结构。

混改的第一步就是要"混股权"，通过让其他资本进入国企从而打破国有资本长期以来一股独大的优越地位，使国企首先在股权层面实现混合。引入非国有资本时，应谨慎考虑让渡多少股权给非公有资本，坚持一企一策，根据国企在国民经济中的作用，设定合适的股权结构。此外，应设定保护非国有资本股东的制度，提高战略投资者、财务投资者、机构投资者等多方利益共同体在股东大会中的话语权，使得任何一方不能单独主导公司的经营，保护中小股东合法权益的实现，确保制衡和监督机制能够充分发挥作用。进行混合所有制改革并不是要以牺牲一方利益的代价去发展另一种资本，而是要推动多种资本共同发展，即实现"国民共进"。

（2）完善董事会结构。

①充分保障非国有资本的话语权。

民营企业参与国有企业的混合所有制改革，并不只是国企单方面的利益诉求，民企同样希望利用国企雄厚的资金优势或是市场地位资源借力发展。但是，国有企业中国有资本一股独大，使民营资本望而却步，担心自己的利益得不到保障。所以，为了吸引民营资本积极投身于国企混改，国企应通过制度安排充分保障民营资本的话语权。同时，国企也要借助民营资本丰富的管理经验和经营机制，来提升国企的发展动力和活力。为吸引民营资本进入，国有企业可以通过允许民营股东向董事会超额委派董事，来提高民营资本在董事会中的决策权，让董事会真正成为各方利益相关者有效发声的平台。

②完善独立董事制度。

独立董事是指与企业只存在雇佣关系，代表企业整体利益的董事。独立董事可以有效监督董事会的决策，并且利用自身的知识专长，优化董事会的决策，有效解决内部人控制问题。完善独立董事制度是解决委托代理问题的有效途径。首先，在数量上，国有企业的独立董事数量至少要达到董事会成员的三分之一。其次，在职能上，必须在《公司章程》中明确独立董事需要对公司重大经营决策等事项履行监督咨询职能。最后，要完善对独立董事的激励，设置合理的薪酬标准和激励方式，确保能够激励独立董事做到勤勉尽责，为国企发展献言建策，同时制衡和监督其他董事的行为，优化国有企业公司治理水平。

③设立董事会专门委员会。

董事会专门委员会是董事会的内设机构，是根据董事的专业领域进行分工，以提升董事会决策的科学性和合理性。国有企业存在经营机制僵化的缺陷，决策无法适应快速变化的市场环境，所以提升内部决策的效率是国企改革的突破口。国有企业可以设置审计、战略、薪酬和考核、提名委员会，并保证独立董事在其中各个机构中占多数。以各委员会常态化的运行状态保障董事会作出高水平高水准的决策，同时专业委员会也是董事会发挥制衡和监督作用的重要途径。

（3）完善监事会结构。

监事会的工作是对董事会和经理层履行义务的情况进行监督。监事会对股东大会负责，是维护法人主体和所有人合法权益的内部监督部门。同时监事会制度也是有效解决内部人控制问题的重要方式。首先，监事会的独立性是其发挥作用的前提，所以监事与董事或者高级管理人员任职不能有重合。其次，可以参考 A 航物流混改后的监事会结构安排，民营股东监事以及员工代表监事数量超过国有资本监事。民营股东的盈利动机更强，对于国企有更大的监督动力，所以在监事会中增加代表民营资本利益的监事数量，有利于保障监督作用的发挥。此外，国企应该在《公司章程》中明确监事会的相关职权，例如，监事会可以独立召集股东大会、监事会有权列席董事会会议等，以制度安排保障监事会的有效运行。

（4）完善经理层结构。

在股东大会—董事会—经理层这个委托环节中，经理层是最终代理机构，是股东大会和董事会决策的具体执行机构，负责公司日常经营活动，是公司治理中必不可少的一环。首先，国有企业的董事会和经理层的职责高度重合，针对这一问题，国企需要通过《公司章程》明确划分董事会和经理层各自具体的工作范围。在公司治理中，董事会是上层决策机构，而经理层是下层决策执行机构，董事会负有对经理层监督的责任。

其次，关于经理层内部建设，进行混改前，国企的政策性负担较重，经理人多追求政治晋升，盈利动机较小。并且由于国企自身市场化经验不足，经理人专业能力欠缺，风险承受能力较低，日常生产经营偏于保守，使国企无法适应竞争激烈的市场环境。所以，为激发经理层的企业家精神，需要采用职业经理人制度。解除国企经理人的行政性身份，推动经理人真正地凭借自身的能力和声誉在职业经理人市场中进行充分竞争，实现优胜劣汰。同时强化对经理人的激励措施，提高职业经理人主动服务企业的意愿，调动其工作积极性。

（5）实行市场化用人制度。

①实行市场化的选聘和薪酬制度。

首先，要彻底转换国企员工身份，重新签订市场化的劳动合同。其次，要坚决摒弃原有行政性任命和按照干部行政级别发放薪酬的方式，建立科学的市场化选聘制度，建设高素质、专业化的员工团队。定期组织员工培训、提高员工的工作能力，增加员工的获得感和幸福感，激发基层和管理层的主观能动性。此外，建立科学且严格的市场化考核机制，不断完善市场化的薪酬分配方式，提高与业绩挂钩的浮动薪酬比例，充分发挥激励机制。同时，应以岗位级别定薪代替行政级别定薪，强调多劳多得的分配原则。坚持承担的责任与风险越大、为公司带来的价值越大，则薪酬越高的分配原则，全面激发企业锐意进取的源动力。最后，为建立良好的工作氛围，也应建立惩罚约束机制，有效约束员工行为。培养"能者上、平者让、庸者下、劣者汰"的内部员工竞争意识，提高员工为企业创造价值的意识，不断为企业发展注入新的生机与活力。

②激励和约束中长期化。

工资激励具有短期性的特点，国有企业的混合所有制改革强调激励和约束的长期化。具体的措施有员工持股、建立以经济增加值为核心的业绩考核体系、专项奖励等。本质是将员工的个人利益与企业的利益有机结合起来，让员工当家作主，激发员工的主观能动性。此外，国企应让员工代表入驻董事会和监事会，鼓励员工参与公司治理与经营决策。这有助于员工利益的实现，同时通过实际参与公司决策，员工可以实现自身价值，收获更多价值感和幸福感。

③实现商业模式转型。

国有企业市场竞争力不强，归根到底是国企的经营机制僵化。在国企完善了公司治理结构，并充分发挥了制衡与监督机制、市场化用人机制后，混改的作用最终体现在业务水平的改善上。股东、董事、监事、经理人各个层级内部以及各个层级之间实现相互制衡与监督，确保决策合理化、科学化。市场化用人制度可以激发管理层的工作积极性。在实现了以上两个机制后，国有企业会努力提高企业绩效，实现商业模式转型，增强市场竞争力。

为了进行市场化的竞争、实行市场化的经营机制，首先要进行自身组织机构改革，提高经营效率。削减复杂、低效的组织机构、降低决策层级、提高信息传递效率，降本增效，提高运营效率；其次，国家需减少行政性干预，让国企主动进入市场参与竞争。鼓励国企通过市场竞争增强自身发展能力、核心竞争力。在业务结构方面，退出低效无效的非主业领域，整合集中优质资源，做强做优主业。充分利用民营股东的资源优势，实现管理、经营上的协同作用。抓住行业发展机遇，进行商业模式创新，提高产业先进水平、实现业务高效转型，释放企业发展潜能，提高国有企业的核心竞争力。

4.2 基于扎根理论的民企引入国资的混改绩效及机制分析①

4.2.1 引言

1. 研究背景。

发展混合所有制经济是完善我国基本经济制度的重要举措，在党的十八大以后，党中央提出进行国有企业股权层面的混合所有制改革，国有企业引入民营资本，激发国有企业的市场活力，保证市场在资源配置中能够发挥其决定性作用。国有企业通过引入民营股东，让国有企业的实际控制人实现政企分开，回归实际出资人资格，履行出资人责任，而不是参与到企业的经营管理过程中，以提升国有企业的决策效率和市场效率，引进市场化手段和运行机制，提升国有企业的市场竞争力。同时，规范化国有资本的管理，促进国有资本的职能转变，通过国有资本投资运营公司，国有资本能够履行出资人职责，参股民营企业。

2013 年 10 月，习近平总书记作出我国经济步入新发展阶段的重要论断，经济步入新常态，需要解决过去因为快速发展而带来的环境恶化问题、供求关系失衡问题以及系统性风险防范等问题。为此国家提出蓝天绿水净土保卫战，以改善环境；提出供给侧结构性，改革要求去产能、去库存、去杠杆、降成本、补短板，促进经济的高质量发展；提出大众创业，万众创新，创新成为驱动经济发展的第一动力，国家的创新能力在此期间有较大的提升，先进工业制造业有较大进步，逐渐解决了一些技术卡脖子的问题。但是依旧存在很多技术被国外封锁的情况，而创新是突破技术壁垒的重要动力，创新成为驱动发展的重要因素，创新也是企业永葆活力的源泉，企业的发展离不开创新能力的提升。

党的十八大以来，以习近平同志为核心的党中央高度重视我国的生态文明建设，将生态文明建设上升至国家总体布局的范畴，在统筹城乡发展的基础上，提出乡村振兴战略，将生态文明建设与乡村振兴战略相结合。要想实现"绿水青山就是金山银山"的目标，离不开环保领域企业的助力，环保领域行业迎来了新的发展战略机遇期。随着经济步入新常态，国家提倡要转变发展方式，提出要高质量的发展，而不是粗放型的高速发展，因此要重视生态修复和生态文明建设。

受到 2008 年金融危机的影响，我国推出 4 万亿救市计划，大量资金投入基础设施建设领域上来，市政施工、水利工程等大型投资建设项目相继开工，推动了我国民生领

---

① 作为广东省自然科学基金面上项目（课题编号：2021A1515011479）的前期研究基础，部分数据用于本人学生刘钊文的硕士论文。

域的基础设施建设。同时为了缓解中央财政的压力，国家开始鼓励社会民营资本参与到工程的投资建设运营上来，我国环保领域企业的盈利模式开始转向以 PPP 运营模式为主。但是在探索 PPP 项目运营方面，存在增加了政府负债的问题，在去杠杆的背景下，为了进一步规范化 PPP 项目的融资要求，降低因 PPP 项目而产生的金融风险，财政部逐渐地收紧了 PPP 项目的审批项目。但仍有不少民营企业因为过多投资 PPP 项目而遭遇资金流动性危机，仍然有较大的资金缺口需要补充，因而有引入国有股东缓解流动性危机的动机，本节的研究案例 B 企业引进中国城乡进行混合所有制改革也是基于此。在此背景下，引入国有股东可以缓解企业的流动性危机，但是对环保企业的创新能力是否有影响仍旧是未知数。

B 企业作为我国水处理行业中的佼佼者，其膜法技术在世界上都是极其具有竞争力的技术。在"双碳"目标的规划下，B 企业也将迎来新的发展。一方面水资源处理是耗能较大的一个领域，B 企业想要在双碳目标下实现市场开拓，则需要进一步突破现有技术，降低技术能耗，企业的创新能力可能由此而得到提升。另一方面，在 B 企业的控股股东中国城乡的主营业务中，乡镇业务占据了不少的份额，在乡村振兴战略的大背景下，对乡村的水体进行过滤，让乡村也有干净水，是国企的担当和使命。如此，在混合所有制改革的背景下，B 企业的创新能力是否有提升的空间就具有研究的价值。因此本节以 B 企业为案例研究对象，探讨 B 企业引入国有资本对其创新能力的影响，并且期望能够将 B 企业引入国有资本的经验向同行业中具有类似问题的企业进行推广。

2. 研究意义。

在理论意义上，已有文献对国有企业的混合所有制改革进行了较多研究，但学者主要针对混合所有制改革的理论层面而进行研究，在党的十八大之后才开始进入企业应用层面的研究。现有企业层面研究，主要聚焦于国有企业作为主动方引入民营企业对其财务绩效、公司治理以及企业创新的影响。但对于民营资本引入国有资本进行逆向混改这一混改方式的探讨比较少，且现有的相关研究主要集中在民营企业引入国有资本的动机以及绩效方面，对民营企业引入国有资本如何影响其创新能力的相关研究鲜有。同时在以民营企业为研究主体的文献中，对于混改是否提升了民营企业创新能力的结论仍然存在争议，且大多以实证研究为主，较少使用案例研究方法。因此，本节研究一方面为混合所有制改革领域提供新的研究视角，另一方面使用扎根理论方法进行案例研究分析，以期为该主题的研究提供新的研究方法，并得到相应结论。

在实践价值上，本节以环保行业中的 7 家上市民营企业作为编码案例，得到了在混合所有制改革的背景下，民营企业引入国有股东对民营企业的创新能力影响的理论模型，并使用了 B 企业引进中国城乡这一案例对理论模型进行进一步的验证，证明理论模型具有一定的适用性和普及性，也证明了 B 企业在引入中国城乡后，其创新能力有所提升的结论。此外，通过使用非编码案例进行模型的验证也证明了该模型在同行业中具有一定的普遍性，为同行业企业提升创新能力提供了参考路径，因而具有一定的管理实践意义。

4.2.2　文献综述

1. 相关概念。

（1）扎根理论。

扎根理论（Ground Theory）这一探索性研究技术在 1976 年被格拉斯和斯特劳斯首次提出，是一种质性研究方法，主要用于解释真实情境中的社会行动者对意义建构和对概念运用。其定义及操作流程在 4.1.2 小节和 4.1.4 小节均有讨论，此处不再赘述。

扎根理论所形成的理论，得到的结论均来源于数据，扎根于数据，每一级的编码均能在原始数据中一一对应，因此扎根理论对数据要求较高，随着互联网技术的发展，有较多的信息可以通过互联网进行查询，结合一手调研资料，可以为扎根理论的研究提供广泛的数据支持，数据的可获得性难度降低，为扎根理论的应用提供了现实条件。

使用扎根理论进行研究时，有针对单案例的研究也有针对多案例的研究。在管理学的范畴中单案例的研究比较多，如任相伟等（2022）以河北钢铁为案例，研究了其绿色转型的两阶段演变过程，构建了资源型企业绿色转型的影响机制模型。田剑等（2020）以盒马生鲜为案例，使用扎根理论对其商业模式的演变机制进行了研究，并为零售企业的商业模式变更提供建议。随着单案例的研究深入，单案例的适用性以及可行性受到一定的质疑，因此开始有学者进行多案例的研究。如张敏等（2017）等通过对多个企业家的访谈和调研，使用单案例与多案例相结合的方法构建了企业家精神的动态演化机理。张宁等（2021）使用扎根理论对沪深两地的国有资本投资运营公司的双向治理模式进行研究，发现了国有资本投资运营公司的双向治理的作用传导机制，构建了双向治理的理论模型。综上，在运用扎根理论进行研究时，不仅可以使用单案例进行深入的探讨分析，还可以使用多案例进行相互印证分析，增加其结论的适用性和客观性。因此结合以往学者的研究，并考虑到多案例编码的优势后，本节决定在使用扎根理论进行研究时，使用多案例进行分析。

（2）党组织嵌入。

在改革开放时期，企业逐渐成为我国经济建设的中坚力量，承担着社会经济发展的作用，党组织也同时嵌入企业的管理过程。在公司治理层级中嵌入党组织，形成四会一层的中国特色社会公司治理制度，是党组织嵌入在企业层面的表现。党组织嵌入企业的治理结构主要有两种，一种是党组织前置，另一种是组织后置。通常在企业中的党组织嵌入采用的是党委前置的结构，即党委会对企业日常管理过程中的重大事项有决定权，党委会先讨论该项事项能否上董事会讨论。

党组织的前置不仅在前线体现共产党人的先锋模范作用，更能影响基层单位的士气和思想，这一光荣的革命传统在建设新中国年代就是体现在党组织嵌入至国有企业，成为国有企业治理的重要标志，因此也有很多学者关注到这一点，并对党组织嵌入影响企业的公司治理进行了研究。如王元芳（2014）从党委会以及董事会的双向进入、交叉任职的特点出发，研究了党委会的嵌入对企业代理成本的影响，并得出了党委会的嵌入会通过影响代理成本而间接影响企业的价值。郝云红（2018）从国有企业改革的背景出发，对国有企业改革背景下的党组织的治理效果进行了分析，研究表明不同类型企业的党组织，参与公司治理的程度和水平不同会对企业财务绩效产生不同的影响，因此需要根据不同国有企业的性质和特点制定党组织嵌入的形式以及决定党组织参与决策的程度。全面深化国有企业混合所有制改革阶段，周劲波（2020）总结归纳了党组织参与国有企业治理的经验，为新时代下党组织嵌入国有企业进行公司治理的方式提出了新的路径和方法。楼秋然（2020）从党组织参与国有企业公司治理的实际操作路径出发，探讨了党组织嵌入国有企业后，应当完善信息披露、责任追究等机制，防止过度的政治干预所带来的代理成本上升问题。党组织的嵌入并不仅仅局限于国有企业，对于非公有企业而言，党组织的嵌入也能够为企业的持续发展发挥促进作用（王鹏，2020）。

（3）混合所有制改革。

发展混合所有制经济，进行国有企业的混合所有制改革是提升国有企业运行效率的重要手段和途径。马俊清（1995）指出对国有企业进行混合所有制改革可以实现国有企业政企分开的目的，能够落实国有企业的法人主体地位。王华荣（1998）指出混合所有制经济是中国特色社会主义建设的必要组成部分，发展混合所有制经济促进国有企业的改革能够帮助国企提升效率，增强市场竞争力。而胡颖等（2005）指出国有资产的产权问题比较复杂，具有模糊性、政治性以及多重委托代理的特点。国有企业掌握国家战略资源，负担着社会民生建设的重要任务，这些重要资源领域并不适合完全市场化，因此国有企业的单一股权问题存在着难以跨越的体制障碍，解决起来存在较大的困难。国有企业通过发展混合所有制改革，引入民营资本后，降低了国有企业的一股独大问题，有利于完善国有企业的公司治理。同时解决了国有企业实际控制人缺位的问题，大股东履行出资人义务，现代企业的管理制度得以在国有企业中建立，促进国有企业的市场竞争力提升。

综上所述，在党的十八大之后，我国经济步入新常态，市场竞争环境更加复杂多变，系统性风险增加，经济发展受到制约，为了解决过去发展中由于供求关系没有处理好而导致的产能过剩问题，国家提出了供给侧结构性改革，全面实行产能、去库存、去杠杆、降成本、补短板，同时全面深化国有企业改革，公布了一系列促进国有企业混合所有制改革的措施，并且对国有资本参股民营企业提出了政策支持，为国有资本灵活运用提供了新的政策支持。一系列举措表明我国国有企业的混合所有制改革进入深水区，开始打攻坚战，党的十八大前后，国有企业改革的特点发生了根本性的转变。黄速建（2014）对比了党的十八大前后国有企业改革的异同，认为党的十八大之后，我国的混合所有制改革由宏观向微观转变，开始向具体的企业落实，认为混合所有制经济对国有企业改革的深化、资源配置考虑的提高、企业竞争力的加强都起到了重要作用，并且分析了下一步国有企业混合所有制改革中面临的重点问题，提出了相应的解决措施。

2. 理论基础。

（1）创新理论。

在熊彼特的创新理论下，企业的创新主要有五种途径，一是开发全新产品、二是采用新的生产方式、三是开辟新市场、四是寻找新材料、五是形成新的组织形式。哈佛大学商学院教授克里斯滕森提出了颠覆性创新这一概念，进一步拓展了创新理论的边界。韦塞尔和克里斯滕森（2012）认为颠覆性技术创新及其产业化主要是由拥有较少资源一方完成的，拥有资源较少的一方更倾向于将有限的资源投放在比较小众的市场，开拓新的市场份额。在国内学术界，也有不少学者研究颠覆性技术创新理论。刘安蓉等（2018）认为颠覆性技术创新对实现产业升级和技术跃迁起到决定性作用。张辽等（2021）完成了对颠覆性创新理论的理论追溯，并对颠覆性创新理论的发展趋势进行研判分析。白胜（2021）对颠覆性创新理论进行了补充，他认为反常问题是颠覆性创新发展的基本路径，但是目前的研究却没有受到太多的关注。

（2）委托代理理论。

委托代理是一种用于约束股东与管理层的契约，主要为了防止委托代理产生的代理成本问题。管理层与股东之间存在信息不对称，管理者对公司的经营情况了解程度最深，因此股东对管理层的激励是否有效存在未知数。另外管理层因为不承担企业最后的债务，天然上存在道德风险和违约风险，所有者应该如何建立起监督机制避免这二者风险的发生也是委托代理理论所讨论的问题。

此外，委托代理理论不仅解释了股东与管理者因为信息不对称而进行的博弈和产生的矛盾，并且也解释了大股东与小股东之间因为信息不对称而产生的矛盾。首先，大股东掌握着企业大部分的投票决策权，大股东有可能作出损害小股东利益而对自己有利的决策，让小股东受到侵害，在这场博弈中，小股东处于劣势地位，并且小股东利益受损的概率随着公司股权的集中度增加而增加。国有企业的混合所有制改革也是如此，既要保证国有资产的保值增值，又要维护国有股东自身的利益，因此在选择混改的合作对象时，国有股东总是慎之又慎。

（3）产权理论。

产权理论要求产权的所有者对产权所对应的资源进行关注，资源配置的效率高，则市场的运行会更加顺畅，因此产权理论很大程度地被应用在企业绩效的衡量上。但是随着企业制度的完善，产权理论所定义的产权越来越难以明晰，原有的产权理论已经难以满足企业日益发展的需求，在此基础上，许多经济学家对产权理论进行扩展，马丁、帕克与泰朗腾等学者提出了超产权理论。超产权理论认为在短期内，产权的变动能够提升企业的绩效，但是长期而言，企业的绩效提升主要是通过市场竞争带来的利润提升，是企业内生动力带来的提升，因此在关注企业产权变动带来的绩效提升的同时，也要通过不断完善企业公司治理，提升企业内生的竞争力，促进企业长期绩效的提升。

在本节的研究中，民营企业引入国有资本进行混合所有制改革，在短期内，B 企业的财务绩效能够有所改善，但是在长期的过程中，更应该通过完善企业公司治理，实现企业长期绩效的提升，通过明确国有资本与民营资本的边界，管理好国有资本，通过提升企业的创新能力，增强企业的市场竞争力，进一步提升企业绩效，实现国有资产的保值增值。

3. 文献回顾。

（1）企业创新的驱动因素。

①管理者特性、企业家精神与企业创新。

对于初创型企业而言，创始人的性格，管理层的行事风格都会对企业的发展有很大的影响。而随着企业的壮大，企业的所有权与经营权开始相互分离，职业经理人开始引入企业的管理层中，对企业的发展施加影响，其中管理层与所有者之间产生的委托代理成本也会进一步影响企业的发展。因此很多学者探讨了企业管理层和企业家精神对企业创新的影响。

从企业自我意愿出发，研究表明职业经理人的职业压力以及外界舆论压力会导致职业经理人的短视行为，降低企业的研发投入意愿，降低了企业的研发能力（He & Tian，2013）。赫什莱佛等人（2013）从CEO的角色性格方面入手，研究了1993～2003年期间引入过度自信CEO的企业对其研发能力的影响。研究表明，过度自信的CEO往往更加激进，为了更高的投资回报率而进行风险更高的研发投入活动，在高新技术产业行业引入过度自信的CEO能够提升企业的创新能力。公司治理结构中，外部独立董事的占比与股权集中度和机构投资者的角色对企业研发投入具有一定影响，研究发现机构投资者股权占比较高时，公司的研发投入会增加（Baysinger et al.，1991）。从高管股权激励的角度出发，对新上市公司而言，当管理者获得更多的激励性薪酬、更长的未行使期权保护期，以及一些防范破坏性收购威胁的保护措施时，他们更有动力追求创新（Baranchuk et al.，2014）。

国内的研究中，刘运国等（2007）则从高管任期的角度出发，以454家上市公司的高管数据进行回归分析，结果发现高管任期越长，其在任期内的研发投入则会相应提升，且二者呈正相关关系，而且即将离任的高管对于增加研发投入的活动没有太多的积极性。唐清泉等（2009）在刘运国等学者的研究之上，结合委托代理理论，对高管风险偏好和薪酬激励对研发投入的影响进行了研究，研究表明薪酬激励对企业研发投入有显著正向影响，且激励周期越短，影响越显著。而虞义华等（2018）从企业高管的技术背景出发，研究了高管的发明家、技术大咖等身份对企业研发投入的影响，结果表明具有技术背景的高管会更加重视企业的研发投入，对企业的研发投入和研发效率以及创新绩效有显著的正向影响。张晓亮等（2019）从CEO的学术背景出发，认为学者型的CEO具有学术背景，能够实现产学研的相互结合，进而提升企业的创新质量和创新水平。王辉等（2020）黄灿等（2019）也通过实证研究，得出了与张晓亮等学者一致的结果，认为具有学术背景的高管能够提升企业的创新能力，促进企业的进一步发展。汪明月等（2021）、李阳等（2016）从产学研用的角度出发，发现通过加速要素信息在不同主体之间的流动，激发主体参与协同创新的动力。

对于广泛存在的家族企业而言，家族成员往往是企业的管理层，作为高管对企业的研发创新能力应该具有更显著的影响，如潘洪波等（2017）研究了CEO或董事长的亲缘关系对企业创新的影响，发现家族企业持有股权集中化程度越高，越能提升企业的创新水平，其作用机制是家族企业对同族创新失败的容忍度较高进而降低了研发投入的顾虑。但是与之不同的是杜善重（2019）的研究，他认为董事长与总经理的关系会降低企业的研发投入，并且企业股权的集中化程度越高，这种负相关关系越显著。

②公司治理、股权结构与企业创新。

公司治理关系企业的运转，企业的治理结构与治理成效直接反映于企业的经营成果上，公司治理对企业创新也有较大的影响。贝辛格等（1991）研究了外部独立董事的占比与股权集中度和机构投资者的角色对企业研发投入的影响，研究发现机构投资者股权占比较大时，公司的研发投入会增加。机构投资者对创新风险的容忍度较高，当企业管理层的董事中，机构投资者占据的席位越多，企业的创新能力则越强（Aghion et al.，2013）。从董事会的独立性角度出发，企业董事会的独立性对企业创新具有一定的影响作用，具体表现为董事会的独立性较强的企业，其创新能力也相对较好（Lu & Wang，2018）。曼索（2015）从创新激励的角度出发，研究了激励制度的类型以及期限在不同企业的适用情况，并且对这些激励制度的效果进行可进一步探讨。李春涛等（2010）则从公司的高管激励计划角度出发，认为企业发放更多的股权激励能够激发企业的创新意识。

在公司股权结构方面，冯根福等（2008）发现公司股权集中度与企业的研发投入之间存在倒"U"型关系，他们认为适度集中的股权有利于企业的技术创新。朱磊等（2019）从股权多样性和股权融合度的角度出发，从委托代理理论入手，研究了 2013～2017 年期间上市国有企业混合所有制改革对企业创新的影响，研究表明，混合所有制改革对企业创新有显著促进作用，而且股权多样化程度、融合度越高，企业的创新水平越高，通过混合所有制改革，非国有股权的进入能够抑制大股东占用资金的行为，提升企业的创新水平。解维敏（2019）从股权的性质角度出发，以 2007～2016 年上市国有企业为案例，研究了混合所有制改革中选择不同性质股权对企业创新的影响。研究表明国内民营私有股权对企业研发投入的影响要比集体股权和外资股权要高，对比了地方性国有企业与中央企业的混合所有制改革之后发现中央企业的混合所有制改革更能够促进企业的创新。

（2）国企混改对企业创新能力的影响。

①非国有资本参股对国有企业创新能力的影响。

创新企业活力的源泉，是企业永葆青春活力的根本，是企业在市场上立足的根基。在过去数十年间，国有企业因为其特殊的垄断地位，赚取了很多利益，在经济步入新常态之后，国有企业混合所有制改革如火如荼地展开，越来越多国有企业进入市场化竞争的环境中，要想企业保持领先优势，首先要适应市场竞争环境的条件，其次是要提升企业的创新能力。国企长期的垄断优势使其管理臃肿，机制僵化，因此不利于企业的创新。进行混合所有制改革，引入民营资本，是否能够促进国有企业的创新，也有很多学者已进行过相关研究。

杜媛等（2015）认为在混合所有制改革的背景下，国有企业通过引入民营资本，进行市场化改革，实行市场化的激励政策之后，企业的活力有所上升，企业的创新能力有所加强。刘和旺等（2015）利用循环 CDM 模型，研究了不同所有制下的企业研发投入、创新产出对企业绩效的影响，研究发现国有企业的研发投入高于民营企业的研发投入，但是其创新产出却低于民营企业，得出了国有企业的研发投入优势并没有转化为市场优势的结论。在此基础上，赵放等（2016）使用双重差分模型研究了混合所有制改革对国有企业创新效率的影响，研究表明混改对国企的创新效率有显著的促进作用，但是也局限于创新研发效率的提升方面，在创新产出效率上的促进作用并不明显。王业雯等（2017）利用1999～2007年的数据，使用PSM倾向评分法对国有企业进行混合所有制改革之后，对企业创新效率的影响，研究表明混改后，国有企业的创新效率得到显著的提高。邓溪乐等（2020）基于国有企业混合所有制改革视角，利用国有企业向其他法人转让或出售股权的行为，研究了混合所有制改革对企业创新的影响路径，结果表明，混合所有制改革通过降低企业超额现金持有水平、真实盈余管理和违规经营三种治理路径促进了企业的创新活动，并且这种影响在高市场化进程地区和高法律保护环境地区的企业更为显著。李增福等（2021）以我国A股国有上市公司为样本，研究发现非国有资本参股有利于促进国有企业技术创新，这一结果在非国有资本参股超过10%时更为稳健。何锦安等（2022）基于2008～2019年我国国有上市企业混合所有制改革样本数据，使用双重/无偏机器学习方法，研究国有企业混合所有制改革对企业创新水平的影响，研究表明，国有企业混合所有制改革有效促进了企业创新水平的提升，同时，引入具有政治关联的民营股东能够进一步提升企业的创新水平。

②国有资本参股对民营企业创新的影响。

党的十八届三中全会以后，要求国有企业进行改革，国资委的职能要从管企业向管资本转变，实现政企分开，履行出资人职责，而不过多干预企业的运转，提升企业法人的地位，增加企业自主管理权。一直以来混合所有制改革都是集中在国有企业层面，以国有企业引入民营资本进行股权多元化的改革，打破国有企业垄断优势，将国有企业推向市场。长期的垄断优势没有转化为国企的市场竞争优势，也让国有企业在市场化道路上走得不那么顺畅，加上国有企业本身资金庞大，想要迅速获得市场优势，并购或许是最快的方法。我国民营企业长期面临着融资难、融资贵的问题，先天上与国有企业具有难以逾越的鸿沟，经常面临着融资难题。周正炯（2018）认为宏观经济环境恶化，民营企业融资困难，不少民营上市公司通过出让控股权方式解除危机，而国有企业在政策支持和自身改革需求下，有动机收购民营企业。

对于国有企业参股对民营企业的影响主要有以下研究。万立全等（2020）对国有资本控股东方园林进行研究，研究表明国有股东通过收购东方园林的股权为东方园林提供了流动性，为企业增强信用，降低了企业的融资成本，也因为国有企业的背书增加了东方园林的投资能力。卢佳瑄等（2021）以2011～2018年我国A股市场制造业上市公司为样本，研究了混合所有制改革对企业债务融资错配的纠错功能，研究表明：混合所有制改革可以通过减轻外部债务融资依赖和增加外部债务融资能力来缓解制造业企业的债务融资错配问题，而相对于国有企业，民营企业引入异质股东对且债务融资错配的纠偏作用更加明显。薛水转（2020）对国有资本参股民营企业的控股比例对民营企业研发投入的影响，发现控股股权比例与民营企业研发投入呈"倒U"趋势，国有股份持股比例对研发投入的作用在不同控股股权比例间不同：对控股股份比例大的企业，国有股权对企业研发投入具有促进作用；而控股股东股份比例小的企业引入国有资本不当会对研发投入起到负面作用。白俊等（2018）以2003～2015年的A股上市公司数据为研究对象，使用双重差分模型对国有资本参股对民营企业技术创新的影响，研究表明民营企业引入国有股权后并未发挥信贷资源优势，且导致委托代理问题加剧，削弱了管理层的创新意愿，最终抑制了企业的技术创新。何佳欢（2020）以北斗星通引入国有资本进行混合所有制改革为研究案例，通过对引入股权后，北斗星通的研发投入和研发人员持续上升的现象，挖掘出国有股权参股有助于民营企业创新的结论，国有股权通过对公司治理施加影响，增强企业创新投入意愿，通过缓解民营企业融资约束，提高企业创新投入能力。任广乾等（2022）研究发现，国资参股与民营企业创新效率存在正相关关系，且国有股比例越高，民营企业创新效率越高。罗宏等（2019）从家族企业的角度入手，研究了 2009～2016 年期间，国有企业参股家族企业对家族企业创新投入的影响，研究结果表明国有股权参股能够显著地促进家族企业的创新投入，而且在高新技术产业、具有高度不确定性政策的行业中更显著，同时也发现这种创新投入的促进作用具有一定的地域特征，属于同一地区的国企入股家族企业对企业的创新投入有更多的促进作用。

（3）文献述评。

通过对过往文献的回顾，可以发现在国外的研究中，较多文献探讨企业创新能力，较少关注混合所有制改革，而关于企业创新能力的研究，主要聚焦于职业经理人和公司董事会中董事的角色身份对企业创新的影响。在国内外研究股权结构对企业创新影响的文献中，国内外学者的研究结论趋同，认为公司治理的制度越完善，股权结构相对集中的企业，其创新能力也会较好，通过高管的薪酬激励，能够降低所有者与管理层的委托代理问题，高管的股权激励或薪酬激励的周期也会对企业的创新能力产生影响。国内有关企业创新能力的研究，更多关注到高管的学识背景以及家族企业的亲属关系对企业创新能力的影响，此外得出的结论也有所不同，尤其是在家族企业任用族亲的研究上存在一定的分歧，这种分歧主要集中在股权的集中化程度方面，家族企业的股权越集中，对于企业的控制能力越强，对企业的创新能力也有较为显著的影响。

由此可以看出，国内外学者主要从企业的内部结构如公司治理、董事会制度以及职业经理人等角度对企业创新能力影响因素进行研究，同时较关注领导者的背景。大部分学者认为影响企业创新能力的因素主要为内部因素，政府补助、国家政策支持等外部因素对企业创新能力的影响相对而言较小。

总体而言，以非国有企业参股国有企业这一方式进行混合所有制改革对国有企业创新能力的影响，学者们的看法基本一致：国企混改能够提升国企的创新能力。但是国有企业参股民营企业对民营企业创新能力的影响，却有不一样的结论。有学者认为国有企业的参股能够促进民营企业的创新，有的学者则持有相反的意见，认为国企参股民营企业更多的是起到纾困的作用，国企参股能够起到融资增信的作用，帮助民营企业脱离经营困境，而对民营企业的创新能力并没有太多的影响。

因此，本节研究使用了质性研究的方法，通过对现有的资料进行分析，探讨民营企业研究对象在接受国有资本参股的同时，除了能够起到一定的融资增信作用外，是否还对民营企业的创新能力有所影响，并且探究这种创新能力的影响路径，为研究国有企资本参股民营企业提供新的案例和视角。

4.2.3　案例介绍

本小节将使用扎根理论，寻找 8 家与 B 企业相似的陷入经营困境并寻求国资参股的公用事业企业进行编码，通过对二手信息的进一步总结归纳，初步归纳出国有资本参股对公用事业行业民营企业创新能力的影响路径理论模型，在验证了理论模型的有效性后，使用该理论模型对 B 企业引入中国城乡这一案例进行分析，进一步探讨国有资本的参股对民营企业创新能力的影响。本小节以及 4.2.4 小节包含了应用扎根理论构建理论模型的过程，对 B 企业的分析也是在本小节所构建的理论模型基础之上进行。

1. 研究案例的选择与企业简介。

在过去国企改革的浪潮中，国有企业通常作为主动一方引入外部资本方进行混合所有制改革，通过混股权，改变运营机制和管理模式，实现国有资产的保值增值，提升国有企业的运行效率和市场竞争力。但是国有资本参股民营企业进行的反向混改则相对较少，因此对于国资的入股动机及其带来的经济结果在学术界中的探讨和研究不多，因而缺少一定的理论支撑。在进行案例选择时，可以选择的案例企业较少，同时符合本节要求的案例也屈指可数，为了能够更客观真实地反映国有资本参股民营企业后对企业创新能力的影响，本节制订了以下用于扎根理论编码的案例要求：

（1）企业成立时间以及上市时间较长，最好上市时间超过 10 年，以保证案例企业拥有大量可以查询到的二手资料，包括但不限于案例企业的新闻、研究报告、调研记录以及相关期刊论文。

（2）在我国境内证券市场上市，信息披露充分透明，能够做到数据的可比。企业披露的信息中，不仅需要有财务数据，也应该包含非财务信息的披露报告，如社会责任报告、内部控制报告、审计报告等。

（3）案例企业的主营业务应当为公共环保类事业，如固废处理、水处理、资源回收等。一方面是比较契合本节的研究主题：环保类企业的创新能力研究，环保类企业普遍面临的共性问题是资金短缺、业务转型和盈利恶化，在此基础上研究引入国有资本对企业的结果能够让本节的结论更客观。另一方面，在双碳经济的背景下，环境保护是当下热门的话题，但是环保企业大部分经营状况都不是很好，对这一行业进行专一化的研究，有助于行业健康良好的发展。因此，选用的案例企业应当是从事环保行业的企业。

（4）案例企业应当具有一定的创新意识，企业文化中有创新的基因。

基于此，本节在环保行业中选出了六家研究案例企业，分别为：清新环境、节能铁汉、富春环保、东江环保、中金环境、D 环境、国祯环保、B 企业。其中 B 企业用于模型的验证，不参与编码。案例企业的具体信息如表 4 - 24 所示。

表 4 – 24　　　　　　　　　　　　案例企业基本信息

编号	公司名称	国资参股方	国资控股时点	交易方式	主营业务
A	清新环境（002573）	四川省生态环保产业集团有限责任公司（四川省国资委）	2019.04.28	以协议转让方式，四川生态环保集团付出了 24.85 亿元人民币，取得清新环境大股东手上持有的清新环境股份，占清新环境总股份的 25.31%，四川生态环保集团取得清新环境的控股权，成为清新环境的实际控制人	从事工业污染气体的无害化处理，主要领域是工业烟气治理，在供热、资源利用，危害废弃物的处理以及生态环境修复等领域都有一定的知名度，同时在税务咨询方面也有一定的实力，是我国民营环境保护企业中的佼佼者
B	节能铁汉（300197）	中国节能环保集团有限公司（国务院国资委）	2020.04.19	协议准让及非公开发行股票，以每股 3.40 元的价格受让铁汉生态已发行普通股总股本的 10.11% 股票	节能铁汉是一家以生态保护为主要经营领域的企业，在生态修复、生态旅游建设、生态景观建设和环境治领域有较高的市场地位
C	富春环保（002479）	南昌水天投资集团有限公司（南昌市国资委）	2020.7.27	南昌水天集团以协议转让方式用 15.6 亿元的价格，取得富春环保大股东手上持有的富春环保 20% 的股份，成为富春环保的实际控制人	富川环保在固废处理以及清洁能源建设方面有较高的建树，有丰富的清洁能源工程建设经验，在固废处理以及清洁能源领域有较强的市场竞争力。主要经营区域位于江西省，辐射全国
D	东江环保（002672）	广东省广晟控股集团有限公司（广东省国资委）	2016.10.12	协议转让及表决权委托	公司的主要业务为工业废物资源化业务、工业废物处置处理服务、市政废物处置处理服务、环境工程服务、再生能源业务、电子废弃物拆解服务等业务
E	中金环境（300145）	无锡市市政公用产业集团有限公司（无锡市国资委）	2018.11.07	协议转让及表决权委托，无锡市政集团成为上市公司的控股股东，通过一致行动安排，无锡市政集团及其一致行动人合计享有上市公司 28.78% 的股份和表决权	在水资源处理、危废处置等领域有一定的市场竞争力，有大型水利工程建设的经验，在环保咨询、勘察设计、项目运营方面有较丰富的经验
F	B 企业（300070）	中国城乡控股集团有限公司（国务院国资委）	2020.03.11	非公开发行股票以及表决权委托，中国城乡拥有表决权的股份份额为 23.95%。中国城乡成为可支配上市公司最大单一表决权的股东	公司环境保护以及水处理。主要服务是以先进的膜技术为客户提供一揽子建造给水与污水处理厂、再生水厂、自来水厂、海水淡化厂、城市及流域生态系统整体技术解决方案

编号	公司名称	国资参股方	国资控股时点	交易方式	主营业务
G	国祯环保（300388）	中国节能环保集团	2020.03.18	通过协议转让持有公司15%有表决权股份；外加一致行动人持有8.69%有表决权股份；表决权转让6.26%；故中节能直接持有上市公司股份23.69%，拥有上市公司表决权股份29.95%，成为上市公司实际控制人	国祯环保成立于1997年，在水资源综合利用与开发领域有完备的产业链；致力于服务乡村振兴建设，主要布局水环境综合治理、市政污水、村镇水环境综合整治及工业水系统综合服务
H	环能科技（300425）	中国建筑集团	2018.10.17	付出对价9.72亿元以协议转让方式取得上市公司27%股份，成为上市公司实际控制人	成立于1990年，主要经营市政、流域、村镇的水环境治理；冶金、煤炭等工业水处理以及回收利用；工业过程及固废处理业务；在2015年登陆创业板A股

资料来源：企业公告整理所得。

2. 数据来源及收集。

扎根理论一直强调理论的构建是在经验资料的归纳基础上得来，是一种自下而上的资料归纳法，从最开始的资料收集到资料的总结、归纳，再到对资料的概念化和范畴化，逐步归纳整理出联系紧密的概念和范畴，形成自己的理论体系。因此在使用扎根理论进行案例研究时，需要收集较多的文献资料，不仅仅是案例企业内部的，还应包含行业的信息、案例企业外部的报道、他人的研究报告、政府的相关政策资料等更加多元化的数据，尽可能地使案例的研究数据客观中立且多样。同时，所收集的资料还应尽可能地满足三角印证的条件，使得本节的资料数据尽可能客观真实中立。

基于此，本节在进行数据收集时，也遵循以上数据收集的原则，对5家编码案例公司以及1家模型验证公司进行数据收集，从企业、政府以及行业单个不同角度进行数据收集，主要的数据收集方向如下：

首先，混合所有制改革是我国国企改革新的实践，特别是党的十八大以来，习近平总书记提出了我国经济发展步入新常态后，面对以往高速发展过程中遗留的问题，高瞻远瞩提出了供给侧结构性改革；面对国有企业经营效率低，市场竞争力弱的局面，提出了国有企业层面的混合所有制改革，引入外部资本，提升国有企业经营效率。同时对国有资本运营提出了新的要求，让国有资本参股民营企业，助力民营企业进一步发展从政策层面提供了根本的遵循。国家不断推行政策指引国有资本以及民营企业的发展，同时也对企业创新提出了要求，通过对政府相关政策的查询，可以为本节的案例研究提供较为有力的政策支持。

其次，企业如果对创新能力有一定的要求，有一定的创新意识和意愿，在其定期披露的报告中定会有对企业创新能力和现状的信息提及。通过检索企业的定期财务报告、社会责任报告以及企业官网的新闻，对企业的创新能力进行进一步的提炼，形成本节的企业内部资料。

最后，随着互联网技术的发展以及证监会对于上市公司信息披露的严格要求，本节能够从互联网中寻找到更多与案例企业相关的信息。由于无法接触到企业的相关负责人，因此只能够在互联网中寻找与案例企业相关的访谈与调研报告，以获得企业的资料。尽管这些资料仍旧属于二手资料，但是通过对这些资料的整理和归纳，也可以完成对当下研究目标的证据链佐证。同时互联网信息的实时更新也让本节所收集的资料更具时效性，信息也会更加的有效，因此符合案例研究的精神——基于实际情况寻找收集信息的方法。

基于以上对数据收集的描述，本节在进行数据收集的实施过程中所使用的数据收集方法主要有以下几个：

第一，对企业的官方网站进行搜索，主要检索企业的新闻、相关规章制度、企业文化以及社会责任报告。对企业的信息披露网站"巨潮资讯网"进行检索，对企业的股权变动情况、日常信息披露情况、董监高人选及其特征情况以及重大交易披露等公告情况进行收集。

第二，通过财经网站，如新浪财经、东方财富、雪球网等网站，检索案例公司的相关调研报告和行业分析报告。对案例公司在引进国有资本前后，其经营状况以及创新能力现状的信息进行收集。

第三，通过国家政府网站，检索与混合所有制改革以及企业创新、社会创新相关的政策文件，并将与本节研究相关的政策进行收集，形成企业创新行动的政策支持资料，为本节的研究提供国家层面的信息资料。

第四，充分利用中国同方知网、万方期刊、维普期刊、Wind 数据库等文献期刊检索数据库、经济金融数据库以及腾讯新闻、百度等互联网百科新闻网站，对与研究相关的期刊论文文献进行索引，对行业新闻、案例企业新闻进行搜索，对数据库的统计数据进行引用，用于补充本节研究数据，且保证资料与资料之间是可以相互印证的。

本节的数据整理应贯穿文章的研究过程，本节所收集的资料类型及数量情况如表 4 - 25 所示。

表 4 - 25　　　　　　　　　案例主要资料类型及数量

数据类型	清新环境	节能铁汉	富春环保	东江环保	中金环境	B 企业	国祯环保	中建环能
新闻报道	27	21	17	34	23	19	16	20
期刊文章	10	8	6	9	5	24	11	13
硕博论文	5	6	4	16	1	9	6	5
公司定期报告	17	11	11	27	19	11	13	12
重大公告	9	7	7	12	8	9	11	11
研究报告	6	5	5	8	6	12	4	8
总计	74	58	50	106	72	75	61	69

资料来源：自行整理。

3. 小结。

本节首先对案例企业的选择标准进行了描述，根据案例企业的选择标准，最终确定了5家用于编码的企业，分别是清新环境、节能铁汉、富春环保、东江环保、中金环境，以及2家用于理论验证的企业：国祯环保、中建节能，最后将本节构建的理论模型——基于扎根理论的民营资本引入国有资本对民营企业创新能力的影响模型用于对 B 企业的分析研究。而后，在选出了相应的案例企业之后，本节对扎根理论编码过程中所需要的资料进行整理，梳理出了资料收集的标准和方法过程，展示了最终收集的资料类型和数量。下一步，本节将利用扎根理论的三步编码法对所收集的资料进行分析，构建在混合所有制改革背景下，国有资本的参股对民营企业创新能力的影响机制模型。

4.2.4　案例分析

1. 基于扎根理论的数据编码及模型构建。

（1）数据编码。

本节使用扎根理论对数据进行分析。为了使研究结论更加可靠，本节采用编码的方式对案例数据进行进一步研究。本节的主要数据为企业公布的定期报告、企业自身的新闻报道、第三方到企业的调研记录、相关学者的文章以及第三方机构出具的研究报告。本节首先收集了与研究相关的数据资料，形成了初步的数据集，然后通过对资料的细细研读和分类，将资料集合中与本节研究相关的信息进行进一步的提取，形成一条条可供编码的条目，本节采用的方法是三步编码方法，即：开放性编码、主轴性编码和选择性编码。

在阅读了大量关于扎根理论应用研究的文献后，发现使用多案例进行研究的文献中，案例数量大部分集中在 4~7 个，因此本节的 5 个案例用于扎根理论的编码是合适的，决定使用：清新环境、节能铁汉、富春环保、东江环保、中金环境这 5 个案例进行编码，使用本节的研究案例 B 企业进行理论的饱和度验证。

本节使用的编码方式操作如下：

第一步，开放性编码。在这一步骤中，主要是对所收集的资料进行阅读并提取与研究相关的有用信息进行总结。为了方便记录，本节对研究的案例公司进行编号，如第一家公司编号为 A，第二家公司编号为 B……；第一家公司的第一个资料则记作：A1，第二家公司的第一个资料记作 B1，如此按顺序进行编号，解决了未来复查资料的复杂性和繁琐性，保证原始资料的完整和可相互印证。

在如何选择资料进行相关的编码上，本节主要有以下标准：第一是相关性，一方面是从案例公司的资料集合中提取的信息必须与本节的主题息息相关，另一方面是各个案例公司中提取的资料之间具有相关性。第二是唯一性，公司有不同的新媒体传播矩阵，对于从不同渠道传播的信息之间有类似或相同的表述的，将其归为同一类，而不在单独作为新的条目呈现在编码条目中。第三是选择性，在对数据资料进行阅读整合的过程中，要对互相矛盾的资料进行进一步地判断和筛选，同时在筛选过程中要尽量筛选出与研究案例企业的特点相匹配的数据，保证数据的完整和客观性。第四是可相互印证性，所选的资料与资料之间具有相关性且可以相互印证，方便在编码过程中检索所提取的信息是否独立客观，是否禁得住相互的验证，编码并不是将数据简单的堆叠相加，而是要考虑信息与信息之间的关联，让编码过程系统化、明晰化。

第二步，主轴性编码。通过第一步开放性编码，文章将会得到一系列由原始数据归纳总结而来的概念，主轴性编码就是要将这些概念进一步做归纳，将具有逻辑和相关性的概念进行再一次的总结归纳，得出相关的主范畴和副范畴，为文章的理论模型构建奠定基础。

第三步，选择性编码。对开放性编码以及主轴性编码进行进一步的总结和归纳，并将开放性编码以及主轴性编码的结果与本节的研究主题相结合，构建文章的研究理论框架，在构建研究理论框架的过程中，需要考虑研究主题与编码结果的相关性，最终利用构建的研究理论模型对研究的主题进行解释和挖掘，验证模型的有效性。

①开放性编码。

在进行了大量的阅读之后，为了保证所提取资料的客观性，在进行原始资料的加工和复述时，尽量采用意思相同的语句进行表达，目的就是为了使本节所选的信息和论文主题契合，保证资料的真实性。经过对原始资料的整合和分析，本节在开放性编码这一步骤中，对初始概念中具有逻辑相关性的概念进行了进一步的整合，最终整合出有逻辑相关性的概念共 15 个，构成这 15 个概念的原始数据一共 61 条，得到了 11 个初始范畴。本节中形成 15 个概念和 11 个初始范畴的原始数据结果如表 4－26 所示。

表 4－26　　　　　　　　　　　　　　开放式编码结果

初始范畴	概念化	来源	原始资料
专利申请数量增加	混合所有制改革后，企业的专利申请数量大幅提升	C2	公司 2020 年申请专利数量达到 269 件，较 2019 年同比增长 44.62%，其中发明专利 38 件，实用新型专利 228 件，企业在引进国资后，研发成果转化效率加快
		D7	公司 2016 年累积获取专利数量为 114 件，较 2015 年增加 8 件，在与广晟集团合作过程中，广晟集团对公司的研发比较关心，专门拨付资金用于研发
		E3	公司深化与无锡市政集团的合作，在创新能力上有较大的突破，2017 年在无锡市政集团领导的资金支持下，全年累积新获得的发明专利 33 件，较去年同期获得的数量增加 27 件
		B4	节能铁汉一直以创新作为自己的企业文化培养，在引入中国节能环保集团之后，在国资的资金支持下，大力投入研发资金，2020 年累计获得专利 194 件，其中发明专利 45 件，实用新型专利 143 件；今年新增发明专利授权 2 件，实用新型专利授权 7 件
		A3	2020 年，在四川省生态环保产业集团有限责任公司的授信支持下，公司加大研发力度，今年新增专利申请 48 件，其中发明专利申请 18 件，实用新型专利申请 30 件。全年累积获得专利 212 件，较 2019 年累积获取专利数量增加 101 件，创新能力有所提升

初始范畴	概念化	来源	原始资料
研发投入增加	研发投入占比高	C3	富春环保注重研发，每年研发投入占收入的比重均在1%以上，在引入南昌水天投资集团有限公司以后，国有股东更注重企业的创新能力，因此每年的研发投入占比在2019~2020年均达到了2%左右，每年的研发投入资金超过1亿元
		A4	清新环境注重研发，公司的研发投入占收入的比重从2017年开始就迈入了3%的水平，在引入国有资本后，其研发投入占收入的比重也达到了3.89%的水平，研发投入资金从1.2亿元增加至1.6亿元人民币
		B5	节能铁汉注重研发投入，在中国节能环保集团的资金支持下，公司的研发投入大幅度提升，2018~2020年期间投入研发资本均超过2亿元，占收入的比重达到4%以上
		D8	东江环保在国有资本的支持下，坚持研发投入，2016~2020年期间，每年研发投入的资金占收入的比重均达到了5%左右，在2017年之后研发投入的规模更是超过1.3亿元
		E4	中金环境注重研发投入，在国有资金的支持下，2018~2020年3年内，公司的研发投入均超过1.7亿元人民币，研发投入资金占收入的比重达到4%
	研发人员占比高	C4	富春环保研发人员总数每年都在增长，在2020年达到了293人的规模，较2019年增加53人，同比增长22.08%；研发人员占总员工的人数达到15.09%
		A5	清新环境研发人员数量比较稳定，2020年研发人员数量为220人，占集团员工人数的11.87%
		D9	东江环保研发人员有较大的增长，在广晟集团实现控股时，公司的研发人员为255人，在广晟集团控股后，国有股东注重研发，在2020年，公司的研发人员就达到了480人，占全体员工的9.64%
		E5	中金环境公司的研发人员较多，在2017~2020年期间均超过700人，国有股东对研发创新的支持力度较大，研发人员占总员工数量的11%以上
		B6	节能铁汉研发人员占全体员工的比重多年来一直处于稳步上升的趋势，2017~2020年，研发人员占员工总数的比重就从10.82%上升至16.09%
研发效率提升	研发成果转化效率高	A6	清新环境研发转化率较高，在2020年，公司研发投入资本化的金额占全年研发投入的比重达到21.8%
		D10	东江环保除了注重研发投入以外，还注重公司的研发转化效率，提升创新成果的市场化效率，经过多年的努力，在国有资本的支持下，东江环保的研发投入资本化率在2016年实现了0的突破，研发投入资本化率达到7.47%，之后的每一年研发成果都有较大的成功率，在2020年，公司的研发投入资本化率达到了4.38%

续表

初始范畴	概念化	来源	原始资料
人才吸引效应	人才吸引力有所提升	A9	在2020年，清新环境首次引进华北电力大学的博士后进行联合培养，该人才也是在国有股东的撮合下达成的，是清新环境第一位进站的博士后
		D9	东江环保坚持人才兴企，立足科技创新型企业的定位，对科研人才队伍的建设十分重视，在国有股东的支持下，近几年公司大胆引进高素质的科研人才，对科研人才的培养和关心十分重视，为公司打下了坚实的创新人才基础
		B7	节能铁汉在引入中国节能环保集团后，在国有股东的支持下，不断加强干部培养，为公司发展提供引进干部人才支撑，一方面优厚的待遇引进高素质的博士博士后人才，另一方面也在不断优化公司的人才培养机制，公司上下的凝聚力进一步提升
		C5	引入国资后，公司进一步精简管理团队，提升员工素质，在2019年公司本科及以上员工占员工总数的17.65%，引入国有资本后，企业本科以上学历人数占总员工的比重提升至20.73%
产学研一体化	加强与高校、科研院所的合作	A10	清新环境在国有股东的支持下，深化与华北电力大学的合作，建立起企业首个博士后工作站，并且引进了第一名博士，这是清新环境进行产学研结合的尝试。并且清新环境以本次引进博士后为契机，与华北电力大学后续在理论、实践及科研成果转化等方面开展紧密合作，实现双方的互补
		B9	节能铁汉一向重视产学研一体化的工作，在中国节能环保集团的支持下，节能铁汉与北京大学、中国农科院、中国微生物所、深圳仙湖植物园等多所高等院校及研究中心展开合作，在这些院校研究所内形成了多个高质量的产学研究中心，促进企业的科研成果转化
		C6	富春环保在引进了南昌水天投资公司之后，进一步深化了与浙江大学的合作，对于在浙江大学设立的省级环保研究室进行了升级，依托现有的资源，构建了多学科交叉，以院士团队为首的国家流动博士后工作站，对企业开发新能源、节能减排及环境检测技术提供了雄厚的技术保障，并且致力于将该实验室建成全方位的高水平研发队伍
		E8	中金环境在无锡市政公用集团的牵头下和江苏大学进行了初步的合作，并且完成了"不锈钢冲压泵关键技术以及产业化应用"项目，该项目获得浙江省科技进步二等奖。这是中金环境首次与江苏大学进行的合作，为未来双方合作构建产学研一体化平台奠定了基础
人才激励	国有股东对人才培养的要求	A15	清新环境一直以来都有人才激励的政策，每一年度都会评选创新工匠，旨在发扬公司创新发展的理念，在员工中形成表率，使企业上下形成良好的创新氛围。在引入国有股东后，清新环境的人才激励政策依旧得到良好的运行，并且在党建引领下，更注重实际贡献的评选，让该制度更得民心
		A16	在引入国有股东后，清新环境在人才培养和员工晋升上下苦工，根据国有企业的特点，结合国企混合所有制改革的相关政策要求，努力探寻出一条既不影响企业经营效率，又能够实现创新效果最大化的创新人才培养机制
		B9	节能铁汉在引入中国节能环保集团后，在国有股东的支持下，不断加强干部培养，努力形成市场化选拔的人才选任用机制，并且为科研团队建立了一套更加科学完善的绩效评级机制，有效地吸引和保留了人才，进一步提升科研人才的满意度

初始范畴	概念化	来源	原始资料
人才激励	国有股东对人才培养的要求	D12	东江环保建立了一套完善的人才培养机制,通过集中学习的办法,将公司科研人才聚集在一起进行交流,并且邀请专家来上课,多个维度全面提升研究人员的综合素质,并通过考核加深科研人员的理解,强化学习成果的转化
		E9	中金环境在无锡市政公用集团入股之后,对公司的科研人员的晋升和绩效激励进行了激励,结合第一届匠心节,推选出敬业、经验丰富的从业代表,以他们为表率,梳理榜样的力量,同时也在人员培养上推出了更具效率的方案
融资增信	国有股东的信贷融资支持	A7	2020 年 3 月 13 日,清新环境在四川发展融资担保股份有限公司的支持下,由四川发展作为全额的担保人,为清新环境的新债券做担保支持,缓解了清新环境资金紧张的局面
		B12	节能铁汉在中国节能环保集团的支持下,与国家开发银行签署合作协议,由中国国家开发银行为节能铁汉提供专项的贷款支持,缓解企业资金紧张局面
		D15	在广晟集团的支持下,东江环保发行债券 6 亿元并以自身全资子公司的业务收益权为资产发行证券,融资金额 3 亿元,在广晟集团的信用背书下,该资产目前信用良好,未有违约记录
	国有股东的直接融资支持	C14	富春环保以非公开发行股份的方式对南昌水天集团发行股份,水天集团以现金 15.6 亿元作为支付对价,取得富春环保的最终控制权,为富春环保直接提供资金支持
		A8	四川发展国润环境投资有限公司以现金方式受让北京世纪地和控股有限公司持有的清新环境 25.31% 股份,支付对价为 24.85 亿元,为清新环境提供资金支持,同时向四川发展借入 15 亿元的短期信用借款,以维持公司的经营
		B13	中国节能环保集团通过中节能投资集团间接持股节能铁汉,以 8.06 亿元的现金作为对价,持有节能铁汉 26.46% 普通股股份及 53.48% 优先股股份,成为节能铁汉的实际控制人,为节能铁汉提供直接资金支持
		D16	广晟集团以协议转让方式取得东江环保实际控制人张维仰的 6 103 万股份表决权,以 20 亿元现金支付方式取得东江环保非公开发行股票 6 068 万股票,取得东江环保实际控制权,为东江环保提供直接资金支持
		E11	无锡市政集团以 5.6 亿元的现金支付,以协议转让方式取得中金环境控制权,成为中金环境实际控制人,为中金环境提供直接现金支持
企业文化协同	国企股东重视企业创新文化	A21	清新环境引入了四川发展后,积极进行整合,在双方的合作下,首先对企业文化进行整合。四川发展集团高度认同清新环境的企业文化,对公司经营理念"创新、合作、至诚、担当"有较高的认同,并且高度重视企业创新工作,以此为契机,进一步增强员工对新实控人的认同
		B19	中节能在控股节能铁汉后,首先选出了公司的新一届董事会,成立了央企旗下的临时党委,以党组织工作为抓手,对节能铁汉的企业文化进行改造,一方面认同节能铁汉对创新的理念和实际工作,另一方面增加了当前对创新工作的管理,多次与集团高层进行讨论,将创新工作提升至更重要的地位,要求企业在保证企业正常经营的前提下,继续加大力度进行创新研发和人才引进,实现创新文化的整合

初始范畴	概念化	来源	原始资料
企业文化协同	国企股东重视企业创新文化	D18	东江环保在引入广晟集团后，控股股东就为公司明确了"以技术创新为导向、以危废为基础的中国领先一站式综合环保服务提供商"的发展战略，并积极进行项目培育和储备
		E15	无锡市政公用集团以中金环境的企业愿景成为绿色水动力专家为突破口，在多次与中金环境的合作提及双方在使命愿景上的共同点，无锡市政集团充分尊重企业的使命愿景，并且提出要实现该愿景，就必须加强企业的技术创新水平，加强创新人才的培养和引进，为企业的经营管理做贡献
市场资源整合	并购双方需要开拓新市场	E17	中金环境与无锡市政公用集团之间存在同业竞争的情况，为了避免这样的情况，无锡市政集团将其旗下的环保类资产公司注入至中金环境中，避免了双方的同业竞争，同时也给中金环境带来新的市场资源
		A22	清新环境在大股东的资源优势支持下，积极布局川渝经济圈，在四川省内投资了两个危险废物处理项目，同时，清新环境收购了深圳一家水环保咨询公司，开始在大湾区立足，并进军大湾区市政水务业务
		C19	富春环保利用水天集团在江西省内的资源以及资质，与富春环保在环保工程业务上的协同，促进富春环保在江西地区的业务发展，同时水天集团也需要借助富春环保在全国各地的项目，将自身业务推广向全国
		B20	中国节能在长江经济带中有较多的业务，需要进行长江的综合治理，在当地具有节能环保的区域优势，而铁汉生态在生态修复方面又具有先进的技术优势，中国节能通过入股节能铁汉，可以迅速积累技术优势，发挥双方的特长，为企业开拓新业务提供技术支持，而节能铁汉也可以利用央企的地域优势，进军其他市场，开拓新的市场资源
		D19	广晟集团是广东省国资委下的大型国有集团，拥有广晟集团的信用背书，东江环保在危废处理业务上能够取得更大的拿单优势，一些敏感行业也能够通过国有企业身份争取进入，扩宽了企业的市场规模和经营范围，广晟集团对东江环保也有较大的信心，为企业注入了很多外延资产，提升了企业的经营能力
党建融入企业建设	成立党支部促进党建引领作用	C21	富春环保成立集团党委，推动党建引领工作，在党委一次扩大会议上，党委书记提出充分发挥好党建引领作用，实现党建促进企业经营管理、党建引领企业创新。党委要紧紧围绕"明方向、强能力、聚人心、促发展"，扎实党建理论知识学习，以人为本聚人心，创新工作提实效，充分发挥好党员模范带头作用
		B23	节能铁汉成立临时党委，要求强化党建引领，以高质量党建引领企业高质量发展，加强领导班子建设，落实领导主体责任；同时要发挥党管干部、党管人才的重要作用，建设一支可靠、有力的人才干部队伍
		D21	东江环保由广晟集团推选新任党委书记，促进广晟集团对东江环保的协同作用，推进东江环保在引入国有股东后的思想观念、治理机制、管理方式的转变，为东江环保推行精准管理，提高技术创新质量做准备

初始范畴	概念化	来源	原始资料
转变盈利模式提升企业竞争力	开发新业务	A31	清新环境在引进四川发展后，企业获得了葛洲坝集团、金隅集团等多个优质大型工业企业客户的合作机会，为企业业务开发新业务、开拓新市场提供了机遇
		B32	节能铁汉在引入央企中国节能环保集团后，成立了江西子公司，积极参与湘赣边区域合作示范区建设，为革命老区生态产品价值实现和经济社会发展做出应有贡献，给企业开拓华中地区市场提供机会
		C33	富春环保未来将借助江西省产业升级和产业承接的机会，将江西省作为业务未来发展的重要战略重心之一，因此南昌天水投资集团的参股给了公司进驻江西市场的机会
		E34	中金环境与无锡市政公用集团在水务、环保、咨询、设计等方面进行深度的合作，实现了各方面资源的共享，为中金环境带来了较多的市场资源
	聚焦主业	A35	清新环境对国家的"双碳"目标十分重视，认为当下公司要做的就是继续深耕主业，保持企业良好的技术优势，加大在节能环保技术研发中的投入，迎接行业新挑战
		B36	节能铁汉抓住国家生态文明建设及实现碳达峰碳中和目标的战略机遇，以聚焦主业为目标不断加强在技术创新上的研发投入，成为绿色科技创新的先锋推动者，致力于成为人民美好生活的小帮手
		C37	富春环保依托自身的核心技术优势，不断复制自身"固废、危废处置＋节能环保服务＋环境监测治理"的经营模式，重新聚焦主业，为企业进一步发展积聚先发优势
		D38	东江环保持续聚焦工业危险废物业务，积极拓展工业危废市场，加快推进产能建设，提高市场份额，业务规模扩大，实施"技术＋服务"的创新业务模式，新业务模式逐步贡献效益。公司已将和主业协同性较弱的废旧家电拆解业务剥离，有利于进一步聚焦主业
		E39	中金环境积极响应《水污染防治行动计划》的严格要求，将水环境改善理念深入每一个环节中，以高品质高性能的硬件产品保证取水、运输及用水的全过程安全
	开拓新市场	A40	清新环境的市场嗅觉灵敏，在决定聚焦主业后，开始不断寻找新的市场突破，发现了大型钢材冶金行业也对工业污染超低排放有需求，在洞察到这一需求后，企业加大研发力度，提升技术优势，为这些行业提供超低污染排放的解决方案
		B41	在实现"3060"双碳目标的背景下，节能铁汉将企业的技术优势与国家战略相结合，坚决贯彻落实国家战略部署，将低碳发展理念融入生产经营全过程，进一步提升技术创新能力、加快实现绿色转型升级
		C42	根据相关部门构建现代环境治理体系的指导意见提出要加快提高环保产业技术装备水平，做大做强龙头企业。富春环保抓住此次机会，强化公司核心技术优势，提出要顺应国家政策号召，不断提升公司研发技术水平
		D43	在新基建发展的背景下，危废处理行业也迎来了新的发展机遇期，东江环保以我国危废行业数智化转型先行者的姿态，加大企业技术研发，迎接行业新变化

资料来源：自行整理。

②主轴性编码。

在第二步，本节将对开放性编码归纳的初始范畴进行进一步的归纳总结，得到6个主范畴，具体结果如表4-27所示。

表4-27　　　　　　　　　　　　　　主轴性编码结果

主范畴	初始范畴
国有资本入股后企业创新能力得到提升	专利申请数量增加
	研发投入增加
	研发效率提升
国资入股带来人力资本	人才吸引效应
	产学研一体化
	人才激励
国资入股解决企业融资难题	融资增信
国企民企的协同作用促进企业创新	企业文化协同
	市场资源整合
党建引领企业创新	党建融入企业建设
国资入股推动企业转变创新战略	转变盈利模式，提升企业竞争力

资料来源：自行整理。

第一个主范畴是"国有资本入股后企业创新能力得到提升"。这个主范畴由专利申请数量、研发投入增加以及研发效率提升三个初始范畴组成。在国有资本入股后，企业的创新能力得到提升是结果，主要表现为相比于过多资本入股前，企业在研发投入的规模有较大提升，企业年申请专利数量大幅度增加，研发可予以资本化的比例扩大。通过这几个直观的数据，可以说明企业在引进了国有资本后，企业的创新能力是有所提升的。

第二个主范畴是"国资入股带来人力资本"。这个主范畴主要由人才吸引、产学研一体化及人才激励这三个初始范畴组成。首先，在近几年面对经济下行压力加大的宏观环境，越来越多劳动人员在选择就业时，会更加倾向于选择比较稳定的单位。根据前程无忧《2021职场人跳槽调查报告》显示，职场人选择跳槽的单位首选目标为国企及事业单位，占比达到55.4%。同时2020年前程无忧对应届毕业生就业进行了问卷调查显示有近50%的应届毕业生也选择国企事业单位作为自己的首选就业目标。根据这两份调查报告可以看出工作的稳定性是被调查者首要看重的因素，而国有企业一直以来相对稳定的工作环境和福利保障体系对求职者的吸引力愈发明显。在本节的案例中，这几家环保行业的企业最终都被国有化，成为国有企业的一员，因此具有一定的人才吸引效应，能够吸引更多的人才，为企业的研发创新工作提供高质量的人才储备。其次，在国有股东的支持下，这几家案例公司能够联系到国有股东在其注册地的高校，作为联系纽带，将企业与高校联系在一起，让企业与高校、专业研究所相互合作，构建产学研一体化的平台，将企业、高校及科研院所的优势资源进行进一步整合，使资源得到最大化的利用。另外，产学研平台的构建也有利于企业的研发创新效率提升。一方面企业通过市场化手段可以迅速判断出什么样的技术和产品能够实现产品市场化；另一方面，通过与高校的合作可以弥补企业在理论层次研究方面的短板，结合市场反馈以及高校雄厚的理论功底，可以迅速实现产品的市场化，提升企业的经营效率。最后，人才激励是鼓励员工积极创新的重要手段。在国有资本入股后，几个企业的国有股东都对企业的人才培养以及激励政策作出相关的决策，要求企业建立起与自身经营性质相符合的人才培养和激励政策，不断探索适合混合所有制国企的人才聘用和晋升机制，以提升企业员工的创新活力和工作满意度。

第三个主范畴是"国资入股解决企业融资难题"。主要由初始范畴融资增信构成。民营企业融资难是制约民营企业经营的重要因素。一方面，在党的十八届三中全会提出允许社会资本通过特许经营的方式参与城市基础设施投资和运营，以缓解地方政府的投资资金紧张问题。面对这一行业发展新态势，许多的环保行业企业积极投资于 PPP 项目中，但是 PPP 项目需求资金大，回报周期长，随着国家收紧 PPP 项目资金的审批之后，地方政府也逐渐陷入了无法支付运营收益的境地，民营企业的资金流动性更加不足，许多企业只能够通过股权质押的方式取得较低成本的资金，以维持企业的经营，因此民营企业需要国有资本的信用背书，以增加其融资能力。另一方面，随着国有企业混合所有制改革的深入，国有资本也在不断寻找合适的投资机会，促进国有资产的保值增值。借此契机，国有资本通过对环保行业的民营企业施以援手，实现民营企业的国有化。国有资本可以通过民营企业的技术优势和比较敏锐的市场嗅觉，结合国有资本的资金和业务优势，做大做强国有资产。

第四个主范畴是"国企民企的协同作用促进企业创新"。这个范畴主要有企业文化协同和市场资源整合两个初始范畴组成。一方面，在促进双方并购协同整合方面，国有股东从企业文化出发，提升员工对新控股股东的认同度，同时对公司的创新文化予以肯定，并且结合党对创新工作的相关政策和理论，对企业的创新工作更重视，从顶层设计建立起企业重视创新，支持创新的制度机制。另一方面，国有资本的控股给案例企业带来了丰富的市场资源，这些资源的开拓离不开企业的技术优势，要保证企业的技术优势，则需要企业不断加大研发力度，提升研发实力。因此，国有资本在控股了民营企业后，通过对企业文化的改造并提供了丰富的市场资源的情景下，企业增加企业研发投入，提升研发效率，企业创新能力得到提升。

第五个主范畴是"党建引领企业创新"。国有资本控股后，促进了案例企业的党建工作，充分发挥党建引领的作用，要求各企业的党委要充分落实主体责任，加快领导干部的建设，同时要发挥党管干部、党管人才的重要作用，建设一支可靠、有力的人才干部队伍。国有股东以党建工作为抓手，将党组织前置嵌入到企业的各项管理工作的过程，以习近平新时代中国特色社会主义思想作为企业创新工作的指导思想，促进企业创新。

第六个主范畴是"国资入股推动企业转变创新战略"。这个主范畴主要由初始范畴"转变盈利模式，提升企业竞争力"组成。一方面，国家提出了"3060 双碳目标"，有利于环保行业的发展，同时也对行业内企业提出了更高的要求，为了适应行业新发展以及迎接行业新发展机遇，保证企业创新能力是必不可少的，因此在随着行业的发展，对企业的创新要求会更高，促进企业增加研发投入，转变创新发展战略，使创新提升的战略地位加强，保证企业能够随着行业的发展而发展，不会被淘汰。另一方面，随着PPP项目资金审批的收紧，越来越多参与PPP项目的企业意识到再将PPP项目的运营作为企业主要收入来源已经没有太多优势了，急需寻找新的利润增长点，以缓解因为PPP项目而冻结的资金流动性需求。而对于案例企业而言，在参与PPP项目之前自身的主业经营已经十分成熟，在市场上都有较强的领先地位，重新聚焦主业谋发展是企业最快转变发展的方式。转变企业创新战略，进一步巩固自身在行业中的技术优势，增加研发投入，提升企业创新能力是相对而言比较好的选择。另外，国有资本的参股也给企业带来新业务新市场，不仅拓宽了民营企业在国内的市场领域，而且还为民营企业开拓了海外新市场。市场的逐渐扩大也对企业的创新能力提出了新的要求，转变企业创新战略是企业适应新市场环境和竞争的重要手段。由此可见，企业有聚焦主业，转变盈利方式的需求，而转变企业创新战略，提升企业创新能力则是实现该需求的方式之一。

③选择性编码。

通过开放性编码，本节得到了15个概念，并将其归纳为11个初始范畴。通过主轴性编码，得到了6个主范畴，并对6个主范畴所包含的初始范畴进行进一步的分析，对这几个主范畴如何影响企业的创新能力进行初步的分析。在选择性编码中，本节将根据主轴性编码分析的结果构建出在混合所有制改革背景下，国有资本的参股，对民营企业创新能力的影响机制模型，具体如图4–15所示。

（2）理论模型的内涵与分析。

在混合所有制改革的背景下，国有资本主动参股民营企业，尤其是在环保领域的企业，接受国有资本入股的民营企业比较多，本节使用了扎根理论对国资参股民营企业后对民营企业创新能力的影响进行了研究与探讨，初步形成了基于混合所有制改革背景下，国有企业参股对民营企业创新能力的影响机制模型（见图4–15）。在本小节，本节将围绕基于扎根理论所构建的模型，深入探讨各个影响因素的理论，对模型进行更深层次的分析。

①"聚集人力资本"因素的内涵。

企业创新一方面是要依靠持续的资金支持，另一方面则需要持续不断的创新性人才投入，可以说创新人才是企业提升自身创新能力的重要保障。从编码中显示，在混合所有制背景下，国有资本的参股对民营企业聚集人力资本有三条路径：一是吸引创新型人才加入企业；二是以国有股东为桥梁加强与兄弟单位、研究院所、高校的合作与交流；三是国企改革增加了对人才激励政策的投入，用激励的方式提升员工的自主能动性，进而提升企业的创新能力。

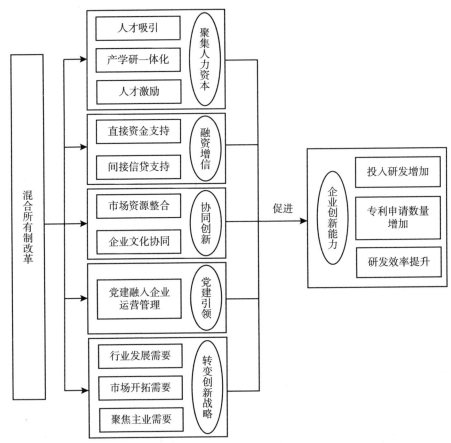

图 4 – 15　混合所有制改革对民营企业创新能力的影响机制模型

资料来源：自行整理。

　　首先，国有资本的参股给民营企业带来更丰富的人力资本以及更高层次的人才储备。国有企业自身就带有比较大的人才吸引效应，加上国有企业完善的培养机制和福利保障政策，在引入国有股东后，民营企业具有了国资的背景，在经济下行压力加大的现在，国有企业对求职者的吸引性更强，因此，可以加强民营企业对专业人才的吸引力，为民营企业吸引较多的科研人才。其次，国有企业具有优秀的政治资源，与注册所在地的高校、科研院所以及其他同行优秀企业有一定的交流与合作，民营企业引入国有资本后，能够以国有股东为纽带，与一线的科研院所、高校以及其他同行企业加强交流与合作，为企业构建产学研一体化平台提供一定的帮助。最后，国有企业改革要求提升国有企业的市场化程度，在选人用人上要求凭能力上岗，提出了较多的人才激励政策，以完善企业的人才管理体系。民营企业在引入国有资本之后，也需要在人才激励政策方面下功夫，针对不同的岗位和人才制定不同的激励政策，并且在企业党委的要求下更加向企业创新能力提升的方面倾斜，因此民营企业能够通过引入国有资本，改善企业人才激励政策，提升企业的创新能力。

②"融资增信"因素的内涵。

民营企业引入国有资本的目的中，提升企业信用，降低企业融资难的问题是最直接的，在编码过程中也发现国有资本的加入为企业做了信用背书，也能够提升企业的创新能力。其影响路径如下：国有资本的参股为企业带来部分直接资金支持，维持了企业的正常运转，为企业持续的研发资金投入提供保证。同时国有资本的信用背书也为企业带来一定额度的贷款担保，提升了企业的信用，降低了企业的融资难度，使得企业具有一定的韧性，提升了企业的偿债能力。在企业资金的支持下，持续的研发投入资金使企业的创新能力得到提升。

民营企业引入国有资本实行反向的混合所有制改革的目的是缓解企业资金紧张的问题，国有资本的进入一方面可以给企业带来直接的现金支持，即国有股东为了取得民营企业控制权而支付的现金对价，另一方面可以给予民营企业一定的信贷支持，提升民营企业的信用，让企业可以融到更多的资金。而国有资本选择参股民营企业一方面是出于对国有资本运营管理的需要，要让国有资产实现保值增值，因此在选择投资标的时需要谨慎考察，经过国有资本参股控股的民营企业本身在行业内就属于佼佼者，有较为雄厚的技术基础，只是因为短暂的资金流动性不足而陷入困境。另一方面，国有资本选择投资的这些企业的成立时间都不少于 15 年，有充分的市场竞争经验和敏锐的市场嗅觉，国有企业混合所有制改革的一个目的就是提升国有企业市场化运营的效率，因此有动机进行投资。

③"协同创新"因素的内涵。

两家企业并购追求的是通过并购产生的协同效应为自身企业创造新的价值。国有企业主动参股民营企业的混合所有制改革也是如此。从编码的信息上看，国企的参股通过市场资源的整合以及企业文化的整合，能够提升企业的创新能力。

国有股东在实现对民营企业的控股后，一方面通过企业文化的改造，使员工在心理上认同国有股东，也通过对企业创新文化的重视，提升了企业对创新工作的重视程度。另一方面国有企业通过市场资源的整合，为民营企业带来了不少的市场机会以及新业务需求，促进了民营企业的转型，为民营企业聚焦主业提供一定的业务保证，同时因为新市场新业务的需求也会反过来促进企业创新以适应新业务的需求。

④"党建引领创新"因素的内涵。

在党的十八届三中全会后，中共中央办公厅在颁布的《关于全面深化国有企业改革中加强党的建设的若干意见》中提出党组织在国有企业中的合法地位，要发挥党组织在国有企业公司治理中的作用。因此发挥党组织对国有企业的领导作用在混合所有制改革中是十分关键的。在编码过程中发现，国有企业在主动参股民营企业的混合所有制改革中，首先做的是建立民营企业的党委，将党组织嵌入公司治理中去，通过党组织的工作前置，引领企业的创新，在领导层建立创新思维，强化创新工作在企业管理过程中的重要性，进而提升企业的创新能力。

过去在民营企业中，党组织并没有作为企业公司治理的一个环节纳入企业的日常经营管理中，因此对上级党委的决策要求难以精细化地落实。在引入国有股东后，国有股东通过对企业党组织的改造，充分发挥党组织应有的党建引领作用，将党组织嵌入企业的日常经营管理和决策过程。将党组织前置，以党建工作为抓手，以习近平新时代中国特色社会主义思想作为企业创新工作的指导思想，促进企业创新。

⑤ "转变创新战略"影响因素的内涵。

国有资本参股民营企业进行混改，通过转变企业创新战略，进一步加强企业的创新能力，提升企业在行业变革中的核心竞争力，提升企业在市场竞争中的竞争优势。在扎根理论编码过程中可以发现，国有资本参与民营企业之后，通过推动企业创新战略的转变，提升企业创新战略地位，帮助企业在行业发展的浪潮中保持技术优势促进企业创新；在开拓新市场资源中提升民营企业市场占有率促进企业的创新；在国有股东整合双方资源优势中，促使民营企业聚焦主业，推动企业主动提升创新能力。

首先，国家近几年将生态文明建设作为五位一体总体布局中十分重要的一环进行决策部署，环保行业迎来飞速发展的战略机遇期。另外，国家在 2021 年提出了 "3060 双碳目标"，也对环保行业的绿色创新技术提出了更高的要求。同时，在 5G、物联网等新基建的应用场景不断丰富的同时，数字化正在成为社会变革的趋势，如何将数字化技术与企业经营相结合也是企业需要考虑的问题。为了保证企业能够在行业战略发展机遇期中不被淘汰，则需要有较强的技术实力，因此行业的发展进步会倒逼企业进行技术创新，企业有转变创新战略以应对行业变革的需求，而国有资本的参股为其创新战略的转变提供了助力。其次，在党的十八届三中全会后，民营企业参与政府基础设施建设投资的门槛有所放宽，各地的 PPP 项目开始兴起，但是 PPP 项目的资金需求量大，回报周期长，加上国务院在 2017 年开始就逐渐收紧了对 PPP 项目的审批，大量资金被挤占，企业亟须寻找新的利润增长点。聚焦主业，是大部分企业选择的结果，但是面对激烈市场竞争，企业也要有雄厚的技术支撑才可以在市场竞争中活下来，因此企业的聚焦主业需求也要求企业转变企业创新战略，增加创新研发的投入，将创新要素投入应用于主业上。最后，国有资本的入股给企业带来了新的市场资源和投资机会，但是企业能否有实力接得下这些市场资源是存在疑问的。要想进一步扩大市场份额，进驻新市场领域进行竞争，需要企业拥有较强的技术优势和研发实力，因此企业开拓新市场的行为也会进一步促进企业创新战略的转变，以更好地提升企业研发创新能力，更好地为新市场客户服务。

综上所述，第一，在混合所有制改革的背景下，国有股东的参股给民营企业带来更丰富的人力资本，让民营企业拥有更多的创新性人才，促进企业创新能力提升。第二，国有资本为民营企业带来直接的资金支持和间接的贷款担保，让民营企业能够有持续性投入研发资金的能力，增强企业的创新能力。第三，国有资本与民营资本在混合所有制改革的背景下不断的深化合作，在企业文化以及市场资源整合方面产生协同，以高度的协同促进企业的创新。第四，国有资本参股后，国有股东通过对民营企业党组织的建设和改造，将党组织嵌入至企业的日常管理过程中，强化了党建引领创新的作用。第五，国有资本的参股促进了民营企业的创新战略转变，为民营企业在行业发展中保持自身优势提供了支持，使民营企业能够充分提升创新力以应对更复杂的行业环境变化；同时，因为国有资本的参股，民营企业对新市场的开拓更加轻松，为了提升企业市场占有率，企业需要转变创新战略以提升创新能力；国有资本的参股通过市场资源的整合让民营企业能够通过转变创新战略，进一步提升企业创新能力而不断聚焦主业。

（3）理论饱和度验证。

经过上文的分析，本节根据相关的理论构建了国有资本参股对民营企业创新能力的影响机制模型，接下来将对理论的饱和度进行检验。本节以国祯环保以及中建环能两家同样引入国有资本参股的企业为准，对其使用扎根理论三步法，看看是否在这两家公司的编码过程中存在新的理论证据溢出，如果没有新的理论、范畴涌现，则认为本节所构建的国有资本参股对民营企业创新能力的影响机制模型已经饱和。经过对国祯环保、中建环能的编码，并未发现新的范畴，证明理论已经饱和。编码的结果如表 4 - 28 所示。

表 4 - 28　　　　　　　　　理论饱和度检验编码表

主范畴	初始范畴	引用来源	原始数据
国有资本入股后企业创新能力得到提升	专利申请数量增加	G2	国祯环保引进国资后，企业的发明专利累积获得数从 2017 年的 29 件，提升至 2020 年的 37 件
		H3	中建环能在引进国有资本后，其创新能力有所提升，2020 年获得专利数为 68 件，而 2019 年仅为 33 件
	研发投入增加	G4	国祯环保在引入国有资本后，其研发人员数量从 2018 年占全公司人数的 7.01%，提升至 11.74%，公司研发人员提升至 373 人
		G5	在引入国有资本后，中建环能的研发投入有所提升，研发投入占收入的比重从 2017 年的 2.62% 提升至 2020 年的 3.2%，研发投入资金从 2017 年的 2 100 万提升至 2020 年的 3 900 万
国资入股带来人力资本	人才吸引效应	H9	中建环能 2018 年引入国有资本后，其本科以上员工从 325 人提升至 438 人，涨幅为 34.77%；同时企业技术人员规模也从 240 人提升至 345 人，增长幅度达到 43.75%
	产学研一体化	G7	2021 年国祯环保获得国家科学技术进步二等奖，累计获得 3 个国家科学技术进步奖，1 个国际领先技术，参与 6 项重大课题；制订了 32 个行业标准
	人才激励	G6	国祯环保，回购股份用于股权激励
国资入股解决企业融资难题	融资增信	G11	国祯环保发行的可转换公司债券在 2021 年评级结果为 AA 级
		G14	2020 年 7 月，国祯环保与国开行合肥分行签署开发性金融合作协议
		H13	中建环能在引入中建集团后，中建集团为公司提供综合授信额度 10 亿元
		G12	国祯环保与中节能财务公司签署金融服务协议

续表

主范畴	初始范畴	引用来源	原始数据
国企民企的协同作用促进企业创新	企业文化协同	G18	国祯环保在工作年会上为公司工作做部署，强调以深化改革创新为主线
		G19	中节能派出控股方董事长出任国祯环保的董事长，同时促进双方文化协同
	市场资源整合	G17	国祯环保联合国有资本在 2019~2021 年期间，中标 5 个 PPP 项目
		H21	引入国有资本后，中建环能新增与中国建筑相关的业务，促进双方在环保领域的整合
		G23	中节能集团将存在同业竞争的业务以资产注入、资产重组等方式用以避免与国祯环保的同业竞争
		G24	国祯环保与中节能整合双方资源，布局工业废水、流域治理业务，开发农村市场
党建引领企业创新	党建融入企业建设	G27	国祯环保在引入国有资本后，将党建内容写进公司章程和增设联席董事长
		G28	国祯环保实现党管干部，抓好顶层设计，做好高管的思想工作，主抓廉政建设
国资入股推动企业创新战略转变	聚焦主业，转变创新战略	G29	国祯环保聚焦工业废水处理领域

资料来源：自行整理。

（4）小结。

本小节主要的内容为对所收集案例企业的资料进行三步编码分析，得到了 61 条有效原始数据、形成 15 个概念，对 15 个概念进行进一步的归纳总结，得到了 11 个初始范畴和 6 个主范畴。在深入分析 6 个主范畴之间的因果逻辑关系后，构建了在混合所有制改革的背景下，国有资本参股民营企业对民营企业创新能力影响的研究框架。

2. 国有资本参股对 B 企业创新能力的影响分析。

本部分内容将使用上述构建的国有资本参股民营企业对民营企业创新能力影响机制模型，对 B 企业引入中国城乡这一案例进行分析，对模型的有效性以及适用性进行进一步的验证，并且通过对该模型应用，研究 B 企业在引入国有资本后，其创新能力是否有所提升。

（1）混改双方介绍。

①中国城乡介绍。

中国城乡控股集团有限公司是中国交通建设集团有限公司旗下的全资子公司，成立于 1984 年。主营业务是城乡的能源、水务、生态环境、综合发展以及产业发展。在党的十八届三中全会后，我国国有企业的混合所有制改革进入新阶段，要求国有企业的实际控制人从管资产向管资本的职能转变，实现政企分开，试点运行国有资本投资运营公司。而中国城乡因为其以往的主营业务就是管理、开发城乡产业资源，因此中交集团让中国城乡作为央企落实国有资本投资运营公司的试点，参与国有企业的混合所有制改革。中国城乡的股权架构如图4-16所示。

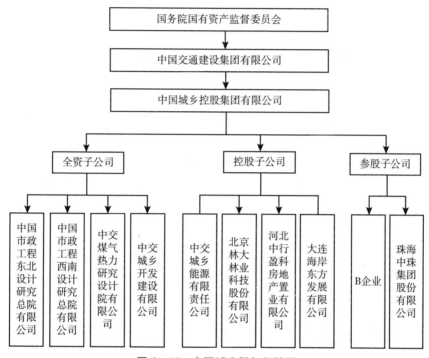

图4-16 中国城乡股权架构图

资料来源：中国城乡官网。

中国城乡从成立之初就以打造具有全球竞争力的世界一流的"城乡融合发展商"和"城乡运营服务商"为发展目标，肩负美丽乡村、美好生活的使命，利用自身的资源优势，形成了以城乡水务、生态环境及产业投资为核心的业务版图，是中交集团发展规划中重要的一环。经过多年的发展，中国城乡目前拥有发明专利8个，实用新型专利43个，著作权3个，有较强的研发实力和技术优势。在乡村振兴的发展规划下，统筹城乡一体化发展的战略成为了中国城乡发展的重要战略机遇。

②B企业介绍。

北京B企业成立于2001年，在2010年成功在深交所挂牌上市。B企业自成立以来，就高度重视企业创新，将创新视作企业的灵魂，一直深耕在水处理行业，是我国环保行业中的佼佼者。B企业以其先进的技术优势，已经成为了世界一流的膜技术企业之一。

B企业重视企业创新，每年均投入归属于母公司净利润的10%左右的资金用于企业的研发投入，持续长期的研发投入是B企业能够保持技术先进优势的重要策略。B企业的核心竞争力是其膜技术，是我国重点流域和重点地区污水处理的重要力量。同时，B企业利用自身的技术优势，深度参与到我国的大型水处理工程项目中，已经占据我国利用膜技术较多的水处理市场的 70% 以上的份额。在技术优势的支持下，B 企业在 2018 年之前都处于高速增长的阶段，获得过国家开发银行、中信银行等金融机构的综合授信，其资本运作能力较强。但是在国家对 PPP 项目加强监管之后，B 企业也受到一定的影响，体现在企业财务方面就是企业 2018 年收入增长率同比下降 16%，净利润同比下滑 43.72%，B 企业陷入了流动性危机，迫切寻找战略投资者的加入以缓解企业的流动性危机。

B 企业在引入中国城乡之前，就曾试图两次引入国有资本，但是都因为各种各样的原因失败了，直到 2019 年 5 月引入中国城乡才最终成功。第一次是在 2015 年国开行以定向增发的方式取得 B 企业 10.48% 的股份，成为 B 企业第二大股东，为 B 企业提供一定的资金支持，但是国开行并没有委派董事参与公司治理，并且在国家提出去杠杆的要求后，减持了 B 企业的股份，目前持有 B 企业 3.59% 的股份。第二次是在 2019 年 1 月试图引入四川省投资集团，约定将 B 企业 10.7% 的股份以协议转让的方式转让给四川省投资集团，但是这一笔交易被国资委否决，B 企业引入四川省投资集团失败。同年 5 月，B 企业发布公告称中国城乡与大股东文剑平签署股权转让协议，转让后，中国城乡持有 B 企业 10.18% 的股份，成为 B 企业的第二大股东。

（2）引入国有资本对 B 企业创新能力的影响机理。

①聚集人力资本。

首先，国有资本的参股给 B 企业带来了更多的高学历人才，从表 4-29 可以看出 B 企业的本科学历的员工人数从 2015 年的 552 人，提升至 2020 年的 1 733 人；企业硕士学位的人数从 2015 年的 186 人，增长至 2021 年的 417 人，尤其是在引入了中国城乡后的 2020 年，较 2018 年企业的硕士学位员工增长幅度达到 24.28%。企业的博士人才从 2015 年的 19 名提升至 2021 年的 36 名，说明企业的高端人才在引入国有资本后有较大的增长，促进了企业的人才积累。而从企业的技术员工人数来看，从 2015 年至 2021 年，公司的技术人员变动呈现先下降后上升的趋势，在 2017 年企业的技术人员降至最低的 416 人，之后有所上升至 2018 年的 454 人，在引入中国城乡后，公司的技术人员开始增长，在 2020 年已经达到 576 人，较 2018 年提升 26.87%，说明在引入国有资本后，国有资本给企业带来了较高学历的人员，丰富了企业的技术人员积累，同时也稳定了企业的技术团队，确保企业技术不流失。在 2021 年，B 企业的高学历人才和技术团队人员都比较稳定，没有太大的变动，说明 B 企业在引入国有资本后，发展潜力进一步提升，核心员工流失率减小，硕士、博士以上的员工占比处于增长的趋势，也说明在引入国有资本后，B 企业的人力资本得到提升。

表 4-29　　　　　　　　　B 企业员工学历及技术人员数量变动情况

年份	2015	2016	2017	2018	2019	2020	2021
博士	19	26	30	29	29	35	36
硕士	186	256	273	315	352	416	417

续表

年份	2015	2016	2017	2018	2019	2020	2021
本科	552	733	853	1 145	1 017	1 733	1 725
技术员工	494	563	416	454	518	576	573

资料来源：B 企业 2014～2021 年年报。

从上述表 4-29 的数据可以看出 B 企业在引入中交集团后，其无论是技术性员工还是高学历人员较未引入国有资本之前都有一定程度的增长，说明了国有资本的参股在一定程度起到了吸引核心人才的作用。而在中交集团参股后，B 企业的核心员工在 2021 年并未出现大规模流失现象，说明参股双方在人力资源的整合方面发挥出较好的协同作用。同时为了更好的稳定企业的核心团队和中层骨干，中交集团对 B 企业的人力资源政策并没有过多的干涉，并且对其股权激励计划比较看好，并且在 2019 年就将其股权激励计划进行优化，采用限制性股票＋股票期权的模式，对员工进行激励，使核心员工的利益与企业长远发展利益相一致，降低了公司管理层与公司股东之间的委托代理风险，为稳定企业核心员工和技术骨干起到保障性作用，这与唐清泉等（2009）、张晓亮等（2019）学者的研究结论一致，对员工的激励政策有利于激发员工的创新意识。

其次，在引入了中交中国城乡之后，中交集团加强了双方在技术交流上的合作，中国城乡东北设计院的中国工程院院士张杰先生受邀在 B 企业作专题报告，报告结束后双方加强了在污水处理及水资源化利用方面的技术交流与合作，为 B 企业在产学研一体化平台的建设注入新动力。在引入中国城乡之前，B 企业就高度重视产学研一体化平台的建设，并且作为一则成功案例被收录在《创新使命担当——中国产学研合作百佳示范企业》一书中。B 企业经过 20 年的发展，已经与清华大学、中国环境科学研究院、同济大学、中国科学院生态环境研究中心、中国科学院上海高等研究院等一共 23 所科研院所成立了产业技术创新战略联盟，进一步加强了企业与高校科研院所的合作。此外，B 企业与澳洲多所高校也有合作，成立了中澳共建水处理研究中心，促进技术的国际交流，提升企业的核心竞争力。在此基础上，由中交集团作为纽带，B 企业与中国煤炭地质总局、国家节能中心、青岛市水务局等机构签署战略合作协议，结合各个机构的优势，推动双方在产学研用之间的深度融合，为 B 企业的技术创新提供了一定的技术积累。

B 企业与中交集团的结合，实现了双方在技术创新方面的积累，B 企业以中交集团为纽带加强了与其他研究院的合作，打造了产学研用的深度融合创新平台，提升了技术积累，中交集团与 B 企业的协同创新效果明显。结合创新理论可以看出 B 企业在引入中交集团后，企业的技术积累进一步提升，其技术屏障更加厚实，进一步拉开了与竞争对手在技术创新方面的差距，这与汪明月等（2021）、李阳等（2016）学者的研究成果相关，产学研平台的构建能够促进企业的协同创新，有利于提升企业的竞争力。

最后，B 企业在引入了国有资本后，为了激发员工的创新意识，对公司章程进行了修改，明确公司将回购公司股票用于股权激励。在 2016 年与 2019 年分别实施了股权激励计划，其激励对象主要是公司的核心技术人员，主要的方式是授予限制性股票以及期权，合计占公司总股份的 1.04%。在引入国有资本后，B 企业对核心技术员工的股权激励计划从过去的限制性股票改为限制性股票＋股票期权的模式，同时在激励对象中增加了核心技术团队员工的比重。为了进一步激发员工的创新意识，公司采用股票期权的激励方式，使激励对象可以享受研发成功带来的股票收益，而避免受到研发失败带来的股票价格波动的风险，激励公司员工更积极地提升企业创新产出的数量和质量。

②提供融资增信。

2013 年财政部组织召开 PPP 专题会议，提出大力发展 PPP 模式。财政部在 2014 年出台的《关于推广运用政府和社会资本合作模式有关问题的通知》中给 PPP 下了定义，指出要在全国范围内开展一批 PPP 示范项目，主要关注市政工程、城市供水、污水处理、供暖等环保公共事业领域，环保领域进入高速发展阶段。而 B 企业刚刚在我国资本市场上市，为了进一步扩大企业规模，B 企业瞄准 PPP 项目的合作机会，借助自身在水处理市场的技术优势，迅速拿下大量的环保工程类项目。根据 2017 年公司财务报表数据显示，B 企业 2017 年新增 PPP 项目 68 个，总投资金额 363 亿元，处于施工期订单 115 个，仅有 26 个项目处于运营期，其收益仅为 5.7 亿元，企业投资活动产生的现金流量净额达到 -110.66 亿元，2017 年现金及现金等价物净增加值也从 2016 年的 22.62 亿元下降至 -14.52 亿元。B 企业的 PPP 项目订单情况如表 4-30 所示。

表 4-30　　　　　　　　B 企业 2016~2021 年 PPP 项目订单变动情况

年份	2016	2017	2018	2019	2020	2021
新增订单	46	68	33	11	0	8
施工期订单	63	115	129	113	73	57
运营期订单	21	26	38	51	91	105

资料来源：B 企业财务报表整理。

大量的现金投入至 PPP 项目工程使得公司陷入流动危机。在 2017 年第四季度，为了进一步规范化 PPP 项目发展，防范化解系统性风险，国家开始收紧 PPP 项目的审批，整顿出清一批不符合规定的 PPP 项目，B 企业也受到了较大的冲击，从表 4-30 可以看出 2018 年公司新增的 PPP 项目下降至 33 个，总投资金额为 153 亿元，同时 2018 年收入同比下降 16.34%，净利润同比下降 50%，经营活动产生的现金流量下降至 13.05 亿元，同比下降 48.09%，使企业的资金流动性更加不足，为了给企业融资，公司董事长兼第一大股东文剑平将自身持有的股权进行质押，质押比例超过 60%，由此可以看出 B 企业的融资渠道已经用尽，但是企业资金缺口依旧很大，因而有引入国有资本为企业融资增信的动机。B 企业股东股权质押情况如表 4-31 所示。

表 4-31　　　　　　　　　　B 企业股东股份质押情况表

	持股数量（亿股）	占总股本比例	质押比例
文剑平	4.98	15.74%	66.52%
刘振国	3.19	10.07%	79.44%
陈亦力	0.855774	2.7%	88.31%
何愿平	1.21	3.95%	16.01%

资料来源：同花顺整理。

同时，我国民营企业普遍存在融资难、融资贵的问题。银保监会主席郭树清在 2018 年的一次回记者问时表示目前我国银行业中民营企业的贷款占比仅为 25%，而国有企业的贷款占比达到 75%，由此可以看出我国民营企业能够获得的银行贷款还是远远小于国有企业的。而 PPP 项目投资规模大，回报时间长，普通的战略投资者根本承担不起庞大的资金需求，也难以为 B 企业提供足够的信贷支持，引入国有资本是其必然的选择，而在引入国有资本后对 B 企业的资金支持效果是十分明显的。

首先，B 企业通过引入中交中国城乡，直接获取现金支持。B 企业引入中国城乡，主要通过非公开发行股份的方式进行，中国城乡以现金 37.16 亿元人民币支付作为对价，取得 B 企业非公开发行前发行方总股本的 15.21% 的股份，同时签署表决权委托协议，中国城乡取得了 B 企业实际控制权，并在一定期间内，进行股份的增持，直至中国城乡持有 B 企业 20% 以上股份达到将 B 企业纳入合并报表核算范围时止。中国城乡直接为 B 企业注入了 37.16 亿元的现金，缓解了 B 企业的资金压力，但是相对于庞大的投资项目金额而言，这笔现金支持也是杯水车薪而已，B 企业还需要更多的资金支持自身的发展。

其次，中国城乡的参股可以为 B 企业融资增信。在中国城乡入股后，B 企业与中交集团的财务公司达成了金融服务协议，为公司提供信贷担保额度。同时，中国城乡通过委托贷款等方式为 B 企业提供直接的信贷支持为 B 企业的正常经营助力。此外，中国城乡为 B 企业引荐了中国银行，与 B 企业在绿色金融、水资源处理等方面业务签署合作协议，为 B 企业提供部分专项贷款，促进 B 企业与银行的战略合作。在国有资本的支持下，B 企业与各大金融机构达成合作，公司也为此获得了较高的融资担保贷款额度，保证企业经营能够正常运转。

最后，中国城乡的入股让 B 企业通过其他融资方式融资的成本得以降低。从 B 企业 2017~2021 年期间发行的债券（见图 4-17）可以看出，B 企业发行的债券票面利率自从 2020 年引入中国城乡后，有较明显的下降，说明引入中国城乡这一国有股东，增加了 B 企业的企业信用，债券的违约预期有所降低。

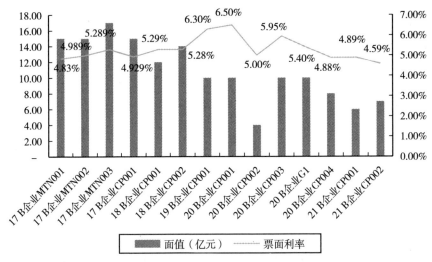

图4-17 B企业2017~2021年债券发行情况

资料来源：B企业年报整理。

综上，B企业引入了中国城乡后，中国城乡通过直接的资金支持、间接的融资增信，拓宽了B企业的融资渠道，使得B企业的资金流动性压力有所降低，让B企业拥有了对研发投入持续的资金保障，研发资金得以持续投入也增加了B企业的创新产出，提升了其研发创新能力，与万立全等（2020）、卢佳瑄等（2021）学者的研究成果相一致，民营企业主要利用国有资本的融资优势，打破融资难的问题，为企业创新提供了资金支持。

③促进协同创新。

在市场资源的协同方面，早在2019年中交集团成为B企业第二大股东后，就在市场业务上与B企业进行整合。2019年10月，中交集团联合B企业中标哈尔滨城镇污水项目，2020年中标山西省大同市东西污水厂项目。这些项目的中标也证明了中国城乡在参股B企业后，为B企业提供了更多的市场机遇。

进入2021年，中国城乡正式控股B企业，对中国城乡旗下与B企业存在同业竞争的业务进行了剥离，将旗下洪湖市施墩河湖中心河片区综合治理项目移交B企业进行运营管理。同时根据中国政府采购信息网公布信息显示，B企业在2021年累积中标的PPP项目为31个（B企业在项目中仅参与建成后投资运营环节，而不再承揽项目的建设环节，因此其财报上未体现这些新增项目），其中与中交集团系统子公司联合投标中标的项目达到8个，占总中标金额的60%以上，由此可以看出在中国城乡控股后，B企业所获得的市场资源有所提升。

在企业文化的协同方面，中国城乡在参股B企业时主要看中的就是B企业的技术优势，因此在对B企业实现控股之后，中国城乡加大对企业创新文化的重视力度，构建出一套适合B企业的科技创新激励计划，提升了科研人员的研发热情。同时在与B企业签订股份转让协议时，也约定了公司董事长由B企业推荐，中国城乡提名，这样保证了B企业主要的技术核心骨干没有受到影响，同时中国城乡派驻公司高管到B企业任副董事长，也促进了双方在文化上、管理上的协同。

中国城乡还通过邀请行业内顶尖的学术专家在 B 企业进行专题汇报，促进双方的技术交流，中国城乡从其旗下的设计院中外派技术人员进驻 B 企业，提升 B 企业的技术积累。另外，尽管中国城乡对 B 企业有大部分非独立董事的推荐提名权，但是仍然保留了创始人文剑平董事长的身份，让这位企业的创新文化灵魂依旧掌握公司的经营管理权，以稳定 B 企业的创新团队。通过这些措施，中国城乡实现了对 B 企业文化的协同。B 企业的创新文化在引入中国城乡后并没有受到太大的影响，国有企业管理制度的建立也不是直接改弦更张，而是通过慢慢地融入党建文化，促进双方在文化上的交流，慢慢让企业员工适应企业身份的变化。

在市场资源的协同上，中国城乡的参股增加了 B 企业在项目上中标的机会，同时 B 企业也以参与方的身份进入项目工程，但是 B 企业只承担项目运营的环节，使 B 企业逐渐改变其重资产的运营模式，转向以技术攻坚为主的轻资产运营模式，这对 B 企业的技术要求更高，需要不断优化自身技术以适应中国城乡的建设要求，用更先进的技术降低项目成本。在文化协同上，中国城乡十分重视 B 企业的创新能力提升，因此在对 B 企业的管理层和董事会进行改组时没有太激进，保留了公司董事长的职位和职权以及公司的 3 名独立董事、1 名非独立董事的推荐权，确保技术团队不流失。同时加强与 B 企业的交流合作，提升 B 企业的技术积累。通过市场协同以及文化协同，B 企业的创新能力有所提升。

④党建引领创新。

在党建引领方面，B 企业自 2010 年成立集团党支部以来，就意识到党建工作的重要性，尤其是在科研创新方面，党员科研人才能够发挥其先锋模范作用，面对繁重的科研任务没有畏难情绪，只有攻克难关的热情和坚守，这是 B 企业在前期能够不断加大力度进行研发创新的重要原因。

在中交集团控股后，B 企业的直属党委机关仍然是中关村党委，但是中国城乡在其经营管理的决策部署有话语权，对 B 企业的下一步工作部署安排依旧是由中交集团决定，B 企业的经营汇报单位是中国城乡。由此一来，B 企业的经营管理工作由中国城乡进行领导决策，间接地实现了党组织前置嵌入企业的经营管理决策部署中去。同时，B 企业对自身的公司治理结构进行改组，组建了四会一层，董事会的主要董事组成党委会，对公司的经营决策进行事前管理，尤其是对于三重一大事项：重大事项决策、重要干部任免、重大项目投资决策、大额资金使用的决策都需要先经过党委会决策，并且将党建的内容写入公司章程，确定了公司党委会的职能与权责。

在 B 企业中层干部大会上，中国城乡党委书记对 B 企业的工作提出要求。第一是坚定了中国城乡对支持 B 企业做大做强的信心和决心。第二是要求 B 企业聚焦主业，不断提升企业的核心竞争力。第三是共享发展成果，通过建立完善的人才培养晋升机制以及人才激励计划，让员工共享企业发展成果。中国城乡在控股 B 企业时，与 B 企业的经营战略目标是一致的，即通过加强企业创新研发能力，突破卡脖子技术封锁，将 B 企业打造成具有核心技术、拥有一流科技创新能力和运营管理能力，在水资源处理领域的一流顶尖企业。通过党组织工作的前置，促进了 B 企业党建引领的作用，为 B 企业提升企业创新能力提供了指导。

中交集团的党组织嵌入 B 企业的经营管理过程中，在公司治理层面解决了 B 企业所有者缺位的问题，明确了国有资本在企业的产权，为 B 企业的创新能力提升发挥长效机制奠定了制度基础，同时由于党组织的前置，国有股东与企业管理层之间的委托代理问题也会被缓解，股东与管理层的利益趋向一致，有利于 B 企业的长远发展，与周劲波（2020）、楼秋然（2020）等的研究一致，党组织嵌入是公司治理制度完善的过程，是为企业长远发展奠定制度基础的过程，因此在党组织嵌入之后要发挥党组织治理的功能。

⑤转变创新战略。

a. 行业发展的需要。

在政策层面，我国将生态文明建设作为五位一体总体布局中重要的一环进行决策部署，推动了我国环保行业的迅速发展。而我国水资源的利用效率较低，且存在东西、南北分布不均的情况，根据《中国战略新兴产业》杂志对 B 企业董事长文剑平的专访，提及我国水最大的问题就是脏，而 B 企业在滤膜的制作工艺和过滤性能上是具有先进作用的，但是 B 企业目前滤膜的市场占有率仅为 8%，市场空间广阔。在 2021 年，我国提出了"3060 双碳目标"，这对环保行业而言既是挑战，也是机遇。根据中国经济时报的报道，我国市政污水处理是耗能大户，要实现"双碳"目标，需要提升水处理的技术，降低水处理技术的耗能，这使企业发展，需要不断提升其技术水平，响应国家政策要求，实现行业发展。

从行业规模来看，一方面，我国环保行业均有工程化投资的特点，投入资金大、回报周期长是行业内企业普遍面临的问题。国家在放宽了民营企业进入公用事业投资的门槛降低了项目汇报周期长，回报收益不确定的风险。但是随着国家对 PPP 项目审批的收紧，使得大部分企业承受较大的资金压力，转变企业盈利模式是迫在眉睫的。另一方面，我国公用设施和环保行业因为其自身的特点，市场化程度比较低，正如文剑平所说，我国污水资源化的市场十分广阔，B 企业在其中的市场占有率仅为 8%，而 B 企业的技术却是属于世界一流水平，这是不合理。面对这一广阔的市场，B 企业以中交集团入股为契机，不断提升自身核心竞争力，争取占据更高的市场份额，这离不开企业的创新能力提升。

b. 市场开拓的需要。

在中交集团控股后，为 B 企业带来了较多的市场资源，尤其是在水资源处理滤膜产品的订单方面。B 企业与中交地产签订了战略合作协议，为中交地产旗下的地产项目提供水处理服务；与河北政府签订净水器订单；与葛洲坝水务公司签订战略合作协议，在技术、市场等方面展开合作等。B 企业在中国城乡的帮助下，与中交集团旗下子公司展开全方位的合作，不断提升企业环保滤膜产品的订单。随着市场的开拓，B 企业目前的产品也需要进行升级，以适应更多元的应用场景，因此市场的开拓也有利于推动企业创新。

不仅在国内市场有开拓，B 企业更是在中交集团海外事务部的帮助下，参与国际竞争，尽管 B 企业的滤膜技术在世界水处理行业中也属于一流，但是参与海外市场的竞争更需要不断提升企业的核心竞争力，因此随着市场的开拓，业务的发展对企业的技术要求越来越高，进而推动企业技术创新。

c. 聚焦主业的需要。

在 PPP 项目的审批收紧后，B 企业陷入了流动性危机中，企业融资压力增加，为了让企业更好活下去，公司股东在选择股票质押以获取流动性的同时，也在想方设法转变发展方式，回归以前轻资产运营的模式。从 2018~2021 年，B 企业在聚焦主业、转变发展方式上也取得一定的成绩。

从表 4-32 可以看出，从 2018 年开始，B 企业的营业收入中，污水处理整体解决方案的收入已经开始逐渐下降了，截至 2021 年第二季度，B 企业的污水处理整体解决方案业务收入已经下降至 252 898.16 万元，同比 2020 年半年报数据的 325 392.86 万元下降了 22.28%，而 2020 年相较于 2017 年，企业的污水处理整体解决方案收入的降幅达到 43.97%，下降幅度接近一半，这是 B 企业主动降低重资产业务的结果。另外，也可以看出企业净水器销售额从 2017 年的 25 318.54 万元，上升至 2020 年的 29 187.70 万元，占收入的比重达到 3.03%。

表 4-32　　　　　　B 企业 2017~2021 年 PPP 项目收入与产品收入对比　　　　　单位：万元

年份	2017	2018	2019	2020	2021Q2	2021
污水处理整体解决方案	880 297.04	782 868.06	802 504.16	493 234.75	252 898.16	479 448.38
净水器销售	25 318.54	22 706.86	22 461.31	29 187.70	6 909.24	—
市政与给排水工程	360 940.62	122 343.34	175 227.90	75 882.92	41 751.53	69 268.06

资料来源：企业年报整理。

此外，在引入中交集团后，B 企业从总体的工程项目承包中脱身，工程建设一部分交由中交集团进行建设，B 企业则负责项目工程的后期运营，这部分业务的比重也在增加，成为 B 企业新的盈利增长点。从表 4-33 项目运营服务业务的收入额从 2019 年的 146 584.56 万元，上升至 2020 年的 211 239.56 万元，同比增幅达到 44.11%。根据 2021 年半年报数据显示，B 企业运营服务业务的收入占比达到 24.39%，进一步降低 PPP 项目对利润的影响。这些数据均说明 B 企业在聚焦主业上取得较好的成绩。

表 4-33　　　　　　B 企业 2017~2021 年企业各项业务占收入的比重

年份	2017	2018	2019	2020	2021Q	2021
污水处理整体解决方案	63.94%	67.97%	53.52%	51.28%	52.22%	50.21%
净水器销售	1.84%	1.97%	1.83%	3.03%	1.43%	—
市政与给排水工程	26.22%	10.62%	14.30%	7.89%	8.62%	7.25%
城市光环境解决方案	8%	19.44%	18.39%	15.83%	13.34%	16.43%
运营服务	—	—	11.96%	21.96%	24.39%	26.10%

资料来源：企业财务报表整理。

综上，B 企业通过转变创新战略，促进了企业盈利模式的迅速转型，在国有股东的支持下，通过采取了措施，主动降低了 PPP 项目占收入的比重，并且收效明显。在收缩 PPP 战略的同时，B 企业在引入中交集团之后，依托中交集团的项目，开展项目运营业务，利用自身在水资源处理方面的技术优势，实现业务转型，企业转变创新战略对企业走出流动性危机和经营困境起到重要的作用。

（3）B 企业创新能力提升的表现。

B 企业在引入国有资本中国城乡进行混合所有制改革后，在国有资本的支持下，缓解了企业资金短缺的问题，实现了业务的转型，企业的创新能力也有所提升，主要表现在以下几个方面：

①专利申请数量有所增加。

从图 4 – 18 可以看出，B 企业每一年都有较多数量的专利获取，截至 2021 年，B 企业累计获得专利共 751 项，较 2020 年 12 月 31 日增加 158 项。

图 4 – 18　2014～2021 年 B 企业及行业累计获取专利情况

资料来源：国泰安数据库。

从表 4 – 34 可以看出，B 企业新增专利中，主要以发明和实用新型专利为主，这说明 B 企业的专利有较高技术含量，证明 B 企业的研发创新能力有提升。此外，截至 2021 年 12 月 31 日，B 企业 2021 年累计新增专利 158 项，正在申请且已经被受理的专利有 150 项，这也能够说明 B 企业有较雄厚的研发创新能力，尤其是在引入国有股东后，企业研发能力有较高的提升。

表 4 – 34　　　　　　　　　　2014～2021 年 B 企业专利获取情况

年份	发明	实用新型	外观设计	年度新增专利合计
2014	14	34	4	52
2015	23	17	1	41

年份	发明	实用新型	外观设计	年度新增专利合计
2016	17	37	9	63
2017	8	106	2	116
2018	14	60	12	86
2019	13	25	1	39
2020	16	56	11	83
2021	9	86	63	158

资料来源：国泰安数据库。

对比行业的专利数量可以看出，B 企业的专利数量获取的增速快于行业内总体专利数量的增加速度，尤其是在引入国有资本后的 2019～2021 年期间，B 企业的专利增加速度进一步提升，2020 年新增专利数量同比 2019 年提升 112.82%，2021 年较 2020 年的新增数量同比增加 90.36%，而同行业的新增专利增长速度比较平缓，在 2020～2021 年的专利新增数量同比增长分别为 32.53% 及 20%。B 企业在引入国有资本后，其获得的专利数量占行业内企业专利总数的 10% 左右，说明 B 企业的创新能力以及技术资本相对于同行业而言都比较雄厚，国有资本的参股进一步提升了其技术积累。

②企业的研发投入逐年增加。

如表 4-35 所示，B 企业一直都注重企业的研发投入，从 2015 年开始，企业的研发投入就已经超过 1.5 亿元，并且企业研发投入占收入的比重一直都在上升，在引入中国城乡之后，企业对研发投入更加重视，2020 年企业研发投入占收入的比重达到 2.47%，截至 2021 年，B 企业继续增加研发投入，研发投入金额提升至 25 072.49 万元，企业研发投入占收入的比重达到 2.61%，同比 2020 年增长 84%，说明在引入中国城乡之后，B 企业的研发创新能力有所提升。

从行业平均值的对比来看，尽管行业的研发投入在 2013～2021 年期间均有较大的提升，但是其无论是增长的幅度还是增长的规模都要比 B 企业小，行业中的研发投入的平均金额仅为 7 848 万元，而 B 企业的研发投入早在 2015 年就已经达到亿元级别，尤其是在引入国有资本后，B 企业的研发投入金额增加更加迅速，研发投入占收入的比重也在提升，在 2021 年已经达到 2.63%，与行业内的研发投入强度基本一致。对比而言，B 企业在引入国有资本后，在国有资本的资金支持下，持续增加研发投入，其研发投入水平远超行业平均值，充足的研发投入对 B 企业提升其创新能力提供了保证。

表 4-35 　　　　　　　　　2013～2021 年 B 企业及行业研发投入情况 　　　　　　　金额单位：万元

年份	B 企业		行业平均	
	研发投入金额	研发投入占收入比	研发投入金额	研发投入占收入比
2013	8 278.98	2.64%	1 405.49	1.95%

年份	B 企业		行业平均	
	研发投入金额	研发投入占收入比	研发投入金额	研发投入占收入比
2014	9 791. 89	2. 84%	1 880. 71	2. 13%
2015	15 400. 16	2. 95%	2 345. 99	2. 13%
2016	20 260. 38	2. 28%	3 190. 64	2. 49%
2017	27 841. 15	2. 02%	5 116. 87	2. 80%
2018	27 880. 74	2. 42%	5 935. 34	2. 74%
2019	24 084. 28	1. 97%	6 158. 52	2. 55%
2020	23 792. 41	2. 47%	6 817. 02	2. 59%
2021	25 072. 49	2. 63%	7 848. 01	2. 70%

资料来源：国泰安数据库。

③研发效率有所提升。

如表 4 - 36 所示，B 企业在 2020 ~ 2021 年，企业研发投入资本化金额占研发投入的比重都有较大的提升，说明 B 企业在引入中交集团后，企业的研发效率有所提升，混合所有制改革促进了 B 企业的创新能力。而对比行业的研发效率来看，行业的研发效率在 2013 ~ 2021 年期间，处于不断波动下降的状态，资本化金额占总研发支出的比重从 2013 年的 66.66% 波动下降至 2016 年的 14.3%，在 2017 ~ 2021 年期间持续下降至 3.39%，说明行业的研发效率在不断下降，而 B 企业的研发投入却一直维持在较高的水平，进一步说明 B 企业的研发创新能力较强。

表 4 - 36　　　　　　　2013 ~ 2021 年 B 企业及行业研发效率情况　　　　金额单位：万元

年份	B 企业		行业平均	
	资本化的金额	资本化金额占比	资本化的金额	资本化的金额
2013	1 140. 85	13. 78%	936. 96	66. 66%
2014	2 329. 65	23. 79%	24. 88	1. 32%
2015	234. 97	1. 53%	332. 27	14. 16%
2016	1 667. 65	8. 23%	456. 31	14. 30%
2017	3 767. 93	13. 53%	410. 11	8. 01%
2018	3 364. 05	12. 07%	368. 25	6. 20%
2019	2 674. 90	11. 11%	454. 99	7. 39%
2020	3 926. 35	16. 50%	251. 70	3. 69%
2021	2 310. 03	9. 21%	265. 73	3. 39%

资料来源：国泰安数据库。

（4）小结。

本小节使用了 B 企业引入中国城乡这一案例对前文构建的理论模型进行验证。本小节首先介绍了中国城乡和 B 企业的基本情况，对中国城乡入股 B 企业以及 B 企业引进国有资本的动机进行了简单的阐述。其次本小节对 B 企业引进中国城乡后，中国城乡通过给 B 企业提供丰富的人力资本，深化 B 企业产学研用一体化平台的建设为 B 企业提升创新能力奠定了技术基础；通过给 B 企业直接资金支持和间接信贷支持，缓解了 B 企业资金短缺的问题，并为 B 企业提供一定的信贷资源，提升了 B 企业的企业信用等级；通过与 B 企业在市场资源上的协同以及企业文化方面的整合，为推动 B 企业技术创新提供了市场资源；通过党组织前置嵌入到企业经营管理的各个环节，强化党建引领作用，以党对企业创新的相关理论为指导，促进企业创新。

同时，B 企业自身因为 PPP 项目受阻而迫切需要转变盈利模式，通过引入国有资本，在国有股东提供的资源支持下，B 企业通过转变创新战略，实现了企业盈利模式的转型。在国有资本的支持下，B 企业与中国城乡深度合作，为 B 企业开拓了新的市场，而新市场以及新业务对企业的技术提出了更高的要求，进而推动了企业的创新。B 企业以聚焦主业为契机，打开了海外市场，而要参与国际更激烈的竞争，则对企业的核心竞争力提出了更高的要求，需要企业拥有较强的创新能力，因此企业转变创新战略是实现企业盈利模式转变的重要方式。

在混合所有制改革背景下，B 企业的控股股东中国城乡给 B 企业带来了一系列的市场资源和资金支持，也要求 B 企业不断提升企业创新能力，以满足控股股东中交集团的发展需求；B 企业自身也因为自身发展战略调整的问题，对企业的创新能力提出了新的要求。在二者的相互作用下，B 企业的创新能力有所提升，具体表现在企业的研发投入占收入的比重逐年增加，企业的专利申请数量质量比较好以及研发投入资本化金额占研发投入的比重逐年上升。

综上，经过 4.2.4 小节第二部分对案例公司的分析，并没有发现新的概念和范畴涌现，说明 4.2.4 小节第一部分所构建的模型是饱和且有效的，B 企业引入中国城乡后，对 B 企业的创新能力有促进作用。

4.2.5　结论与启示

1. 研究结论。

（1）本节基于扎根理论，研究了混合所有制改革背景下国有资本的参股对民营企业创新能力的影响。本节使用了扎根理论编码三步：开放性编码、主轴性编码以及选择性编码，对环保行业中 6 家被国有资本参股的民营上市公司进行分析，通过对案例企业原始资料的信息提炼，归纳总结出在混合所有制改革的背景下，国有资本的参股对民营企业创新能力有促进作用的影响机制，并且以此构建了相应的理论模型，本节的结论如下：

第一，发现了民营企业引入国有资本后，国有资本对企业创新能力的影响机制，并构建了相应的影响机制理论模型。经过多步骤的编码分析，首先可以分析出在混合所有制改革的背景下，国有股东的参股给民营企业带来更丰富的人力资本，让民营企业拥有更多的创新型人才，此外，国有资本利用其自身的政治资源，以国有股东为纽带为企业构建产学研一体化平台提供了学术资源，进而增强了企业在技术方面的理论积累，同时通过构建完善的员工激励政策，促进企业创新能力提升。

第二，国有资本为民营企业带来直接的资金支持和间接的贷款担保，缓解了民营企业的资金紧张局面，为民营企业创新能力的提升提供资金帮助，让民营企业能够有持续性投入研发资金的能力，增强企业的创新能力。

第三，国有资本与民营资本在混合所有制改革的背景下不断的深化合作，通过与民营企业之间的资源整合，为民营企业提供一定的市场资源，推动民营企业提升自身核心竞争力。通过企业文化的整合，国有股东倡导民营企业的创新文化，重视企业的创新工作，间接引导民营企业重视创新。

第四，国有资本参股后，国有股东通过对民营企业党组织的建设和改造，将党组织嵌入至企业的日常管理过程中，强化了党建引领创新的作用。

第五，国有资本的参股通过促进民营企业创新战略的转变提供助力，为民营企业在行业发展中保持自身优势提供了支持，使得民营企业能够充分提升创新力以应对更复杂的行业环境变化，尤其是在"3060"双碳目标的背景下，行业迎来了又一个战略发展机遇期，只有创新才能够保证企业不被淘汰，因而国有资本的参股让企业有了提升自身创新能力应对行业变化的能力；同时因为国有资本的参股，民营企业对新市场的开拓更加轻松，为了提升企业市场占有率，需要企业提升创新能力；国有资本的参股通过市场资源的整合，让民营企业能够通过提升企业创新能力而不断聚焦主业，使得民营企业有能力可以逐渐放弃拖累企业现金流量的业务，聚焦主业，找到支撑企业继续发展的利润增长点。

综上，在混合所有制改革的背景下，国有资本参股民营企业，从外部作用来看，为企业带来外部市场资源及提供资金支持；从内部影响来看，通过对企业文化的协同和党组织的嵌入，推动了企业创新。

（2）本节所选用的研究案例中，最后国有资本均成为民营企业的控股股东，从公司治理的角度看，国有资本的直接控股也加强了国有股东对民营企业的控制，使得企业双方在促进民营企业创新战略调整，发挥双方协同创新作用等方面减少了阻力，强化了国有资本参股对民营企业创新能力的正向影响。而且在促进双方的合作交流，产生协同效应的方法上，国有股东采用的方法比较温和，保证了企业创新团队不流失，并且通过源源不断的技术交流加强了创新团队对国有股东的认同感，也为企业创新能力的提升提供了保证。

（3）本节研究的领域是具有明显政策性指引的公用事业领域，该行业投资规模大，施工周期长，一般民营企业难以支撑起整个项目的独立开发运营，因此该行业与政府的合作必不可少，而且国家也鼓励社会资本参与这类工程的投资开发运营。国有资本对民营企业的参股是出于自身发展战略的考虑，虽然在本节的研究中，国有资本最后都实现了对民营企业的控股，但是这也是完全出于企业战略的意图。

2. 启示。

民营企业是我们国家经济发展的主力，是我国50%以上的税收、60%以上的经济总量、

70%的科技创新成果以及80%的就业贡献源泉，但是民营企业常年面临的是融资难融资贵的问题，融资难题不解决又会进一步约束企业的创新投入，在我国大众创业万众创新的背景下，民营企业的融资难题不解决，国家的创新驱动效能难以凸显。本节的研究中，国有资本作为资本方参股民营企业，并通过一系列的资本手段实现了对民营企业的控股，进一步发挥双方的协同作用，促进了民营企业的创新能力。因此民营企业在陷入经济困难的情况下，向国有资本"求助"也不失为一个好选项。而且经过本节的研究也可以发现，B企业引入国有资本对其创新能力提升的经验可以继续推广，但需要做到以下几点：

首先，民营企业需要打造自身企业的核心业务和核心技术，保证企业自身拥有较强的盈利能力，同时，在借助国有资本的资金投入和国有资本的政府关系的前提下，能够迅速调整经营方向和经营策略，聚焦核心业务和核心技术，利用国有资本的优势迅速提升自身的技术积累和技术壁垒，扩大企业自身的竞争优势，让企业扭亏为盈。同时，企业应当加大对核心骨干和技术人员的激励力度，起到稳定核心团队和技术骨干的作用，确保企业的核心技术团队不流失。而且合理的激励政策有利于激发员工的创新意识和创新主动性，进而能够提升企业的创新能力。

其次，在引入国有资本后，国有资本以及民营企业双方要做好市场资源以及企业文化的整合，发挥双方的协同效应。民营企业能够吸引国有资本参股主要是因为企业拥有优质的技术资源，且能够填补国有企业在某一产业链上的版图，双方在参股时就有优势互补的前提，国有资本在参股后通过对民营企业非核心业务的剥离，同时以自身的资源优势为民营企业打开市场，提升了民营企业的市场竞争力，进而实现了对市场资源的整合。在企业文化方面，国有企业与民营企业之间的文化存在较大的差异，国有企业作为参股一方在对企业的制度进行改造时，需要注重双方的企业文化差异，企业文化的认同感是员工群体身份认同的重要依据。参股双方的协同效应好不好，不仅仅看财务绩效的表现，还要看人力资本的表现，如果核心员工的流失率较大，则说明员工对公司的认同感较小，对公司企业文化的变化难以接受，此时企业的协同效应发挥也不会很好。

最后，国有资本参股后，需要参与进企业公司治理的各个环节，而面对国有企业法人可能存在所有者缺位的问题，可以通过改造党组织，采用将党组织嵌入企业的管理过程中的方法，缓解双方的委托代理问题，并且起到明确国有法人产权边界，对其应当行使的权利以及需要履行的义务制定边界，做到产权明晰，才能够发挥国有法人的作用以及党组织嵌入后的长效治理效能。

3. 研究不足与展望。

本节在选择研究方法时选用扎根理论主要是因为扎根理论能够通过对各条信息之间的逻辑关系进行梳理，通过对各种信息的不断归纳总结，形成概念、范畴，实现了基于数据资料的理论模型构建，扎根理论的每一步都可以找到支撑的根源，是比较适合分析在多种因素相互影响的作用下，对某一现象的影响路径及作用机制。但是，在使用扎根理论过程中，需要有大量的数据资料作为理论的支撑，还需要有严密的逻辑思维对数据进行归纳总结，综合而言，本节研究存在以下问题：

（1）本节研究尚未取得一手资料，而扎根理论的研究方法又需要较多的权威性强、可靠性高的资料作为依据，为了解决这一问题，本节在研究时主要使用的信息披露完整，有较多机构进行调研的企业进行分析，本节的分析结论可能不适用于非 A 股上市的企业。所以，未来如有机会可以对本节的研究进行补充，应补充一些非上市的企业，获取其一手资料，对本节的模型进行再一次的检验。

（2）本节研究所使用的资料均为企业对外披露的信息，属于二手资料，尽管已经使用了多种渠道对资料进行分析以及相互验证，尽可能地保证所选取的资料的客观公正，但是本节研究也只能局限于对二手数据进行分析，没有一手资料的支撑可能对模型的实用性产生一定的影响。因此在未来如果有机会，可以结合一手资料，对本节的模型构建和验证过程进行进一步的分析。

（3）在本轮国有企业改革的过程中，大多数是以民营企业参股国有企业为主，而国有企业参股民营企业的案例较少，因此本节所构建模型可能仅适用于国有资本参股民营企业的样本，同时也有可能仅对环保行业的企业有一定的参考意义，而无法做到大范围的普及。因此未来如有机会，可以将样本扩大至更多的行业，以检验模型的可靠性。

4.3　国有企业整体上市的混改绩效及其作用机制分析[①]

4.3.1　引言

1. 研究背景。

在我国资本市场发展初期，企业为了满足较为严格的上市条件，采取分拆的方式实现优质资产上市。随着资本市场机制不断完善，逐渐暴露出分拆上市给集团公司和上市子公司带来的负面影响，如大股东利用关联交易转移利润，同业竞争问题加剧集团内部资源消耗。

为解决分拆上市带来的问题，证监会和国务院国资委从 2003 年起逐步探索如何通过整体上市推进国有企业改革。2005 年 11 月发布的《关于提高上市公司质量意见》中，证监会提出企业可以通过资本市场扩大企业规模，提升企业资产质量和企业管理水平，支持符合条件的、业绩表现优秀的大型企业通过定向增发等方式进行并购重组，从而实现企业核心资产整体上市。国务院国资委于 2006 年 12 月发布《关于推进国有资本调整和国有企业重组的指导意见》，支持已上市的国有企业采取定向增发、换股并购等方式，将核心资产与主营业务全部注入上市平台。鼓励大型国有企业通过调整和重组，提高综合竞争力，促进大型国有企业强强联合，以提升产业集中度，尤其重视电信、电力、民航等行业国有

---

① 作为广东省自然科学基金面上项目（课题编号：2021A1515011479）的前期研究基础，部分数据用于本人学生黄美慧的硕士论文。

企业的重组。整体上市逐渐成为国有企业混合所有制改革的重要方式之一。

"整体上市"是相对于分拆上市而言的具有中国特色的资产重组形式，指的是集团公司将其主业资产注入上市子公司。与其他混合所有制改革方式相比，整体上市使得国有企业充分受到外部资本市场监督，并提高了国有企业的融资能力，促进了集团公司的资源整合和优化配置。在国有企业混合所有制改革和电力行业改革的背景下，C 企业积极响应政策号召。整体上市后，C 企业取得了较好的协同效应，进一步改善企业绩效，满足了企业做优做强、开拓海外市场、提升综合竞争力的内在发展需求。C 企业的整体上市方案及后续资源整合模式，为公益类国有企业混合所有制改革提供了经验借鉴。

2. 研究意义。

在理论意义层面，本节丰富了国有企业整体上市的案例研究。从国内现有整体上市的绩效研究上看，大部分学者采用实证研究，亦有部分学者采用案例研究分析市场反应和财务指标。本节创新地从机构投资者评价视角和社会责任履行情况评价 C 企业整体上市后的表现，将新闻学研究中的文本分析法和情感分析法用于机构投资者评价研究，为会计学领域的绩效研究提供了一个新的视角。

在实践意义层面，C 企业作为国家电网下属首个实现整体上市的企业，积极响应国资委推进电力行业混合所有制改革的号召，整体上市后的 C 企业实现了资源的优化配置并且盈利能力显著提升，作为国有企业不负使命地积极履行社会责任。本节通过探究整体上市后的企业活动，详细阐释整体上市对 C 企业绩效的作用路径。在国企改革三年行动攻坚期背景下，C 企业整体上市的案例研究为推进混改的国有企业提供了经验借鉴，使它们根据自身企业优势和特点，选择合适的模式实现整体上市，有效解决同业竞争问题，提升企业整体绩效，提高企业综合竞争力。

4.3.2 文献综述

1. 相关概念。

（1）整体上市的内涵。

"整体上市"是具有中国特色的企业资产重组形式，指的是非公司制企业将其主业资产改制为股份有限公司进行上市，或股份有限公司的控股股东将其主业资产注入上市公司（王超，2013）。早期企业为了满足较为严格的上市条件，采取分拆的方式实现优质资产上市。随着资本市场机制不断完善，逐渐暴露出分拆上市带来的负面影响。为解决分拆上市的弊端，从 2004 年开始国家政策鼓励企业集团整体上市，并逐步将整体上市模式纳入国有企业混合所有制改革的重要方式之一。通过整体上市企业可以直接解决集团内部的同业竞争问题，减少关联交易，进一步整合内部资源，提高资源配置效率，实现协同效应。另外，集团将主业资产注入上市平台，使得集团主要资产在公开市场中流通，实现集团资产证券化，有利于提高资产流动性，增强融资能力。

"整体上市"是相对于分拆上市而提出的，其内涵还包括主业资产全部上市、不留存续非上市资产以及集团公司上市等多层含义（王勇，2011）。因此国有企业在选择整体上市时应处理好两个关系：一是上市公司与存续资产的关系，应选择符合条件的非上市存续资产注入上市平台；二是上市公司与集团的关系，集团可选择集团自身上市，或仅作为上市平台的控股股东，或直接注销（凌文，2012）。在本案例中，控股股东 C 集团将其主要经营性资产及负债全部注入上市子公司 C 企业，实现 C 集团主业资产的整体上市，整体上市后 C 集团的角色定位是上市平台 C 企业的控股股东，国有资本仍保持绝对的控制权。

（2）整体上市的模式。

国内学者对整体上市模式的分类未能达成一致，研究结论分为"三模式说""四模式说"和"五模式说"。本节将对业界普遍认同的由国资委发布的国有企业整体上市框架进行详细阐释。

2007 年，国资委初步确定国有企业整体上市框架为"两个阶段、四种模式"。"两个阶段"指的是国有企业整体上市分为两个阶段：先剥离托管，后整体上市。国有企业先将不良资产剥离，交由中央企业发展托管公司或国有企业资本经营公司托管，当集团获取发行新股上市资格或上市子公司具备再融资资格时实现集团整体上市。"四种模式"指的是 A＋H 模式、反向收购母公司模式、换股吸收合并模式、换股 IPO 模式（见表 4－37）。

表 4－37　　　　　　　　　　　　　　整体上市模式比较

整体上市模式	特征	注入资产方式	典型案例
A＋H 模式	吸引国外资本，拓宽融资渠道	集团公司在中国 A 股市场和港交所同时上市	中国银行
反向收购母公司模式	目前最多公司选择的形式；通常采用定向增发作为支付方式	上市子公司收购母公司资产；上市子公司吸收合并母公司	武钢集团，云南白药
换股吸收合并模式	适用于集团母公司旗下存在多个具有相同业务的上市子公司的情况	选择以其中一个上市子公司为主体，通过换股的方式吸收合并其余子公司	招商蛇口
换股 IPO 模式	适用于处于快速发展阶段的集团公司	集团通过与公众股东换股，吸收合并上市子公司，再从集团层面发行新股上市	TCL 集团

资料来源：本节研究整理。

A＋H 模式即在中国 A 股市场和港交所同时上市的模式，也被称为交叉上市。这种方式有利于企业借助港交所平台吸引国外资本，拓宽融资渠道；在较发达的境外证券市场上市，在更严格和完善的市场规范、监督体系约束下，有利于企业提高管理水平。采取该模式的典型案例有中国银行。

反向收购母公司模式指的是上市子公司收购母公司资产，即集团母公司将主要资产注入上市平台；以及上市子公司反向收购母公司股权，即上市子公司吸收合并母公司。这种模式是目前较多公司选择的形式。根据支付方式的不同，该模式可以进一步细分为定向增发、再融资和自有资金支付三种形式。采取该模式的典型案例有武钢集团、云南白药，本节案例公司 C 企业亦采取这种模式。

换股吸收合并模式指的是，当集团母公司旗下存在多个具有相同业务的上市子公司时，选择以其中一个上市子公司为主体，通过换股的方式吸收合并其余公司，实现集团同业资产合为一个整体。若各上市子公司之间主营业务或产品线较为相似，通过吸收合并优化内部资源配置，扩大同类业务规模，降低生产成本，提高集团内部资源利用率。若各上市子公司经营业务处于同一产业链上不同环节，通过换股吸收合并有利于形成完整产业链，完善公司产品线，获得协同效应。采取该模式的典型案例有招商蛇口。

换股 IPO 模式即集团通过与公众股东换股，吸收合并上市子公司，再从集团层面发行新股上市。这种模式更适合处于快速发展阶段的集团公司，有利于集团公司筹集大量资金。采取该模式的典型案例有 TCL 集团。

2. 文献综述。

整体上市最初是为解决分拆上市和股权分置弊端而产生的我国特有的资产重组模式，故此国外资本市场研究很少涉及。由于 C 企业的整体上市本质上属于资产重组中的企业对外并购扩张，本节国外文献综述整理的是与并购重组理论相关的文献，具有一定的借鉴价值。

（1）关于整体上市动因的研究。

自股权分置改革完成后，企业改制并完成整体上市成为研究热点。国内学者对整体上市动因的研究结论可以归纳为外部动因和内部动因两个角度。

在外部动因方面，国内学者主要关注的是外部政策环境。何志强（2005）认为，整体上市是国企改制和证券市场进一步发展的必然要求，同时也受到政府及国家政策的大力支持，2004 年出台的《国务院关于推进资本市场改革开放和稳定发展的若干意见》以及国务院国资委年中会议中都提及"支持有条件的国有企业把优质资产注入上市平台"。綦好东和郭骏超等（2017）认为整体上市是国有企业混合所有制改革的方式之一，企业推进整体上市是在积极响应国家号召。

在内部动因方面，国内学者主要是结合企业自身经营发展需求以及整体上市对企业绩效的影响机制进行分析。何志强（2005）在研究中提出企业整体上市是出于获取规模经济效益、降低交易费用、拓宽融资渠道的内在需求，以及在薪酬激励下出于管理者内在冲动心理。许金峰（2007）提出企业整体上市有利于提高资源配置效率、规范公司经营和组织架构、提高综合竞争力，所以当企业有改善内部经营、调整战略的需求时会考虑整体上市。张安榕（2011）发现，由于整体上市促进企业做大做强，为股东带来财富效应，因此大股东的利益驱动、管理层的冲动心理会促使企业整体上市。杨红芬（2011）则进一步从两个视角深入分析企业整体上市的内在动因：基于内部资本市场视角，企业整体上市是为了降低融资成本和提高企业资源配置的效率；基于企业边界视角，整体上市后国有企业在生产上可以获得规模经济效益，在组织上通过调整和简化组织架构以达到降低集团管理费用、促进集约化管理的目的。佟岩（2016）认为完善上下游产业链、资产整合、做优做强主营业务是企业整体上市的三类主要动因。王志彬（2008）和张冰石（2019）均提出，集团整体上市可以减少内部关联交易、缓解同业竞争、巩固大股东的控制权，所以当存在大量关联交易问题、同业竞争产生的内耗问题以及需要增强大股东对企业的支持时，企业往往会选择整体上市以解决以上问题。

并购重组产生正向收益，其中被收购方公司股东获得正收益，收购方公司也不会遭受损失（Jensen，1983）。进一步提出，当企业有优化资源配置的需求时，会采取并购重组的方式，解决内部代理问题（Jensen，1986）。宏观经济、政策法规、技术变革等都会促成行业并购浪潮（Harford，2004）。但不是所有的变革都会促使多数企业展开并购，这取决于资本流动性。在行业并购浪潮中，企业通过并购重组来整合优化内部资源，从而取得协同效应。亚历山德里迪斯（2012）对 2003~2007 年第六次并购浪潮进行实证研究，研究发现并购浪潮是由充足的市场资本流动性驱动的，其检验结果验证了上述学者的结论。也有研究认为企业并购重组活动是出于管理层的自利性行为和自负心理。当管理层持有较少公司股份或者不持有公司股份时，他们会进行自利性并购，通过扩大公司规模以获取个人优待（Jensen & Meckling，1976）。罗尔（1986）以自负假说理论为基础，提出自负心理会影响管理层做出的并购决策。而从行为金融的角度切入，可以构建一个股市驱动企业并购行为的模型，当股票价值被高估时，企业的并购活动大幅增加且企业会采取股票支付的方式进行并购（Shleifer & Vishny，2003）。除此之外，媒体报道也会影响企业并购支付方式（何苏燕，2021）。中小股东的社交媒体"发声"也会影响企业并购偏好（罗劲博和窦超，2022）。

（2）关于整体上市模式的研究。

国内学者对整体上市模式的研究主要集中在 2004~2010 年期间。对于整体上市模式的分类，国内学者存在不同的看法，主要可以分为"三模式说""四模式说""五模式说"。

方其澎（2004）、刘宏（2008）选取已完成整体上市的三个典型案例企业 TCL 集团、武钢股份和百联集团进行分析，将三个企业对应的模式归纳为三类：换股 IPO 模式、反向收购模式和换股吸收合并模式。尹筑嘉（2008）则是通过两级模式对整体上市模式的类别进行阐释，在借壳模式、造壳模式、并壳模式这三个一级模式下进一步细分成六个二级模式，并指出借壳模式下的资产注入模式和资产置换模式是最多企业选择的整体上市模式。

易山（2006）在"三模式说"的基础上，增加了定向增发收购模式，构成换股 IPO、换股并购、再融资反向收购和定向增发收购"四模式说"。罗忠洲（2010）将整体上市模式细分为三级，其中一级分类包括增发反向收购模式、换股 IPO 模式、换股吸收合并模式、自有资金反向收购模式，在一级分类基础上根据增发对象属性、支付方式等因素进一步划分二级分类和三级分类。

"五模式说"本质上是对"三模式说"的具体细化。钱启东（2004）提出的"五模式说"，具体包括：吸收合并公开募股、反向收购、控股 IPO、集团内吸收合并、定向增发模式。罗亚斌（2005）同样将整体上市模式分为五类，并首次提出大股东以股抵债模式、金融控股公司模式和其他模式三个类别。

（3）关于整体上市绩效的研究。

国内学者对于整体上市绩效的研究主要可以归纳为短期绩效和长期绩效，大部分学者认为整体上市能提高企业绩效。

在短期绩效方面，整体上市对企业短期股价有正向影响。邓康林（2010）研究发现企业公告整体上市相关消息能给企业增加股东财富并带来正的市场反应，且距离公告日越近，超额收益率越高。欧阳世泉和唐宗明（2010）采用事件研究法分析了 40 个样本公司整体上市后的市场反应，发现整体上市促进公司股价提升。刘亭立（2015）以华侨城为案例，通过分析超额收益率的变化验证了整体上市给企业带来正向的短期市场反应。由于越来越多的公司采用定向增发模式实现整体上市，国内学者进一步深入研究采取这种模式对公司绩效产生的影响。章卫东（2007）通过实证研究发现，与公开增发新股模式相比，采取定向增发模式整体上市带来的正向财富效应、宣告效应更为显著。贾钢（2009）也得到相似的结论，并进一步提出整体上市前后控股股东持股比例差距越大的公司，可以获得更强的财富效应。王志彬（2008）发现定向增发新股整体上市的公司通过减少关联交易、减少同业竞争、巩固大股东的控制权，来提高公司短期股票价格。佟岩（2015）提出定向增发模式的整体上市能够给公司带来显著为正的市场反应，且有机构投资者参与的公司正向市场反应更为显著。朱嘉伟和陈洁（2020）研究发现，在整体上市的混改模式下，企业技术、资本和劳动要素投入效率显著提升。

在长期绩效方面，整体上市对反映公司经营状况的各项财务指标以及非财务绩效有正向作用。许多学者采用因子分析法构建财务绩效的评价体系对整体上市的长期绩效展开研究。魏成龙（2012）对国有企业整体上市前后三年的绩效进行实证研究，发现整体上市当年国有企业绩效显著提高，但整体上市对国有企业绩效的促进作用不具备延续性，整体上市后三年的绩效都不及整体上市当年的绩效。纪成君（2014）也得到相似的结论。宋吉文（2015）以同样的方法和样本期间进行研究，得出相反的结论，认为整体上市对公司绩效的影响具有滞后性，即整体上市后三年的绩效优于整体上市当年绩效。有的学者采用长期事件研究法，通过计算 BHAR 值（即购入 - 持有异常收益），分析整体上市后的长期市场反应。孟雪莹（2016）对 72 家完成整体上市的企业数据进行实证研究，发现企业通过整体上市可以获得长期的财富效应。另外，亦有部分学者研究整体上市对公司非财务绩效的影响。王永海（2012）认为集团公司整体上市有利于扩大公司规模，减少集团内部的关联交易，缓解同业竞争问题，完善治理结构；资产在公开市场中流通可以给企业带来资本溢价效应。李福祥（2011）提出国有企业整体上市有利于国有资本保值增值。佟岩（2015）研究发现，企业通过整体上市改善公司治理和经营状态，抑制非效率投资行为，促使企业管理层做出理性的投资决策。

然而，有部分学者认为整体上市对企业绩效产生负面影响。莫磊（2013）认为整体上市的资本运作不能显著提升企业业绩，且非国有资本控股的上市公司与国有企业相比，整体上市资本运作对业绩的提升更为显著。刘美玉（2011）通过实证研究发现，整体上市能够显著提升公司短期绩效，但短期绩效存在"虚高"现象，且长期绩效并未显著改善。尹筑嘉（2013）提出相似的研究结论，整体上市未能提高公司中长期的收益和效率，公司股票也无法带给长期投资者显著的超额收益，并指出整体上市甚至加剧了小股东利益被侵害的现象。罗忠洲（2010）选取的 27 个研究样本中，五成以上的公司没有实现盈利预测目标，部分整体上市的公司关联交易额增加，"一股独大"的问题加剧。肖万（2013）研究发现，采用定向增发模式的整体上市和一般的定向增资扩股均无法提高公司的长期经营业绩。

部分国外学者认为，并购重组可以显著提升公司的业绩。以美国具有代表性的 50 起并购重组活动为研究样本，可以发现并购重组后公司的业绩有所提升（Healy，1992）。于 1971～1982 年发生的 271 个并购重组案例中，其中 56% 的企业获得正效益或没有损失，44% 的企业并购产生损失（Kaplan & Weisbach，1992）。布鲁纳和伊兹等（2002）收集了更多的并购重组案例，对 300 个案例公司并购重组后的短期绩效进行研究，发现大于 90% 的企业并购重组后超额收益率在 20% 以上。根据美国上市公司的股价变动特点，可以发现资本市场的投资者认为企业进行并购重组活动是利好消息，企业宣告并购重组时会给投资者带来超额收益（Wruck & Wu，2007）。若采取事件研究法对 1992～2009 年进行并购重组活动的企业的短期绩效进行研究，可以发现大于 80% 的企业短期绩效有所提升（Netter et al.，2011）。以 2008～2014 年 155 个英国企业为样本，通过因子分析法构建财务绩效指标体系对企业长期绩效展开研究，发现研究样本中有三分之二企业的长期绩效有所提升，企业资源得到优化和有效整合（Woodlifr & Supriadi，2015）。但仍有部分学者认为，公司进行并购重组活动后的业绩保持不变甚至业绩下降。有学者通过比较同一行业中进行并购活动的企业和未进行并购活动的企业，发现进行并购活动的企业业绩没有显著提升（Langetieg，1978）。另一部分学者进行了相似的使用对照组的对比研究，研究结果表明企业并购重组后的业绩下降（Magenheim，1988；Agrawal，1992）。以 36 起澳大利亚工业企业并购案为研究样本，也有学者发现并购重组没有显著改善样本企业的经营绩效也没有产生协同效应（Sharma，2002）。此外，若检验 1980～2001 年间的 12 023 起并购案样本，也可以发现这些公司的股东总共损失了 2 180 亿美元，并购重组后超额收益率为负，且企业财务绩效也有所下降（Moeller & Schlingemann，2003）。

（4）文献述评。

通过对国内外文献的梳理，本部分从整体上市的动因、模式、绩效三个方面对文献进行评述。

第一，在动因方面，国内学者的研究成果主要可以分为内部动因和外部动因两个角度。内部动因主要包括融资需求、改善公司治理体系、获取协同效应、创造企业发展活力。外部动因主要包括深化国企改革的需要、获取国家政策优惠、产业转型。国外学者认为并购重组动因主要是企业想通过重组来优化资源配置，从而获得协同效应，也有学者认为企业并购重组是出于管理层的自负心理。部分国外学者从外部市场角度阐释并购重组的动因，认为并购浪潮和股市估值偏差会促使企业进行并购重组。

第二，在模式方面，国内学者对整体上市模式的研究主要集中于 2004 年至 2010 年期间，国内学者对整体上市模式存在多种的分类方法，对模式分类的研究已趋于成熟。国内学者最初依据整体上市的典型案例，结合重组形式和支付方式，将整体上市模式分为 IPO 模式、反向收购模式、换股吸收合并模式共三个类别。以"三模式说"为基础，"四模式说"和"五模式说"进一步细化分类和分级。

第三，在绩效方面，国内学者的研究结论未能达成一致。大部分国内学者认为整体上市不仅能在短期内提升企业股价，在长期上也能提升企业的财务绩效，同时整体上市有利于集团解决同业竞争问题、减少关联交易、提高资源配置效率、完善公司治理。仍有部分学者认为整体上市对企业绩效的提升作用并不显著,尤其是在长期绩效上。同样地,国外学者的研究结论也存在分歧,部分学者认为并购重组促进企业业绩提升,并购重组后企业不仅获得正向的市场反应,长期绩效也有所提升。但部分学者认为企业进行并购重组后业绩不变甚至出现业绩下滑的现象。

3. 理论基础。

(1) 规模经济理论。

规模经济理论是经济学的基本理论之一,指的是当生产规模达到一定程度时,企业的产量越高,产品的单位成本越低,即扩大生产规模能有效促进单位平均生产成本的降低。企业可以通过并购重组实现内在规模经济和外在规模经济。企业实现内在规模经济主要由于:通过横向并购重组,实现同类产品的单一化生产,提高生产效率,减少经营风险;通过纵向并购重组,整合同一生产流程的各环节,完善企业生产产业链,降低交易成本。企业实现外在规模经济主要由于:通过并购优质标的资产,增强企业综合竞争力,拓展市场占有率,寻求新的盈利增长点。《国富论》中的观点是规模经济理论的起源,即劳动分工提高了工人的生产效率,而劳动分工的前提是大规模批量生产(Adam Smith,1776)。在《经济学原理》一书中首次出现规模经济这一概念,论述了规模经济形成的两种途径;提出了规模经济报酬的变化规律,规模经济报酬随着生产规模扩大而增加,但达到一定程度后,即使生产规模继续扩大,规模经济报酬将不再继续增加,而是依次经历保持不变以及下降两个阶段;并且发现规模经济会导致垄断问题,进一步破坏市场的价格机制(Alfred Marshall,1890)。

依据规模经济理论,企业可以通过并购重组,扩大生产规模,降低单位平均生产成本,实现规模效益。整体上市本质上属于资产重组中的企业对外并购扩张。C 企业通过整体上市,收购集团母公司下属子公司,整体上市后整合同类业务,促进生产技术、资源的共享,推进生产体系协同,提高生产的集约化管控程度,有效提高生产效率,降低生产成本。同时,通过纵向收购电力二次设备业务,丰富了该领域的产品线,完善了企业在电力行业的产业链,有效降低外部市场交易成本。

(2) 企业边界理论。

企业边界指的是企业基于自身核心能力,在与市场互相作用的过程中形成的经营范围和经营规模。企业边界的含义可以进一步从纵向和横向两个维度进行阐释:纵向边界即企业的经营范围,据此区分出由企业完成的经营活动和由市场手段完成的经营活动;横向边界即生产规模,由企业的经营范围决定。经营效率是决定企业边界的关键要素。《企业的本质》一书中,"交易成本"这一概念用于解释企业边界问题(Ronald & Coase,1937)。书中把"交易成本"定义为"利用市场价格机制而产生的费用",企业边界主要由外部市场交易成本和企业内部管理协调成本决定。当企业外部市场交易成本高于内部管理协调成本时,企业会扩大经营规模和经营范围,即扩大企业边界。企业内部管理协调的边际成本随企业规模的扩大而递增,因此企业不能无限地扩大经营规模。企业边界随着外部市场交易成本和内部管理协调成本的关系变化呈现动态变化的状态,当市场交易的边际成本等于企业内部管理协调的成本时，企业规模达到一个相对平衡的状态，即较适合的企业边界。因此国有企业通过整体上市，扩大上市公司的企业边界，降低外部市场交易成本，促使企业经营规模和经营范围达到更优状态。

依据企业边界理论，由于集团下属的多个子公司之间同业竞争问题加剧，集团外部市场交易成本提高，因此企业通过扩大企业边界，促使企业经营规模和经营范围达到更优状态。如 C 企业通过整体上市扩大企业边界，以解决同业竞争问题。但企业进行重大重组时会产生并购成本、中介费用、管理成本，企业不能无限地扩大经营规模，因此 C 集团注入的标的资产均与 C 企业具有相同的业务，以此优化企业资源配置，降低企业内部管理协调的成本。C 企业在调节企业边界的过程中，外部市场交易成本和内部管理协调成本呈现动态变化并趋于一个相对平衡的状态，企业边界也达到最优状态，有利于企业提高经营效率，提升企业绩效。

（3）协同效应理论。

"协同效应"这一概念首次出现是在物理学领域，由安索夫（1965）在《公司战略》中引入管理学领域。协同效应指的是两个或多个企业合并之后成立新企业，新企业的企业价值和绩效优于合并前任意一个企业个体。日本管理学家伊丹敬之（1990）在《新经营战略理论》中对安索夫的协同效应理论做出进一步的补充，协同效应的产生需要企业内部条件和外部环境相结合，其中内部条件包括内部优质资源和完善的公司治理结构等，外部环境包括产业链上下游利益相关者、市场竞争者等。经营协同、管理协同和财务协同是协同效应的三个细分层面。经营协同效应主要体现在企业通过整合同类业务提高生产经营效率，实现资源之间的优势互补，短期内带来业务规模扩大和收益的增加，长期上对企业创新能力和发展能力产生促进作用。管理协同效应主要体现在提高企业管理效率，减少管理费用，优化公司治理结构。财务协同效应主要体现在合理避税、降低筹资成本、优化资金配置和投资结构等。

根据协同效应理论，合并后新企业的企业价值和绩效优于合并前任意一个企业个体，则企业合并产生了协同效应。如本案例 C 企业，整体上市后通过优化内部资源配置，加强了经营、管理、研发方面的内部协同：在经营方面，整合内部同类业务，促进生产、市场等资源的共享与融合，提高经营效率；在管理方面，优化内部组织架构，通过设立事业部对同类业务公司加强集约化统筹管理，降低管理费用；在研发方面，优化研发组织架构，加强企业内部共性技术研究以及共性产品研发平台的构建，提高研发效率。因此企业通过整体上市，加强企业经营层面、管理层面、研发层面的内部协同，促进企业综合竞争力的提高和业绩提升。

4.3.3　案例介绍

1. 整体上市各方的基本情况。

（1）C 企业简介。

2001 年 2 月，经国家经贸委批准，以 C 集团为首的八家公司在南京联合发起成立了 C

企业。2003 年 10 月 16 日，C 企业正式在上海证券交易所挂牌上市，是国家电网下属第一家上市公司。公司的主营业务是为电网自动化行业的客户提供软件和硬件服务，C 企业是电网自动化、工业控制领域的龙头企业，拥有领先世界的技术。2017 年整体上市后，公司主要业务包括四大板块：电网自动化及工业控制、继电保护及柔性输电、电力自动化信息通信、发电及水利环保。

自成立以来，C 企业持续稳步发展。2003～2020 年，C 企业通过多次增资扩股，总股本从 10 900 万股扩张至 462 173 万股。资产总额也由 2003 年的 8.23 亿元增加至 2020 年的 659.60 亿元。2020 年度实现总营业收入 385 亿元。C 企业下设有 C 研究院、五大事业部以及 47 家子公司。C 企业原隶属于国网电科院及 C 集团，图 4-19 为 C 企业整体上市前的简要股权穿透图。

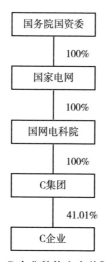

图 4-19　C 企业整体上市前股权穿透图

资料来源：公司年报。

（2）C 集团简介。

C 集团成立于 1993 年，隶属于国家电网有限公司，是我国电力能源和工业控制领域的龙头企业。C 集团主要业务涵盖电力系统自动化、水利水电自动化等领域。C 集团总部位于南京，拥有 8 个研究所和三十余个产业公司，在 2017 年完成公司制改制。截至 2020 年 12 月 31 日，C 集团现有总资产超过 450 亿元，员工 2 万余人。C 集团在特高压、智能电网、继电保护领域已取得了领先世界的研究成果，已获得 1 200 余项专利授权。

（3）其他参与主体简介。

①国网电科院简介。

国网电科院成立于 2001 年 12 月 4 日，是国家电网有限公司直属科研单位。成立初期，企业性质为全民所有制，2017 年改制为国有一人有限责任公司制。国网电科院主要从事的技术研究包括电力系统自动化、交直流高电压技术等，目前已获得 527 项科研成果和 117 项专利授权。

②沈国荣简介。

沈国荣是我国电力系统自动化专家、中国工程院院士，多年来深耕于电力系统继电保护、特高压交直流输电和柔性交直流输电等领域的技术研究。沈国荣原为继保电气董事长及第二大股东，整体上市前持有继保电气 20.761% 的股权。

③云南能投简介。

云南能投成立于 2012 年，实控人为云南国资委，主营业务包括清洁能源、能源金融、国际化、综合业务。近年来大力发展能源金融和能源建设业务，致力于"绿色能源"和"数字云南"建设。截至 2020 年 12 月 31 日，云南能投拥有总资产超 2 000 亿元。

2. 整体上市动因。

（1）解决同业竞争问题。

本次整体上市前，在电网自动化及工业控制业务、发电及水利环保业务领域，C 企业与国网电科院、C 集团及其下属企业存在同业竞争。同业竞争容易导致资源配置效率低下，集团下属多个子公司拥有独立的供应商渠道、生产技术、营销渠道等资源，但由于存在同业竞争，资源无法共享。甚至出现恶意竞争问题，加剧集团资源内耗，损害集团的整体效益。早在 2013 年 C 企业进行重大资产重组时，国网电科院以及 C 集团承诺在未来三年内解决下属企业与 C 企业之间的同业竞争问题。C 企业通过定向增发与现金支付相结合的方式，收购 C 集团主要业务和资产以及 C 企业旗下电网自动化、电力二次设备业务，能够直接有效地解决集团内部同业竞争问题，而这也是减少内耗、提高内部资源利用率的必然要求。

（2）提升上市公司综合竞争力。

本次整体上市，国网电科院、C 集团等交易参与方向 C 企业注入超 200 亿优质资产，给上市公司 C 企业带来的最直接的影响是迅速扩大企业资产规模，将上市公司"做大做强"。整体上市后，C 企业拓展了原有电网自动化业务、水利环保业务的市场规模，扩大了营业收入，加强了同类业务的集约化管理，促进了资源配置效率的提高；新增多项电力二次设备业务，新增业务成为 C 企业新的盈利增长点，对盈利能力有直接的提升作用；整体上市后注入的印尼和巴西公司资产有利于 C 企业拓展海外市场的产品销售、工程承包。本次整体上市进一步扩充了 C 企业的业务，开拓了海外市场，完善了上市公司的产业链和产品线，提升 C 企业的综合竞争力，稳固了其在电网自动化行业的龙头地位。

3. 整体上市方案及进程。

（1）整体上市进程梳理。

本节对 C 企业公告进行整理，其整体上市进程如表 4 - 38 所示。

表 4 - 38 C 企业整体上市进程

时间	公告内容
2017/01/12	重大资产重组停牌公告
2017/03/28	公司已与国网电科院、C 集团签订了《重大资产重组框架协议》

时间	公告内容
2017/05/17	公告了《发行股份及支付现金购买资产并募集配套资金暨关联交易预案》
2017/06/08	公司股票复牌
2017/08/01	发布重大资产重组标的资产模拟汇总审计报告及各标的资产审计报告、资产评估报告；首次发布《发行股份及支付现金购买资产并募集配套资金暨关联交易报告书（草案）》
2017/08/18	重大资产重组获国务院国资委批复
2017/10/19	由于中国证监会并购重组审核委员会审核公司重大资产重组事项，公司股票停牌
2017/10/21	重大资产重组通过商务部反垄断审查
2017/10/26	重大资产重组事项获得中国证监会并购重组委员会审核通过；公司股票复牌
2017/12/09	发行股份及支付现金购买资产并募集配套资金获得中国证监会核准批复，并发布《发行股份及支付现金购买资产并募集配套资金暨关联交易报告书》
2017/12/23	本次重大资产重组事项已完成资产交割

资料来源：根据公司公告整理。

（2）整体上市方案。

整体上市方案主要包含两个部分，其一为通过定向增发和现金支付相结合的方式购买 C 集团的主业资产以及国网电科院、沈国荣、云南能投持有的标的资产股权，其二为通过非公开发行的方式募集配套资金。如上表所示，本次重组涉及的标的资产共有 16 项，交易对方为国网电科院、C 集团、沈国荣和云南能投。本次重组标的资产整体作价为 2 668 003.97 万元，其中现金支付金额为 251 381.50 万元，占标的资产总额的 9.42%。本次重组附有业绩承诺及补偿条款，盈利补偿期间为 2017 年、2018 年及 2019 年三年。此外，C 企业向 7 名机构投资者非公开发行股票，募集配套资金 610 328.00 万元。募集的配套资金主要用于标的资产相关产业化项目投资以及支付交易对价等用途。其中约 34.3 亿元用于募投项目，重点投入 IGBT 模块产业化、智慧水务等项目。

表 4 - 39　　　　　　　　　资产重组交易方式及标的资产

序号	交易对方	支付方式	标的资产
1	国网电科院	发行股份	普瑞特高压 100% 股权
2			设计公司 100% 股权
3			江宁基地及浦口房产土地

序号	交易对方	支付方式	标的资产
4		发行股份及支付现金	继保电气 79.239% 股权
5			C 集团主要经营性资产及负债
6			信通公司 100% 股权
7			普瑞工程 100% 股权
8			普瑞科技 100% 股权
9	C 集团		北京南瑞 100% 股权
10		发行股份	上海南瑞 100% 股权
11			印尼公司 90% 股权
12			巴西公司 99% 股权
13			瑞中数据 60% 股权
14			云南南瑞 65% 股权
15	沈国荣	发行股份	继保电气 7.761% 股权
16	云南能投	发行股份	云南南瑞 35% 股权

资料来源：公司公告。

（3）整体上市前后股权结构变化。

如图 4 - 20 和图 4 - 21 所示，整体上市后，国网电科院和 C 集团将继保电气、普瑞特高压、普瑞工程、云南南瑞等优质资产注入 C 企业，C 集团实现主要业务和核心资产的整体上市。

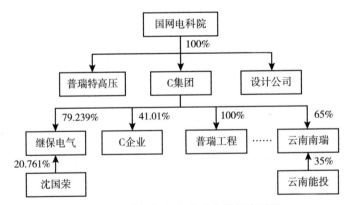

图 4 - 20　整体上市前 C 企业股权穿透图

资料来源：根据公司公告自行整理。

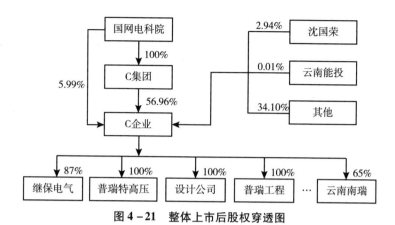

图4-21 整体上市后股权穿透图

资料来源：根据公司公告自行整理。

如表4-40所示，整体上市前，C集团为C企业的第一大股东，持有股票数量占总股本比例为41.01%。前十大股东中，除第一大股东外，其他股东持股比例都不超过3%，C集团对C企业具有绝对控制权。2006年12月，国资委《关于推进国有资本调整和国有企业重组的指导意见》明确指出"国有经济应对关系国家安全和国民经济命脉的重要行业和关键领域保持绝对控制力"，列示了包括电网电力行业在内的七大行业。股权结构多元化成为电网电力行业混改的一大难点，即如何在保证国有资本具有绝对控制权的情况下使得股权结构多元化。在政策指导下，C企业采取的方案是引入机构投资者和自然人持股。本次整体上市后，C集团仍为第一大股东，其持股比例增至56.96%，绝对控制权进一步稳固。第二大股东为国网电科院，持股5.99%。第三和第四大股东分别为自然人沈国荣和中国证券金融股份有限公司，持股比例均超过2%。C企业由于业绩优异，自上市以来受到众多机构投资者青睐。本次整体上市为募集配套资金，通过非公开发行的方式引入2家战略投资公司和5家基金公司共7位机构投资者。综上所述，本次整体上市在国有资本保持绝对控制权的前提下，引入自然人和机构投资者作为非公有资本，最大程度上使得股权多元化，有利于加强机构投资者和自然人对公司的外部监督，进一步维护广大中小股东的权益。另外，采取定向增发的方式进行资产重组以及募集配套资金，一定程度上提高了C企业的长期偿债能力，缓解资金压力。

表4-40 　　　　　　　　　　　　　C企业上市前后各大股东持股比例

股东名称	整体上市前		整体上市后	
	数量（万股）	比例	数量（万股）	比例
C集团	99 623.39	41.01%	239 326.63	56.96%
国网电科院	—	0.00%	25 173.28	5.99%
C集团及关联方合计	99 623.39	41.01%	264 499.91	62.95%
沈国荣	—	0.00%	12 372.67	2.94%

股东名称	整体上市前		整体上市后	
	数量（万股）	比例	数量（万股）	比例
云南能投	—	0.00%	52.53	0.01%
其他股东	143 271.95	58.99%	143 271.95	34.10%
总股本	242 895.34	100.00%	420 197.06	100.00%

资料来源：公司公告。

4.3.4 案例分析

1. C 企业整体上市绩效分析。

（1）市场反应分析。

本节采用事件研究法，分析整体上市这一事件给公司股东带来的短期财富效应，即市场反应。基于市场模型，使用估计期数据构建关于个股收益率和市场收益率的回归方程，拟合出公司在窗口期的预期正常收益率。计算窗口期内实际个股收益率与预期正常收益率差额得出超额收益率和累计超额收益率。通过分析超额收益率和累计超额收益率探究整体上市是否给 C 企业带来正向的市场反应。

①确定事件日。

在事件日的选择上，一般考虑公司向资本市场释放该事件相关信号的首次公告日。在本次 C 企业整体上市事件中，C 企业于 2017 年 5 月 17 日首次公告了本次重大资产重组预案，详细地披露了重大资产重组活动的相关信息。由于 C 企业在 2016 年 12 月 29 日至 2017 年 6 月 7 日期间处于停牌状态，采用顺延的方式，将事件日调整为首次公告发布日后进行正常交易的第一天，故选择距离 2017 年 5 月 17 日最近的复牌日 2017 年 6 月 8 日为事件日。

②确定窗口期和估计期。

彼得森（1989）的综述研究对采用事件研究法的文献进行了梳理，其综述中指出窗口期为事件日前后数日；估计期通常为窗口期前的一段时间，估计期的数据用于使用市场模型估算预期正常收益率；尽管会受到以往文献研究和制度因素的影响，窗口期长度的选择取决于研究者；估计期长度的选择同样取决于研究者，从以往的文献来看，采用日数据的研究估计期一般为 100~300 天，采用月度数据的研究估计期一般为 24~60 个月。如：可选择的窗口期为事件日前后 20 天（Dann，1984）；事件日前后 5 天（Brown and Warner，1985）；事件日前后 10 天（Eades，1985）。

因此，本节选择窗口期为事件日前后 10 个交易日。将事件日表示为 0，事件日前表示为负，事件日后表示为正，窗口期表示为 [-10, 10]。估计期为窗口期前 200 个交易日，即 2016 年 2 月 24 日至 2016 年 12 月 14 日，表示为 [-210, -11]。

③计算预期收益率。

本节基于市场模型，公式如（4-1）所示。被解释变量 R_{it} 为第 t 天的 C 企业个股收益率，解释变量为 R_{mt}，本节使用上证综合指数收益率来计算，收益率干扰项 ε_{it} 为零，α_i 为常数项，β_i 为敏感系数。

$$R_{it} = \alpha_i + \beta_i R_{mt} + \varepsilon_{it} \qquad (4-1)$$

使用估计期数据拟合出个股收益率和市场收益率的回归方程，公式如（4-2）所示，计算出正常收益率。

$$E(R)_i = \alpha_i + \beta_i R_{mt} \qquad (4-2)$$

使用 Excel 进行回归分析，结果如下表所示。敏感系数 $\beta_i = 1.109664577$，常数项 $\alpha_i = 0.056603817$，回归方程为 $E(R)_i = 0.056603817 + 1.109664577 R_{mt}$。

表 4-41　　　　　　　　　　　　　回归分析结果

项目	Coefficients	标准误差	t Stat	P-value
Intercept	0.056603817	0.104186281	0.543294348	0.587538275
X Variable 1	1.109664577	0.095087464	11.66993551	2.75246E-24

资料来源：Excel。

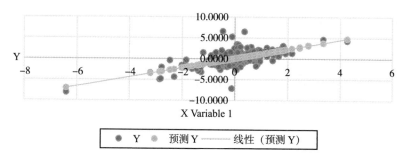

图 4-22　回归方程拟合图

资料来源：Excel。

④计算超额收益率和累计超额收益率。

用公式（4-3）和公式（4-4）计算超额收益率和累计超额收益率，计算结果如表 4-42 和图 4-23 所示。

$$AR_{it} = R_{it} - E(R)_{it} \qquad (4-3)$$

$$CAR_{it} = \sum AR_{it} \qquad (4-4)$$

表4－42 超额收益率和累计超额收益率计算结果 比率单位：%

窗口期	日期	个股实际 收益率	上证综指 收益率	预期正常 收益率	超额 收益率	累计超额 收益率
－10	2016－12－15	0.73350	－0.72770	－0.75090	1.48440	1.48440
－9	2016－12－16	－1.27430	0.17020	0.24547	－1.51977	－0.03537
－8	2016－12－19	0.43020	－0.15680	－0.11739	0.54759	0.51222
－7	2016－12－20	－2.63160	－0.48780	－0.48469	－2.14691	－1.63469
－6	2016－12－21	1.31990	1.11360	1.29233	0.02757	－1.60711
－5	2016－12－22	3.41190	0.06780	0.13184	3.28006	1.67295
－4	2016－12－23	1.07980	－0.93660	－0.98271	2.06251	3.73546
－3	2016－12－26	－0.71220	0.39920	0.49958	－1.21178	2.52367
－2	2016－12－27	0.29890	－0.25320	－0.22436	0.52326	3.04694
－1	2016－12－28	－0.89390	－0.39900	－0.38615	－0.50775	2.53919
0	2017－06－08	－2.46540	0.31870	0.41025	－2.87565	－0.33647
1	2017－06－09	9.98770	0.25610	0.34079	9.64691	9.31045
2	2017－06－12	1.79370	－0.58650	－0.59421	2.38791	11.69836
3	2017－06－13	0.00000	0.44160	0.54663	－0.54663	11.15173
4	2017－06－14	－2.14760	－0.73150	－0.75512	－1.39248	9.75924
5	2017－06－15	－2.81370	0.05790	0.12085	－2.93455	6.82469
6	2017－06－16	－0.40530	－0.29750	－0.27352	－0.13178	6.69291
7	2017－06－19	1.16280	0.67900	0.81007	0.35273	7.04565
8	2017－06－20	－2.18390	－0.13870	－0.09731	－2.08659	4.95905
9	2017－06－21	1.05760	0.51590	0.62908	0.42852	5.38757
10	2017－06－22	0.29590	－0.27750	－0.25133	0.54723	5.93480

资料来源：CSMAR数据库。

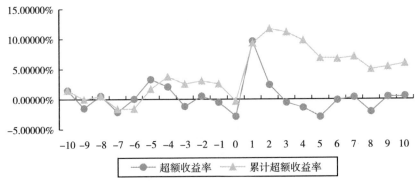

图4－23 超额收益率和累计超额收益率折线图

资料来源：Excel。

在事件日前 10 个交易日内，C 企业的超额收益率在 ±4% 的范围内波动，超额收益率处于较为稳定的水平，说明有关 C 企业重大资产重组活动的详细方案没有被泄露。事件日当天超额收益率跌为负值，但是事件日后第 1 个交易日超额收益率大幅增加至 9.99%，说明资本市场投资者普遍认为 C 企业整体上市消息是利好消息，且资本市场反应具有滞后性，超额收益在事件日后 3 个交易日内才完全释放。事件日后第 4 个交易日至第 10 个交易日期间，C 企业超额收益率恢复到正常交易时的状态，在 ±4% 的范围内小幅波动。在事件日前 10 个交易日期间，累计超额收益率呈现小幅波动的状态，重大资产重组预案公告后，累计超额收益率迅速增加至 9.31%，在事件日后第 3 个交易日累计超额收益率达到最高值 11.70%，累计超额收益率在事件日后 4 个交易日内保持在 8% 以上。整体上市给 C 企业带来正向的短期市场反应，投资者看好 C 企业整体上市后的发展，推动股价的上升。

（2）财务绩效分析。

本节通过对 C 企业财务指标进行整体上市前后纵向对比，以及与被对比企业、行业均值进行横向对比，分析 C 企业整体上市对财务绩效的影响及其成因。

为了排除行业因素对财务绩效的影响，引入对应的行业均值与 C 企业的财务指标进行横向对比。本节出于以下考量选取同行业可比公司以及计算行业均值。C 企业所属证监会行业分类为软件和信息技术服务业，但其主营业务为电网自动化，与大部分软件和信息技术服务业公司的经营业务差别较大。故本节选取主营业务为电网自动化业务的 7 家 A 股上市公司的财务指标数据为样本，采用算术平均法计算得出行业均值，其中包括 C 企业、平高电气、许继电气、国电南自、四方股份、东方电子、积成电子。

表 4 - 43　　　　　　　　　　横向对比企业筛选信息表

项目	是否进行整体上市	企业性质	实际控制人	总资产规模（2015/12/31）
C 企业	是	中央国有企业	国务院国资委	163.30 亿元
平高电气	否	中央国有企业	国务院国资委	158.60 亿元
许继电气	否	中央国有企业	国务院国资委	124.90 亿元
国电南自	否	中央国有企业	国务院国资委	110.20 亿元
四方股份	否	民营企业	王绪昭；杨奇逊	55.72 亿元
东方电子	否	地方国有企业	烟台市国资委	32.68 亿元
积成电子	否	公众企业	无实控人	23.44 亿元

资料来源：Wind 数据库。

为加强说明 C 企业财务绩效的变化是由整体上市带来的，按照以下四个特征筛选出 C 企业的对比企业：第一，截至 2020 年 12 月 31 日未进行整体上市；第二，与 C 企业具有相同的主营业务，即主营业务为电网自动化业务；第三，与 C 企业具有相同的企业性质，即实控人为国务院国资委的国有企业；第四，与整体上市流程启动以前的 C 企业的资产规模相近，即与 2015 年 C 企业的资产规模相近。根据这四个特征，从主营业务为电网自动化业务的 7 家 A 股上市公司初步筛选出平高电气和许继电气。由于平高电气的主营业务分类中，高压开关、输配电及控制设备制造类别占比较大，而许继电气的主营业务均为电网各环节自动化，许继电气的主营业务与 C 企业更为相近。因此选择许继电气作为对比企业。

①定向增发模式及募集配套资金提升整体偿债能力。

偿债能力指标用于表示企业以现有资产偿还短期债务和长期债务的能力。本节选取流动比率、速动比率、现金流量比率（经营活动产生的现金流量净额/流动负债）用于分析短期偿债能力，选取资产负债率用于分析长期偿债能力。

a. 纵向对比分析。

如表 4 – 44 及图 4 – 24 所示，2017 年整体上市完成以前，C 企业的流动比率和速动比率在 1.4 以上小幅波动，2014～2016 年短期偿债能力呈小幅提升趋势。2017 年流动比率大幅下降至 1.45，速动比率大幅下降至 1.22，主要因为 2017 年其他应付款同比增长160.45%，在整体上市的资产重组活动中采用现金购买的继保电气 79.239% 的股权尚未支付，以及重组后标的公司向 C 集团增加借款导致新增的其他应收款并入报表中。2018～2020 年，流动比率和速动比率均恢复至整体上市前的稳定状态。速动比率与流动比率变动趋于一致，说明公司存货占流动负债的比例相对稳定，公司对存货管理比较稳定。除了流动比率和速动比率，本节还选取了经营现金流量比率用于分析 C 企业的经营活动产生现金流量对流动负债的保证程度。从 2014～2020 年，C 企业的经营现金流量比率总体呈稳定状态，在 0.2 上下波动，2017 年该指标下降主要由于流动负债的增加。而且该指标始终为正值，同行业的平高电气、许继电气在 2017 年的经营现金流量比率为负值，C 企业的经营现金流量比率在同行业 7 公司中处于中上水平，说明 C 企业对流动资金的运用较为充分且保持在安全范围内。资产负债率用于衡量企业的长期偿债能力。C 企业的资产负债率保持在 0.5 上下小幅波动，2017～2018 年资产负债率呈显著下降趋势，主要是因为 C 企业采用定向增发的方式并募集配套资金约 61.03 亿元以进行资产重组，使得公司的财务费用和资产负债率均有所下降。

表 4 – 44   C 企业偿债能力指标

项目	2014 年	2015 年	2016 年	2017 年	2018 年	2019 年	2020 年
流动比率	1.79	1.83	1.86	1.45	1.83	1.75	1.71
速动比率	1.51	1.57	1.62	1.22	1.57	1.51	1.43
经营现金流量比率	0.22	0.15	0.21	0.13	0.14	0.19	0.20
资产负债率	0.51	0.50	0.49	0.54	0.44	0.43	0.45

资料来源：CSMAR 数据库。

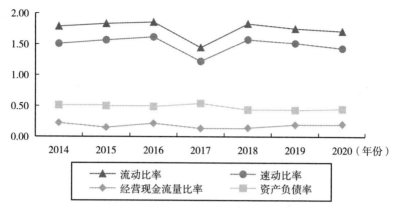

图 4–24　C 企业偿债指标变化趋势

资料来源：CSMAR 数据库。

综上所述，整体上市当年由于未支付的现金对价以及新并入报表的负债项目使得短期偿债能力下降，但在 2018 年后 C 企业的短期偿债能力逐渐恢复至正常水平。采用定向增发模式完成整体上市有利于降低 C 企业的资产负债率，提高其长期偿债能力，一定程度上降低了公司长期债务压力。

b. 横向对比分析。

如表 4–45 和图 4–25 所示，C 企业的流动比率一直低于许继电气，整体上市后流动比率维持在行业平均水平，短期偿债能力仍有提升空间。许继电气在 2013 年完成定向增发反向收购母公司许继集团下属电力装备制造主业相关资产后，流动比率基本上保持在行业均值以上。许继电气 2014～2017 年流动比率持续下降，主要是由于应付账款和其他应付款持续增加，2017 年流动比率跌至谷底主要是因为一笔七年期公司债券将在一年内到期而计入流动负债。C 企业的流动比率低于行业均值，在 2017 年流动比率下跌至 1.45，2018 年后流动比率恢复至行业均值水平。2017 年流动比率大幅下跌，主要原因是其他应付款急剧增加，2017 年新增 12 家纳入合并范围的公司，其他应付款中包含了待支付的现金对价以及并入重组标的对 C 集团的借款增加。C 企业在待支付重组收购现金对价以及并入报表的子公司短期债务情况下，2018 年后流动负债基本上恢复到行业均值水平，可见 C 企业的短期偿债能力一定程度上有所提升，整体上市也给 C 企业注入了优质的流动资产，C 企业对流动资产的使用和管理也较为充分。

表 4–45　　　　　　　　　　　C 企业与行业流动比率对比

项目	2014 年	2015 年	2016 年	2017 年	2018 年	2019 年	2020 年
C 企业	1.79	1.83	1.86	1.45	1.83	1.75	1.71
行业均值	2.03	1.90	1.88	1.91	1.90	1.88	1.79
许继电气	2.46	2.22	2.04	1.83	1.98	2.15	2.07

资料来源：CSMAR 数据库。

图 4 – 25 C 企业与行业流动比率对比

资料来源：CSMAR 数据库。

C 企业的资产负债率横向比较如表 4 – 46 及图 4 – 26 所示，2017 年整体上市前 C 企业的资本负债率均高于行业均值，从 2018 年开始降至行业均值以下。许继电气的资产负债率自 2014～2020 年始终处于 50% 以下，C 企业整体上市后资产负债率显著下降并控制在 50% 以下。资产负债率显著下降的主要原因是 C 企业采取了以定向增发为主的方式进行整体上市，采用现金支付的金额仅占标的资产总额的 9.42%，同时向 7 名机构投资者募集配套资金 610 328.00 万元。因此，C 企业的长期偿债能力增强，资本结构更稳健。

表 4 – 46　　　　　　　　　　C 企业与行业资产负债率对比

项目	2014 年	2015 年	2016 年	2017 年	2018 年	2019 年	2020 年
C 企业	0.51	0.50	0.49	0.54	0.44	0.43	0.45
行业均值	0.44	0.47	0.48	0.47	0.46	0.47	0.48
许继电气	0.42	0.45	0.47	0.47	0.43	0.42	0.45

资料来源：CSMAR 数据库。

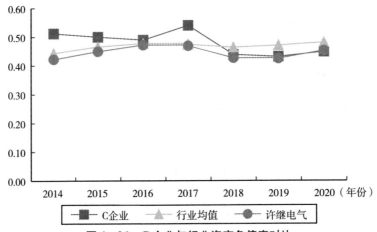

图 4 – 26 C 企业与行业资产负债率对比

资料来源：CSMAR 数据库。

②通过解决同业竞争和优化资源配置提升整体盈利能力。

盈利能力指标用于分析公司获取利润的能力。本节选取净资产收益率、营业毛利率、营业净利率和每股收益用于分析 C 企业的盈利能力。

a. 纵向对比分析。

净资产收益率通过净利润除以所有者权益计算得出，反映公司使用自有资金获得净收益。盈利能力以及公司股东的投资回报率如表 4 – 47 及图 4 – 27 所示，2014～2016 年 C 企业的净资产收益率持续下跌，2017 年采用定向增发整体上市后，在所有者权益增加的情况下净资产收益率不降反升，说明整体上市后 C 企业的盈利能力有所提高。尤其是营业毛利率和营业净利率的反应更为明显，2014～2016 年持续下跌，2017 年毛利率同比大幅增长，净利率小幅增长，说明整体上市给 C 企业注入的优质资产促进 C 企业整体盈利能力提高。

表 4 – 47　　　　　　　　　　　　　　C 企业盈利能力指标

项目	2014 年	2015 年	2016 年	2017 年	2018 年	2019 年	2020 年
净资产收益率	18.03%	16.26%	16.21%	17.51%	15.15%	14.27%	14.32%
营业毛利率	27.20%	25.19%	22.78%	30.01%	28.74%	28.79%	26.80%
营业净利率	14.61%	13.69%	12.71%	15.30%	15.59%	14.37%	13.54%

资料来源：CSMAR 数据库。

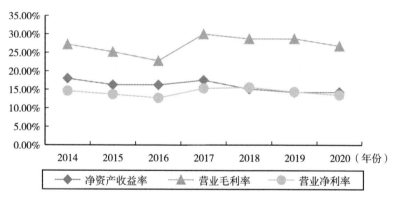

图 4 – 27　C 企业盈利能力指标变化趋势

资料来源：CSMAR 数据库。

b. 横向对比分析。

如表 4 – 48 及图 4 – 28 所示，C 企业的净资产收益率远高于行业均值，除整体上市当年有小幅提升以外，其余年份均保持小幅波动并稳定在 15% 左右。由于受到经济下行压力的影响，2018 年的净资产收益率下降。在净资产收益率上，C 企业的表现明显优于许继电气：2014～2020 年期间 C 企业的净资产收益率较为稳定，而许继电气的净资产收益率变动幅度较大；C 企业的净资产收益率保持 15% 上下波动，即使受到经济下行的影响也未跌至 10% 以下，而许继电气的净资产收益率经历大幅下跌，由 20% 跌至 5% 以下。2017 年开始，同样受到电力需求下降以及经济下行压力的影响，C企业净资产收益率的下跌幅度远小于许继电气，甚至在2017年净资产收益率与上一年相比增长8.02%。由此可见，整体上市短期内C企业的盈利能力有较为显著的提升，公司综合实力提升，抵御外部经济风险的能力也随之提高，使得2017年净资产收益率行业均值下降时C企业的净资产收益率仍保持增长。

表4-48　　　　　　　　　C企业与行业净资产收益率对比

项目	2014年	2015年	2016年	2017年	2018年	2019年	2020年
C企业	18.03%	16.26%	16.21%	17.51%	15.15%	14.27%	14.32%
行业均值	9.42%	10.38%	9.88%	7.90%	6.30%	6.49%	7.37%
许继电气	20.68%	11.73%	12.46%	8.39%	3.28%	5.70%	8.73%

资料来源：CSMAR数据库。

图4-28　C企业与行业净资产收益率对比

资料来源：CSMAR数据库。

由表4-49、图4-29和表4-50、图4-30可见，整体上市前C企业的营业毛利率是低于行业均值的，在整体上市当年营业毛利率大幅提升并趋于行业均值水平。与许继电气相比，从2014年开始许继电气的营业毛利率由30%以上的水平大幅下降至20%，而C企业的营业毛利率在2017年实现增长后持续稳定在行业均值30%的水平。C企业的营业净利率远超行业均值。2017年以来，在同样受到电力需求下降和经济下行压力的情况下，许继电气的营业净利率与行业均值均下跌，而C企业的营业净利率不降反升。C企业营业毛利率处于行业平均水平，而营业净利率领先于众多同行业公司，其主要原因是C企业的管理费用控制得当。如表4-51和图4-31所示，2014~2020年C企业的管理费用率远低于行业均值，除2017年以外其余年份的管理费用率均低于许继电气的管理费用率，2017年管理费用率上升是由于整体上市当年产生了高额的中介机构服务费。2018年C企业的管理费用率和行业均值均大幅下降是因为研发费用不再计入管理费用，而是在利润表中单独列示。

表 4 – 49　　　　　　　　　　C 企业与行业营业毛利率对比

项目	2014 年	2015 年	2016 年	2017 年	2018 年	2019 年	2020 年
C 企业	27.20%	25.19%	22.78%	30.01%	28.74%	28.79%	26.80%
行业均值	32.01%	31.20%	28.90%	28.93%	27.52%	28.16%	27.12%
许继电气	34.38%	27.96%	23.27%	20.62%	17.41%	18.04%	20.18%

资料来源：CSMAR 数据库。

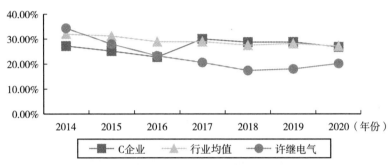

图 4 – 29　C 企业与行业营业毛利率对比

资料来源：CSMAR 数据库。

表 4 – 50　　　　　　　　　　C 企业与行业营业净利率对比

项目	2014 年	2015 年	2016 年	2017 年	2018 年	2019 年	2020 年
C 企业	14.61%	13.69%	12.71%	15.30%	15.59%	14.37%	13.54%
行业均值	9.79%	10.07%	8.86%	7.42%	6.14%	6.09%	6.75%
许继电气	15.42%	10.97%	9.79%	6.60%	3.33%	4.87%	7.17%

资料来源：CSMAR 数据库。

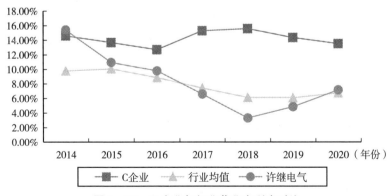

图 4 – 30　C 企业与行业营业净利率对比

资料来源：CSMAR 数据库。

表 4-51　　　　　　　　　　C 企业与行业管理费用率对比

项目	2014 年	2015 年	2016 年	2017 年	2018 年	2019 年	2020 年
C 企业	6.48%	6.40%	5.86%	7.99%	2.24%	2.51%	2.30%
行业均值	11.46%	10.87%	10.79%	11.10%	5.83%	5.73%	5.35%
许继电气	9.40%	7.68%	6.41%	6.71%	4.97%	4.28%	4.28%

资料来源：CSMAR 数据库。

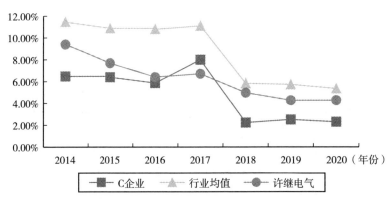

图 4-31　C 企业与行业管理费用率对比

资料来源：CSMAR 数据库。

　　C 企业整体盈利能力提升，主要原因是整体上市后解决了同业竞争问题，同时公司进行了业务布局和内部组织架构调整，加强生产体系、市场体系和研发体系协同，提高资源配置效率。第一，整体上市直接解决了原有的同业竞争问题，集团内部生产资源、营销渠道等得以共享，减少集团内耗和内部恶性竞争。第二，C 集团将继保电气、普瑞工程等优质资产注入 C 企业，公司新增电力二次设备领域、电力自动化信息通信领域的业务，新增业务直接提高公司的毛利率。第三，C 企业在整体上市后简化内部组织架构，统筹设立 C 研究院和四大事业部，事业部对同类业务公司进行集约化管理，在统筹管理下使管理费用得到有效的控制，公司的期间费用率和管理费用率远低于行业均值，提高了净利率。同时 C 企业通过调整研发组织架构、加强人才培养、加强共性技术研究，提高研发效率和研发创新能力。盈利能力提升的原因分析将在本小节第二部分进行详细阐释。

　　③整体上市对营运能力的影响较小。

　　营运能力指标用于分析公司资产的周转情况，公司资产周转越快，流动性越强，有利于提高公司获取利润的速度。本节选取应收账款周转率、现金及现金等价物周转率和总资产周转率用于分析 C 企业的营运能力。

　　a. 纵向对比分析。

　　如表 4-52 及图 4-32 所示，C 企业的应收账款周转率从 2016 年开始总体呈上升趋势，主要是因为公司自 2016 年起加大应收账款的催收力度。2017 年后公司的现金及现金等价物周转率大幅提高，说明公司对现金及现金等价物的利用效率大幅提高：2018 年支付购买继保电气的现金对价以及受到整体上市的配套募集资金；2018 年后业务规模扩张，2019 年销售回款大幅增加；2019 年和 2020 年两年均存在多笔支付或收回重大重组项目涉及的股权投资款、结构性存款和短期借款。总资产周转率总体上保持较为稳定的状态，整体上市前后的变化较小，C 企业的营运能力仍有较高的提升空间。从长远来看，C 企业可以通过业务协同、管理协同不断提高自身的营运能力。

表 4-52 C 企业营运能力指标

项目	2014 年	2015 年	2016 年	2017 年	2018 年	2019 年	2020 年
应收账款周转率	1.46	1.44	1.68	1.66	1.76	1.77	2.02
现金及现金等价物周转率	2.95	2.70	2.80	2.75	3.62	4.40	4.00
总资产周转率	0.63	0.62	0.67	0.54	0.58	0.59	0.62

资料来源：CSMAR 数据库。

图 4-32 C 企业营运能力指标变化趋势

资料来源：CSMAR 数据库。

b. 横向对比分析。

如表 4-53、图 4-33 和表 4-54、图 4-34 所示，自 2016 年加大应收账款催收力度以后，C 企业的应收账款周转率一直保持高于行业均值，且远超许继电气的应收账款周转率。C 企业的总资产周转率仅在 2017 年低于行业均值，其余年度均略高于行业均值。与许继电气相比，C 企业的总资产增长率波动幅度较小，但总体水平低于许继电气的总资产增长率。由此可见，整体上市未能提升 C 企业的整体营运能力，总资产周转率仍具备较大提升空间。

表 4-53 C 企业与行业应收账款周转率对比

项目	2014 年	2015 年	2016 年	2017 年	2018 年	2019 年	2020 年
C 企业	1.46	1.44	1.68	1.66	1.76	1.77	2.02
行业均值	1.60	1.56	1.54	1.48	1.46	1.55	1.87
许继电气	1.49	1.06	1.25	1.22	0.94	1.23	1.37

资料来源：CSMAR 数据库。

图 4 - 33　C 企业与行业应收账款周转率对比

资料来源：CSMAR 数据库。

表 4 - 54　　　　　　　　　　　C 企业与行业总资产周转率对比

项目	2014 年	2015 年	2016 年	2017 年	2018 年	2019 年	2020 年
C 企业	0.63	0.62	0.67	0.54	0.58	0.59	0.62
行业均值	0.62	0.60	0.61	0.58	0.56	0.58	0.58
许继电气	0.79	0.63	0.72	0.70	0.55	0.68	0.68

资料来源：CSMAR 数据库。

图 4 - 34　C 企业与行业总资产周转率对比

资料来源：CSMAR 数据库。

④整体上市对发展能力的影响不具备延续性。

发展能力指标用于分析公司在正常经营的基础上以及分析是否有扩大公司规模和增强综合实力的发展潜力。本节选取总资产增长率、净利润增长率、营业收入增长率用于公司的发展能力分析。

a. 纵向对比分析。

如表 4 - 55 和图 4 - 35 所示，在 2017 年整体上市当年，总资产增长率、净利润增长率、营业收入增长率均大幅度提升至 100% 以上，远高于整体上市前 C 企业的总资产、净利润、营业收入增速。2017 年后，三个比率均回落至整体上市前的正常水平并有小幅提升，净利润增长率基本提升到10%以上，营业收入增长率基本稳定在15%左右。由此可见，整体上市当年由于注入超原有资产1.5倍的优质资产，C企业的业务规模、净利润、营业收入都实现了快速增长。整体上市后三年，净利润和营业收入增速与整体上市前相比小幅提升，截至2019年新并入的子公司均如期完成了2017~2019年的业绩承诺，助力C企业扩大业务规模，提升盈利能力。

表4-55　　　　　　　　　　　　　C企业发展能力指标

项目	2014年	2015年	2016年	2017年	2018年	2019年	2020年
总资产增长率	0.11	0.10	0.08	1.62	0.14	0.10	0.15
净利润增长率	-0.19	0.02	0.10	1.55	0.20	0.05	0.12
营业收入增长率	-0.07	0.09	0.18	1.12	0.18	0.14	0.19

资料来源：CSMAR数据库。

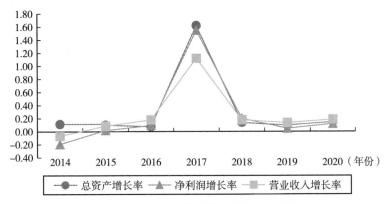

图4-35　C企业发展能力指标变化趋势

资料来源：CSMAR数据库。

b. 横向对比分析。

如表4-56及图4-36所示，整体上市前C企业的总资产增长率低于行业均值和许继电气的总资产增长率，整体上市当年公司的总资产增长率迅速增加，2017年后回落至正常水平但高于行业均值。2018年后公司受到经济下行压力的冲击，国网电网投资规模下降，电网自动化行业公司总资产增速普遍放缓，C企业的总资产增速随之减缓。

如表4-57和图4-37所示，整体上市前三年和后两年的净利润增长率与行业均值相差不大，整体上市当年净利润增长率大幅提升。在2018年受到经济下行压力的影响，行业净利润增长率降为负值，而C企业的净利润增长率仍为正值，说明整体上市后C企业的发展能力有所提升。除此之外，C企业的净利润增长率比许继电气的净利润增长率更稳定，自2015年起C企业的净利润均保持正向增长，而许继电气出现了三个年度的净利润负增长。但从横向对比视角综合来看，C企业发展能力只在整体上市当年得到显著提升，整体上市对发展能力的影响不具备延续性。整体上市当年C企业发展能力指标大幅增加的原因是国网电科院和C集团将266.80亿元的标的资产一次性注入C企业，C企业仍未充分盘活内部资产，且内部关联交易未减少。要延续整体上市对公司发展能力的提升作用，公司还需不断盘活内部资产，为公司的长期增长提供动力。

表 4 – 56　　　　　　　　C 企业与行业总资产增长率对比

项目	2014 年	2015 年	2016 年	2017 年	2018 年	2019 年	2020 年
C 企业	0.11	0.10	0.08	1.62	0.14	0.10	0.15
行业均值	0.21	0.12	0.14	0.33	0.05	0.04	0.07
许继电气	0.30	0.16	0.15	0.07	– 0.05	0.04	0.11

资料来源：CSMAR 数据库。

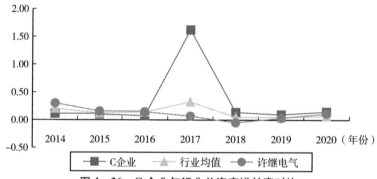

图 4 – 36　C 企业与行业总资产增长率对比

资料来源：CSMAR 数据库。

表 4 – 57　　　　　　　　C 企业与行业净利润增长率对比

项目	2014 年	2015 年	2016 年	2017 年	2018 年	2019 年	2020 年
C 企业	– 0.19	0.02	0.10	1.55	0.20	0.05	0.12
行业均值	– 0.24	0.01	0.08	0.12	– 0.11	0.11	0.20
许继电气	0.67	– 0.37	0.17	– 0.28	– 0.60	0.81	0.62

资料来源：CSMAR 数据库。

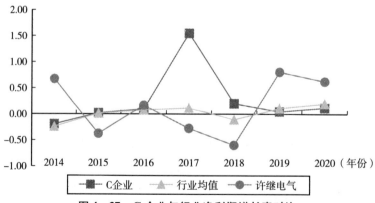

图 4 – 37　C 企业与行业净利润增长率对比

资料来源：CSMAR 数据库。

（3）非财务绩效分析。

①机构投资者评价。

C 企业是上海证券交易所上市公司，作为在公开市场发行流通股的公司，机构投资者的评价和评级一般可以反映大部分中小投资者对公司业绩和未来发展状况的评价，因此本节将机构投资者评价作为公司的非财务绩效指标。本节基于文本分析法和情感分析法，以 C 企业个股研报为分析对象，对个股研报内容展开词频分析、情感分析、研报评级分析三方面分析。

整体上市重大重组方案公告日为 2017 年 5 月 17 日，因此搜集 2017 年 5 月 17 日至 2021 年 12 月 31 日期间各证券机构发布的投资研究报告。采用软件在新浪财经网、东方财富网、洞见研报网等网站搜集了 42 家证券机构发布的投资研究报告 399 篇，共 35 万余字，按研究对象分别命名为"C 企业研报原文"和"许继电气研报原文"。其中包含 312 篇有关 C 企业的投资研究报告和 87 篇有关许继电气的投资研究报告。

在词频分析方面，使用文本分词和情感分析软件，按照以下步骤对原数据进行处理：导入原数据"C 企业研报原文"；软件分词；筛选词语；同义词合并；共词匹配。最终获得词频分析结果、词云图和语义网络图。在情感分析方面，以许继电气作为横向比较对象，分别导入原数据"C 企业研报原文"和"许继电气研报原文"，使用文本分词和情感分析软件对文本内容进行句子切分，通过软件的情感词典识别每个句子中的正面词和负面词，判断句子整体情感倾向。在研报评级分析方面，使用 Microsoft Office Excel 对 399 篇投资研究报告的评级进行统计和筛选，得到研报评级统计数据，并将 C 企业和许继电气的研报评级统计数据进行对比分析。

a. 词频分析。

a）高频词分析。

首先，用软件对"研报原文"中的总词频进行统计。对原始数据进行清洗，剔除与机构投资者评价和态度无关的词语，如公司、同比、季度等词语，按照频数降序排列顺序，共选择 200 个样本词语。其次，将同义词进行合并，如：增加与上升合并，保持与维持合并。合并之后词频数排名前 20 位依次是：增加（上升、增长、增大、提升）、电网、预计（预期、预测）、业务、投资、自动化、实现、净利润、电力、保持（维持）、收入、毛利率、建设、信通（通信）、高压、业绩、减少（下降）、项目、设备、国家电网。以上词语具体频数如图 4 - 38 所示。

共现词指的是在文本中经常同时出现的词项，共现的含义与搭配的含义较为相似，但共现的含义更为广泛。共现词不仅可以指惯用搭配的词对，还可以指属于同一词类的词对，或者可以指同一话题中常见的词对。本节通过分析高频词语的共现词，挖掘高频词关联内容及语义网络，进一步推断出机构投资者在投资研究报告中关注的信息，以及机构投资者对某一企业行为或某项企业活动的态度和评价。

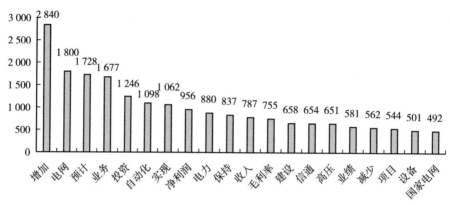

图 4 - 38　20 个高频词及其频数

资料来源：根据软件自行整理。

"增加"（上升、增长、增大、提升）排在高频词首位，其共现词主要有投资、利润、收入、盈利、业务、毛利率等。由此可见机构投资者重点关注 C 企业的经营业绩和盈利状况和财务指标，并对企业的盈利状况给予正面评价。20 个高频词中其余动词按照频数降序排列分别为预计（预期）、实现、保持（维持）、减少（下降）。"预计"（预期）的共现内容主要为机构投资者对企业财务指标的预估以及和未来业绩预期，"预计"（预期）对应 273 条原文数据中有 235 条数据表示为业绩符合预期，即有超过八成的投资研究报告中对企业业绩给予正面评价。实现为褒义词，"保持"（维持）的共现词主要有增长、稳定，两个词语均反映了机构投资者给予的正面评价。"减少"（下降）的共现词主要有利润、收入、毛利率、费用率，该词界定为中性评价。

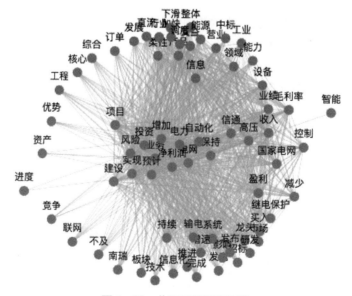

图 4 - 39　共词匹配语义网络

资料来源：根据软件自行整理。

除以上动词以外，其余 15 个高频词均为名词。"电网"按照频数排在第二位，出现了 1 800 次，说明机构投资者在投资研究报告中重点关注 C 企业所属电网自动化行业，及其整体上市后重点业务信通业务、特高压业务和电力二次设备业务，同类的高频词还包括业务（1 677 次）、自动化（1 098 次）、电力（880 次）、信通（654 次）、高压（651 次）、设备（501 次）、项目（544 次）。机构投资者尤其关注整体上市后 C 企业在新业务领域开展的项目，给予正面评价，释放出积极的市场信号。"投资"的共现词主要为电网、高压，"建设"的共现词主要为电网、高压、物联网，说明机构投资者重点关注政策背景，如政府对电网建设的投资额、电力系统建设、物联网建设等热点话题。除此以外，机构投资者还重点关注企业的业绩和盈利能力财务指标，"净利润"出现了 956 次，"收入"出现了 787 次，"毛利率"出现了 755 次，"业绩"出现了 581 次。"国家电网"出现了 492 次，与排在第二十四位的高频词"C 集团"同理，高频率出现是因为机构投资者在研究报告中多次提及 C 企业整体上市时进行的重大重组活动。

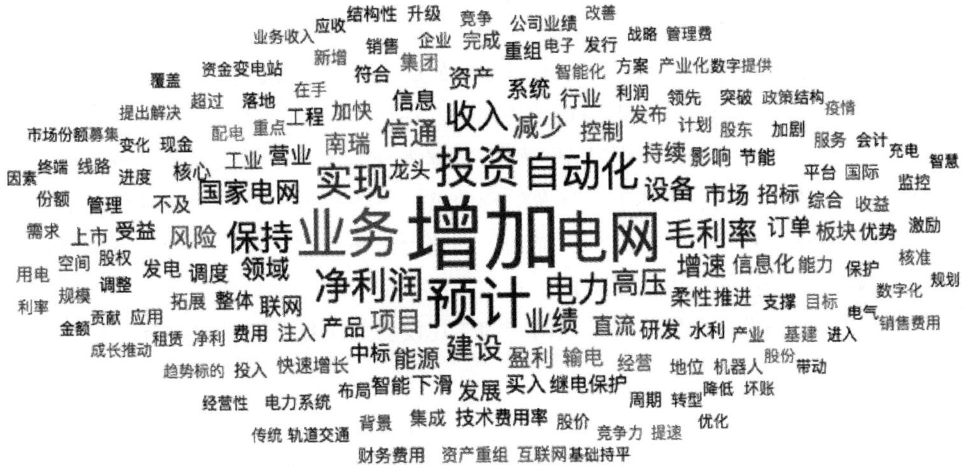

图 4 - 40　200 个样本词词云图

资料来源：根据软件自行整理。

b）形容词词频分析。

使用软件对"研报原文"中的形容词词频进行统计，由于按频数降序排列五十位以后的词语对应频数低于 2 次，故将样本容量定为 50 个，筛选出 50 个样本形容词，并对同义词进行合并，如：稳定与稳健合并，优秀和优异合并。得到如图 4 - 41 所示高频形容词及其频数统计。按频数降序排列前二十位的形容词依次是：稳定（稳健）、明显（显著）、积极、景气、良好、充分、成功、顺利、稳定增长、充裕（充足、充沛）、极大（巨大）、突出、利好、清晰、有效、强劲、迅速、优秀（优异）、广阔、雄厚（深厚）。20 个高频形容词均具有明显的正面意义。

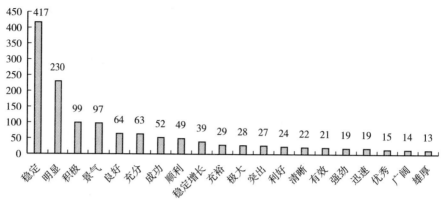

图 4 – 41　20 个高频形容词及其频数

资料来源：根据软件自行整理。

　　如图 4 – 42 所示，50 个形容词样本经过同义词合并后得到 37 个有效词，其中具有明显正面意义的形容词有 34 个，如：稳定、积极、充分、明显；具有明显负面意义的形容词仅有 3 个，分别为：缓慢（11 次）、不利（6 次）、疲软（3 次）。由此可见，在投资研究报告中，机构投资者给予更多正面意义的评价。在使用正面意义的形容词时，投资研究报告内容主要关注的是公司的经营状况、财务数据表现、未来发展前景、业务结构、海外业务市场空间、战略布局、整体上市涉及的资源整合、股权激励计划、研发创新能力等方面，说明机构投资者对以上方面给予明显的正面评价。在使用负面意义的形容词时，投资研究报告内容主要关注的是电网投资额、新冠肺炎疫情、相关子行业市场竞争、泛在电力物联网建设、新能源发电发展情况、电网结构化建设与数字化升级进程等方面。

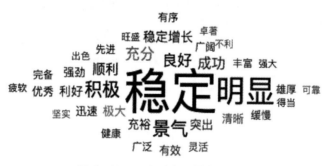

图 4 – 42　50 个形容词样本词云图

资料来源：根据软件自行整理。

　　综上所述，机构投资者普遍看好 C 企业整体上市后的业绩情况：通过分析 C 企业的经营状况和财务指标，尤其关注公司的盈利能力和发展能力；另结合 C 企业整体上市后资源整合状况，公司拓展了电力二次设备行业的产品线和产业链，新增海外业务市场，特高压和信息通信建设快速推进，公司获得多个新盈利增长点；整体上市后公司资源整合效果优异，并在整体上市后一年即推出公司上市以来首次股权激励计划，有利于留住人才并吸引更多人才加入 C 企业。其次，机构投资者对以下方面提出风险提示：2018 年起国家电网投资额下降，公司订单数量减少；受新冠疫情影响，全国性大范围延迟复工复产，下游市场需求下降；由于疫情导致的经济下行，电网企业面临降低社会电力成本的压力。

b. 情感分析。

使用软件的"情感分析"功能，首先对 312 篇有关 C 企业的投资研究报告进行句子切分，得到 6 714 个句子。GooSeeker 基于软件的情感词典，识别每个句子中的正面词和负面词，判断句子整体情感倾向。识别出的正面词主要有增长、优势、景气、雄厚、成功、提升等；识别出的负面词主要有下降、减弱、不及、风险、损失、疲软等。情感倾向为正面的句子共有 3 811 个，占句子总数的 57%；情感倾向为负面的句子共有 747 个，占句子总数的 11%；情感倾向为中性的句子共有 2 156 个，占句子总数的 32%。情感倾向为正面的句子占比远超情感倾向为负面的句子占比。其次，对 87 篇有关许继电气的投资研究报告进行句子切分，得到 2 067 个句子，其中情感倾向为正面的句子共有 952 个，占句子总数的 46%；情感倾向为负面的句子共有 353 个，占句子总数的 17%；情感倾向为中性的句子共有 762 个，占句子总数的 37%。如图 4 - 43 所示，C 企业投资研究报告中的负面句子占句子总数的比例明显低于许继电气，C 企业的投资研究报告中正面句子占句子总数的比例明显高于许继电气。由此可见，从总体上看，机构投资者对 C 企业整体上市后的业绩表现评价多为正面评价，情感分析句子统计结果印证了形容词词频分析结果；且与许继电气相比，机构投资者对 C 企业的正面评价内容更多，负面评价内容更少。

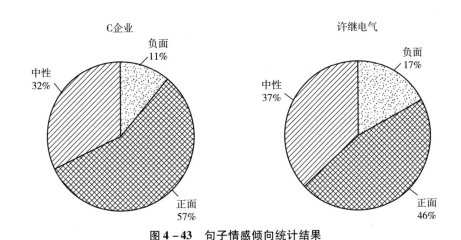

图 4 - 43　句子情感倾向统计结果

资料来源：根据软件自行整理。

在 C 企业的投资研究报告中，情感倾向为正面的句子内容主要包括：公司营业收入、净利润、毛利率、期间费用率等财务指标；电网投资结构性调整、"双碳"战略目标、新型电力系统建设、新能源市场需求等政策背景和经济环境；公司所处行业环境以及 C 企业与同行业其他公司的业绩表现对比，公司市场占有率、获取订单能力；公司业务结构和产品线，尤其关注特高压、配网智能化、新能源相关电力二次设备产品、继电保护和柔性输电业务、信息通信业务、海外业务；研发投入与创新能力，人才培养与股权激励计划。情感倾向为负面的句子内容主要包括：毛利率、净利率下降；电网投资额下降、宏观经济下行压力、泛在电力物联网建设推进受阻、新冠疫情等经济政策环境；新型电力系统建设和特高压核准建设节奏不及预期、海外业务经营风险、行业竞争加剧、核心技术人才流失等经营风险。情感倾向为正面、负面的句子内容分析结果与正面、负面形容词分析结果相似。

　　c. 研报评级分析。

　　证券公司在发布的投资研究报告中一般会根据未来6～12个月内上市公司股票投资收益率预期表现对上市公司作出投资评级，因此投资评级反映了机构投资者对上市公司预期股价表现的态度，在一定程度上可以作为上市公司业绩的非财务绩效指标，用于反映机构投资者对上市公司未来股价和业绩的评价和态度。证券公司评级含义如表4-58所示，由于业界对股票投资评级无统一的标准，各证券公司对投资评级的界定存在差异，大部分证券公司的投资评级体系以20%、10%、-5%、-10%、-15%为分界点依次分为"买入—增持—中性—减持—卖出"五个等级。另有部分证券公司如招商证券，以"强烈推荐—推荐—谨慎推荐—中性—减持—卖出"为评级体系，其评级体系略有差异，但"强烈推荐"与"买入"相类似，"推荐"与"增持"相类似，因此本节将"强烈推荐"与"买入"合并统计，将"推荐"与"增持"合并统计。"优于大市"为海通证券特有的投资评级，"跑赢行业"为中国国际金融股份有限公司特有的投资评级。投资评级含义如表4-58所示。

表4-58　　　　　　　　　　　　　证券公司投资评级含义

个股评级	含义
买入/强烈推荐	未来6～12个月内的投资收益率领先市场基准指数20%以上（或15%以上）
增持/推荐	未来6～12个月内的投资收益率领先市场基准指数10%至20%（或5%至15%）
谨慎推荐	未来6～12个月内的投资收益率领先市场基准指数5%至10%
中性	未来6～12个月内的投资收益率与市场基准指数的变动幅度介于±10%之间（或±5%之间）
减持	未来6～12个月内的投资收益率落后市场基准指数5%至15%
卖出	未来6～12个月内的投资收益率落后市场基准指数15%以上
无评级	因无法获取必要的资料，或者公司面临无法预见结果的重大不确定性事件，或者其他原因，致使无法给出明确的投资评级
优于大市	未来6～12个月内的投资收益率领先市场基准指数10%以上
跑赢行业	未来6～12个月内的个股投资收益率预期表现优于所属行业板块的平均水平

　　资料来源：各大证券公司投资研究报告。

　　对使用软件获取的312篇有关C企业的投资研究报告给出的投资评级进行统计，得到如图4－44所示投资研究报告按投资评级分类统计结果。给出"买入""强烈推荐"评级的投资研究报告有202篇，占投资研究报告总数的65%；给出"增持""推荐"评级的投资研究报告有69篇，占投资研究报告总数的22%；给出"谨慎推荐"评级的投资研究报告有3篇，占投资研究报告总数的1%；海通证券自2018年9月到2021年11月共有13篇投资研究报告给出了"优于大市"评级；中国国际金融自2019年9月至2021年10月共有10篇投资研究报告给出了"跑赢行业"评级；有15篇投资研究报告未给出投资评级。由此可见，剔除没有给出投资评级的15篇投资研究报告，给出"买入""强烈推荐"评级的投资研究报告数量占所有研究报告总数将近七成，大部分的投资研究报告中机构投资者均给出了最高评级，说明机构投资者十分看好C企业预期股价和未来业绩表现。机构投资者给出"跑赢行业"评级说明机构投资者认可C企业在电网自动化行业的龙头地位，尤其看好整体上市后新增的电力二次设备业务，进一步稳固公司的龙头地位。总样本312篇投资研究报告中未出现"中性""减持""卖出"等负面评级。

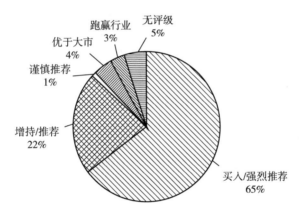

图4－44　C企业投资研究报告按投资评级分类统计结果

资料来源：本节研究整理。

　　使用同样的方法统计许继电气的投资研究报告评级，如图4－45所示，给出"买入""强烈推荐"评级的投资研究报告有48篇，占投资研究报告总数的55%；给出"增持""推荐"评级的投资研究报告有14篇，占投资研究报告总数的16%；给出"谨慎推荐"评级的投资研究报告有17篇，占投资研究报告总数的19%；给出"优于大市"评级的投资研究报告有4篇；有4篇投资研究报告未给出投资评级。通过横向对比发现，C企业的"买入""强烈推荐"评级以及"增持""推荐"评级的投资研究报告数量占C企业投资研究报告总数的比例显著高于许继电气。因此，相对于同行业的竞争公司许继电气，机构投资者给C企业的"买入""强烈推荐"评级以及"增持""推荐"评级的比例更高，机构投资者对C企业的评价更为积极。

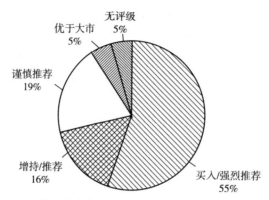

图4－45　许继电气投资研究报告按投资评级分类统计结果

资料来源：本节研究整理。

②社会责任履行情况。

C企业的社会责任履行情况，将从环境绩效和社会绩效两方面进行分析。在环境绩效方面，重点关注公司为履行环保义务而产生的资金投入，以及公司在运营和办公过程中的能耗指标、废弃物排放指标。在社会绩效方面，重点关注公司的安全生产投入、公司对员工履责情况、社会公益。

表4－59展示了2018～2020年C企业环境绩效指标情况。环保投入金额呈逐年增长趋势，且2019年环保投入是2018年环保投入金额的2.63倍，由此可见公司对环保工作的重视程度不断加深。C企业严格遵守环境保护及污染防治相关的法律法规，不断完善环境监测、污染物排放和废弃物处置工作，最大化降低企业生产运营对环境的污染程度，有害废弃物排放量从2018年开始总体呈下降趋势。在能源消耗上，公司的天然气消耗量和人均耗水量上有所减少。

表4－59　　　　　　　　　　　C企业环境绩效

项目	2018 年	2019 年	2020 年
环保总投入（万元）	60.10	218.26	223.93
天然气消耗量（万立方米）	57.75	60.69	52.32
用电量（万千瓦时）	7 221.79	7 530.93	7 674.46
耗水量（万吨）	72.18	74.74	73.63
人均耗水量（吨/人）	102.04	91.03	83.62
有害废弃物排放量（吨）	13.28	7.30	11.53

资料来源：公司公告。

表4－60展示了2018～2020年C企业的社会绩效指标情况。电力电网行业的安全生产不仅关系到员工的人身安全、企业的经营管理，还关系到国民经济的发展和日常生产生活，因此安全生产管理是电力电网行业企业社会责任的首位。从2018～2020年，C企业不

断增加对安全生产的投入，由 2 286.13 万元增至 2 803.77 万元。公司通过每年开展上百次的安全检查，排查各类生产安全隐患，整改潜在的安全问题，保持连续三年发生 0 起人身伤亡事故和设备事故。此外，C 企业积极履行对员工的义务，保障员工权益，连续三年未发生重大劳动争议事件，劳动合同签订率连续三年保持 100%。在薪酬福利方面，不断完善全面福利保障体系，企业年金缴费比例提升至 8%，社保覆盖率连续三年保持 100%，公司结合员工司龄建立"三享计划"，在基本医疗保险的基础上增加补充医疗保险，分层分级设计保障体系，切实提升员工福利待遇。

表 4 - 60　　　　　　　　　　　C 企业社会绩效情况

项目	2018 年	2019 年	2020 年
安全生产投入（万元）	2 286.13	2 466.84	2 803.77
人身伤亡事故（起）	0	0	0
员工健康体检覆盖率（%）	100	100	100
员工总数（人）	7 074	8 211	8 806
新进招聘员工总数（人）	375	1 345	803
劳动合同签订率（%）	100	100	100
社保覆盖率（%）	100	100	100

资料来源：公司公告。

在社会公益上，深入贯彻落实党中央、国务院关于打赢脱贫攻坚战和精准扶贫战略，并结合企业经营发展和技术优势，自 2017 年起 C 企业积极推进光伏扶贫事业。2017 年圆满完成湖北长阳 55 座村级光伏电站建设任务，发电收益将用贫困户脱贫。2018 年圆满完成张北县 100MW 光伏发电扶贫项目，项目建成前三年收益捐赠给当地政府用于当地基础设施建设。2019 年建成国网节能山东输配电分布式光伏项目。2020 年承建"三区两州"深度贫困地区电网建设工程，为西藏地区脱贫提供电力支撑。

2. C 企业整体上市影响绩效的作用路径分析。

本部分研究的主要问题是整体上市对 C 企业绩效产生影响的原因，其中第（1）至第（4）点阐释了整体上市后 C 企业的盈利能力得到提高的原因，第（5）点阐释了整体上市后公司取得良好的环境绩效和社会绩效的原因。

（1）解决同业竞争问题。

如表 4 - 61 所示，整体上市前，在电网自动化及工业控制业务、发电及水利环保业务领域，C 企业与国网电科院、C 集团及其控制企业存在同业竞争。同业竞争容易导致资源配置效率低下，集团下属多个子公司拥有独立的供应商渠道、生产技术、营销渠道等资源，但由于存在同业竞争，导致资源无法共享，甚至出现恶意竞争的问题，加剧集团资源内耗，损害集团的整体效益。整体上市后，C 集团主要经营性资产及负债、继保电气、普瑞特高压、设计公司、云南南瑞等并入 C 企业内部，C 企业与国网电科院、C 集团之间的同业竞争问题得到有效的解决。C 企业通过整合同类业务，实现生产资源、市场资源互通，提高内部资源配置效率，提升公司的综合竞争力。C 集团资源内耗问题得到有效解决，有利于提高企业的盈利能力，扩大营业收入。

表 4-61   C 企业整体上市前同业竞争情况

序号	项目	主要业务归属板块	与上市公司业务关系
1	C 集团主要经营性资产及负债	电网自动化及工业控制业务、发电及水利环保业务、电力自动化信息通信业务	电网自动化及工程控制业务和发电及水利环保业务属同类业务（细分领域差异）
2	继保电气	电网自动化及工业控制业务、继电保护及柔性输电业务	电网自动化及工程控制业务属同类业务
3	普瑞特高压	电网自动化及工业控制业务	同类业务
4	设计公司	电网自动化及工业控制业务	同类业务（细分领域差异）
5	云南南瑞	发电及水利环保业务	同类业务（细分领域差异）

资料来源：公司公告。

综上所述，如表 4-62 所示，自 2010 年以来，国家电网与国网电科院按照规划和部署，逐步推进解决 C 企业在电网自动化领域的同业竞争问题。从 2011 年至 2013 年，C 企业通过多次收购，解决了在电网自动化、用电自动化等领域存在的部分同业竞争问题。2017 年的整体上市主要解决了 C 企业与 C 集团、继保电气等公司之间存在的同业竞争问题，进一步加强了电网自动化、水利环保领域同类业务的整合。

表 4-62   C 企业历年来重大重组活动

时间	采取措施	存在同业竞争的业务领域
2011 年	C 企业收购安徽继远	电网自动化、用电自动化等业务领域
	C 企业收购中天电力	
2013 年	C 企业收购北京科东	电网调度自动化领域
	C 企业收购电研华源	配电自动化领域
2017 年	C 集团主业资产通过 C 企业整体上市	电网自动化及工业控制业务、发电及水利环保业务领域

资料来源：根据公司公告自行整理。

（2）优化资源配置。

如表 4-63 所示，整体上市注入 C 企业的标的资产主要分为 13 项。C 集团、继保电气、普瑞特高压、设计公司与 C 企业在电网自动化及工业控制领域具有同类业务。继保电气、普瑞特高压填补了 C 企业在电网输变电高压段的业务空缺，助力公司成为行业中拥有全电压段、全系列产品的龙头企业。电力设计咨询是电力工程建设中的必要环节，设计公司的引入为 C 企业工程总包业务以及国际业务提供技术支持，且重组过程中设计公司调整自身业务结构,将毛利率较高的设计咨询业务占比由11%调整至80%,业务体量大但毛利率较低的工程施工业务占比由66%调整至20%。C集团、云南南瑞与C企业在发电及水利环保领域具有同类业务。C集团在节能领域具有成熟的产品线和服务能力,能为C企业带来业务经验和资源。云南南瑞的引入为C企业带来云南、贵州、东南亚地区的工程总包业务。

表4-63 标的资产盈利能力及其与C企业业务联系

业务板块	标的资产	与上市公司业务关系	2016年毛利率
电网自动化及工业控制业务	C集团主要经营性资产及负债	同类业务(或细分领域差异)	—
	普瑞特高压		16.46%
	设计公司		7.09%
发电及水利环保业务	云南南瑞		15.63%
继电保护及柔性输电业务	继保电气	新增二次设备业务	44.33%
	普瑞工程		45.36%
	普瑞科技		17.94%
电力自动化信息通信业务	瑞中数据		14.09%
	信通公司		23.87%
境内外区域业务平台	北京南瑞	拓展区域销售和技术服务平台;提供进出口贸易和物流服务;海外工程总包业务	79.01%
	上海南瑞		3.81%
	印度尼西亚公司		64.61%
	巴西公司		10.70%

资料来源:根据公司公告自行整理。

北京南瑞、上海南瑞、印度尼西亚公司、巴西公司拓展了C企业的境内外区域销售和服务平台,上海南瑞还可以为C企业提供专业化的进出口贸易及国际物流服务。巴西公司、印度尼西亚公司业务所在地电力产业发展程度较低,基础设施建设较落后,因此这些发展中国家市场具有广阔的发展空间。"一带一路"倡议实施以来,我国已在多个发展中国家参与电力产业基础设施建设。印度尼西亚公司、巴西公司是C企业开拓东南亚和南美洲市场的重要平台,海外业务的增长将有效提升C企业的盈利能力。柔性输电业务的海外市场具有较大发展潜力,依托新并入的境外销售服务平台,C企业得以在全球范围扩大业务份额,提高营业收入。

继保电气、普瑞工程、普瑞科技为C企业新增继电保护和柔性输电业务;瑞中数据、信通公司为C企业新增电力自动化信息通信业务。新增业务丰富了公司在电力二次设备领域的产品线,也拓展了公司在电网自动化行业的产业链,使得公司业务贯穿发电、变电、配电、用电、调度五个环节并覆盖一次设备、二次设备两个领域,如表4-64所示,C企业是电网自动化行业产品线最全的公司。整体上市注入的标的资产中，继保电气和普瑞工程 2016 年毛利率高达 40% 以上，C 企业 2016 年毛利率仅为 22.78%，继保电气、普瑞工程这两项资产的注入能够直接提升 C 企业的盈利能力。

表 4-64　　　　　　　　　C 企业与同行业公司产品线比较

领域	业务	C 企业	许继电气	平高电气	四方股份	国电自南
调度	调度自动化	√				
	运营监控中心	√				
发电	火电厂自动化系统	√	√		√	√
	水电厂自动化系统	√	√		√	√
输电	导线、绝缘子等（一次）					
	线路保护（二次）					
变电	换流阀、直流控制保护	√	√		√	
	变压器、开关等（一次）			√		
	保护监控等（二次）	√	√		√	
配电	配网变压器、断路器（一次）	√	√	√		
	配网主站、终端（二次）	√	√		√	
用电	用电信息采集	√	√			
	能源管控系统	√				

资料来源：根据公司年报自行整理。

本次整体上市配套募集资金总计 61.03 亿元，其中 34.70 亿元用于 13 项募投项目，16.44 亿元重点投入 IGBT 模块产业化项目。IGBT 是能源变换与传输的核心电力电子元器件，广泛应用于智能电网、电动汽车、环保发电等领域，是新能源业务与节能环保低碳经济的重要技术支撑。目前，我国的 IGBT 自主研发技术尚未成熟，IGBT 芯片和模块将近 90% 依赖进口，国内市场空间广阔，在 IGBT 领域存在较多发展机遇。另外，IGBT 是柔性直流输电领域核心装置换流阀的核心开关部件，IGBT 募投项目的开发能为 C 企业新增的柔性输电业务带来协同效应，有利于实现柔性直流输电核心环节国产化，提高 C 企业的综合竞争力和抗风险能力。

综上所述，同类业务在整体上市后得到内部整合，新增电力二次设备领域业务，拓展境内外区域销售和服务平台，一方面有利于解决同业竞争问题，另一方面有利于生产、市场等资源的深度融合与共享，实现协同效应。在生产体系协同方面，整体上市后的 C 企业获得巨额优质资产，并通过上市公司较强的企业管理能力对内部资源进行统筹，优化生产组织，从其他专业支撑机构中独立分出生产中心，提高生产的集约化管控程度，以全流程生产管理系统为支撑，建立更集约、更高效的全价值链精益生产管理体系，推进上市公司生产资源协同。在市场体系协同方面，新增境内外区域平台，为 C 企业在中国北京、中国上海、印度尼西亚、巴西等地的销售和服务业务提供有力支撑，在进出口贸易和国际物流方面提供良好的保障，有利于 C 企业拓展海外市场，完善了公司在设备出口贸易产业链的布局。由于本次整体上市丰富了 C 企业在电力二次设备的产品线，丰富了公司在电力行业的产业链，因此公司的业务规模得以快速扩展，资产质量不断提高，提高了企业的盈利能力。IGBT 募投项目为柔性输电业务带来协同效应，推动柔性直流输电核心技术国产化。

（3）加强研发协同。

表 4-65　　　　　　　　　　　C 企业与许继电气研发投入指标对比

	项目	2015 年	2016 年	2017 年	2018 年	2019 年
C 企业	研发投入（万元）	66 871.48	67 301.31	162 254.07	190 068.58	221 214.07
	研发投入占营业收入比例	6.91%	5.90%	6.71%	6.66%	6.82%
许继电气	研发投入（万元）	39 703.34	46 041.36	49 057.62	50 873.89	56 400.31
	研发投入占营业收入比例	5.40%	4.79%	4.75%	6.19%	5.20%

资料来源：C 企业公司年报。

如图 4-46 所示，自 2017 年整体上市后，C 企业研发投入显著提高，2017 年研发投入金额增速达到 141.09%，整体上市后研发投入占营业收入比例也有所提升。2015～2019年 C 企业的研发投入占营业收入比例均高于许继电气，且整体上市后 C 企业的研发投入占营业收入比例稳定在 6% 以上。

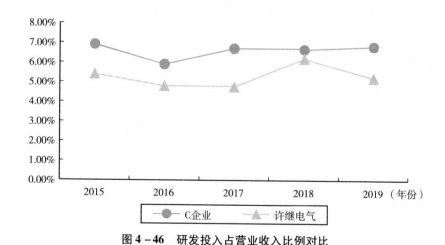

图 4-46　研发投入占营业收入比例对比

资料来源：公司年报。

C 企业充分发挥上市公司的资源统筹优势，梳理新并入公司的人才资源，构建高效、清晰的研发组织架构，2017 年经过内部组织架构整合后独立出 C 研究院作为国家重点实验室，并在专业职称机构下设教育培训中心（研究生院），注重人才培养和研发团队科研能力的提升。公司内部加强共性技术研究，建设产品研发统一软硬件基础平台，集中开发移动应用平台、云基础平台等重大共性平台，加强对公司研发团队的集约化、标准化管理，提高研发效率，实现研发协同。表 4 - 66 展示 C 企业 2015 ~ 2019 年主要科研成果，整体上市后公司在专利授权、论文著作、科技奖励等方面的科研成果均有所增加。在整体上市后的第一年，C 企业获得 405 项专利授权，与 2017 年相比增加 55.77%，其中 292 项发明专利，同比增加 101.38%。

表 4 - 66   C 企业研发创新成果

项目	2015 年	2016 年	2017 年	2018 年	2019 年
专利授权（项）	145	145	260	405	395
其中：发明专利（项）	92	109	145	292	298
科技奖励（项）	72	45	86	93	94
发表核心期刊论文（篇）	178	162	293	319	224

资料来源：C 企业社会责任报告。

（4）引入股权激励。

C 企业在完成整体上市后的第一年，于 2018 年 12 月 6 日公告了首次限制性股票激励计划。本次股权激励计划采取定向增发的方式授予激励对象 C 企业 A 股普通股，授予价格为每股 9.08 元，激励对象为公司的高级管理人员、中层管理人员、核心技术（业务）人员共计 990 人。具体解除限售业绩考核目标如表 4 - 67 所示。除此以外，解除限售条件还包括激励对象个人层面考核，分为四个等级，激励对象的个人绩效考核达标后才具备解除限售资格。截至 2021 年 3 月，C 企业公告了限制性股票激励计划第一个限售期内的公司业绩表现，四项业绩考核目标均达标。

表 4 - 67   C 企业 2018 年股权激励计划解除限售业绩考核目标

解除限售期	业绩考核目标
第一个解除限售期	2019 年净资产收益率不低于 13.2%，且不低于同行业对标企业 75 分位值水平；2019 年较 2017 年净利润复合增长率不低于 11%，且不低于同行业对标企业 75 分位值水平；2019 年成本费用占收入比重不高于 84.80%；2019 年完成 C 集团下达的经济增加值目标，且 ΔEVA 大于 0
第二个解除限售期	2020 年净资产收益率不低于 13.5%，且不低于同行业对标企业 75 分位值水平；2020 年较 2017 年净利润复合增长率不低于 11%，且不低于同行业对标企业 75 分位值水平；2020 年成本费用占收入比重不高于 84.78%；2020 年完成 C 集团下达的经济增加值目标，且 ΔEVA 大于 0

解除限售期	业绩考核目标
第三个解除限售期	2021 年净资产收益率不低于 13.8%，且不低于同行业对标企业 75 分位值水平；2021 年较 2017 年净利润复合增长率不低于 11%，且不低于同行业对标企业 75 分位值水平；2021 年成本费用占收入比重不高于 84.75%；2021 年完成 C 集团下达的经济增加值目标，且 ΔEVA 大于 0
第四个解除限售期	2022 年净资产收益率不低于 14%，且不低于同行业对标企业 75 分位值水平；2022 年较 2017 年净利润复合增长率不低于 11%，且不低于同行业对标企业 75 分位值水平；2022 年成本费用占收入比重不高于 84.73%；2022 年完成 C 集团下达的经济增加值目标，且 ΔEVA 大于 0

资料来源：公司公告。

由此可见，整体上市后，由于公司规模短期内快速扩大以及公司内部组织架构调整，C 企业通过完善激励约束机制，吸引外部人才扩充研发团队，激励原有研发人员以提升研发创新能力，降低核心研发人员离职率，提升员工归属感，建立企业利益共同体为目标，使得公司整体利益与股东利益、核心员工利益趋于一致，增强企业凝聚力。员工持股对提升企业业绩和提高员工积极性也具有重要作用。在解除限售条件的约束下，公司核心人才离职率下降；业绩考核目标中主要为盈利能力指标和成本费用指标，公司盈利能力按照业绩考核目标逐年稳步增长，并对期间费用进行了有效的控制。随着 2018 年股权激励计划的稳步推进，C 企业于 2021 年 12 月公告了第二次股权激励计划，增加授予人数至 1 300 人，并将授予对象范围扩大至研发、工程、营销等部门的重要员工。在 2021 年股权激励计划中，限售期延长至 36 个月，解除限售的业绩考核条件成本费用占比调整为研发费用复核增长率，由此可见 C 企业着眼于企业长期发展，对企业研发创新能力愈发重视，将研发费用指标引入员工持股计划中，有利于激发员工的创新能力。

（5）加强 ESG 工作。

整体上市后，C 企业逐步加强 ESG 工作，利用资本市场的外部监督机制对企业活动加以约束，高度重视节能环保指标、员工管理、社会公益和公司治理，积极履行社会责任。公司强化 ESG 管理理念，积极学习国际主流 ESG 标准，与境外投资者及 ESG 评价机构开展多轮沟通和探讨，构建更加完善的 ESG 管理体系，促进 ESG 管理绩效"量化""指标化"。

ESG 工作包括环境管理、社会责任和公司治理三个层面。在环境管理上，C 企业在长期发展战略中愈发重视环境保护规划，并制定《环境保护管理规范》等规章制度，加强对生产环节中的污染环境、浪费能源等行为的约束监管，开展环境隐患排查、环境风险识别与评估及环境绩效考核，提升环境保护应急与监测能力。C 企业不仅积极推进水电、光伏等可再生能源业务的发展，在日常生产中也倡导绿色运营，减少生产经营碳排放。在社会责任层面，C 企业重视安全生产，保障员工权益，不断完善福利保障体系和员工管理培养体系。在公司治理层面，建立健全激励和约束机制，及时引入股权激励计划以吸引和保留核心人才；逐步完善公司治理，根据整体上市后业务布局的变动对内部组织架构进行调整和优化，并提升信息披露质量，提高公司经营信息、ESG 信息的公开透明度。

在 C 企业 2020 年度社会责任报告中，公司首次参照国际主流 ESG 信息披露标准公布了更详细的环境、社会和公司治理信息。与以前年度的社会责任报告相比，披露内容的有效性和透明度显著提高，增加披露了环保投入、各类能源消耗量等环境绩效指标以及安全生产投入、员工福利等社会绩效指标；增加了展示图表和案例分析，提高了社会责任报告内容的可比性和可理解性；与同为国家电网公司下属上市公司的许继电气、平高电气相比，C 企业的社会责任报告披露了更详细更具体的社会责任履行情况信息。在 2021 年第十四届中国企业社会责任报告国际研讨会上，公司的社会责任报告在参评的 1 800 多份报告中崭露头角，C 企业是国家电网公司下属单位中唯一获得优秀报告奖的上市公司。

（6）作用路径小结。

本部分研究的主要问题是"整体上市是如何提升 C 企业绩效的"，即整体上市对 C 企业绩效的作用路径。基于上部分的分析可知，整体上市后 C 企业绩效提升主要表现在财务绩效和非财务绩效两个方面。财务绩效的提升主要表现为长期偿债能力和盈利能力提高，非财务绩效主要表现为机构投资者给予正面评价以及 C 企业取得良好的环境绩效和社会绩效。长期偿债能力提升的主要原因是采取定向增发的方式进行资产重组并募集配套资金。据此，本章重点探究 C 企业在整体上市后，哪些企业行为促使 C 企业的盈利能力得到提高，促进公司取得良好的环境绩效和社会绩效以及公司获得机构投资者的正面评价。本部分内容详细分析了整体上市对 C 企业绩效产生影响的原因，其中第（1）至第（4）点列示了促使 C 企业的盈利能力得到提高的企业行为，第（5）点阐释了促使公司取得良好的环境绩效和社会绩效的企业行为。

本部分首先分析了整体上市为 C 企业带来最直接的影响，即解决同业竞争问题；然后以协同效应为视角，分析整体上市后 C 企业对新并入企业的资源整合、对内部结构的调整；其次以环境保护、社会责任、公司治理为视角分析引入股权激励以及加强 ESG 工作对 C 企业绩效的影响，得到以下结论并绘制出作用路径图（见图 4 - 47）：

整体上市后 C 企业的同业竞争问题得到有效解决，集团内部生产资源、营销渠道等得以共享，能减少集团内耗和内部恶性竞争，提高资源配置效率，进一步提升公司的盈利能力。同时，同业竞争问题的解决能够避免集团作出损害上市公司利益的非公平资源配置行为，有效保障中小股东利益，使得 C 企业更容易获得机构投资者以及 A 股流动股东的青睐。

整体上市后，C 企业进行深度资源整合，调整内部组织架构，促进生产协同、市场协同、研发协同，提高了公司的盈利能力。具体表现在：对同类业务进行统筹，优化生产组织，提高生产的集约化管控程度，推进生产资源协同；新增境内外区域平台，为公司开拓海外市场提供服务支持；新增业务丰富了电力二次设备的产品线，成为公司新的盈利增长点；通过调整研发组织架构、加强人才培养、加强共性技术研究，提高研发效率和研发创新能力。及时引入股权激励计划，吸引、激励和留住公司核心人才，促进企业研发创新能力提升，进一步提高了公司的盈利能力。

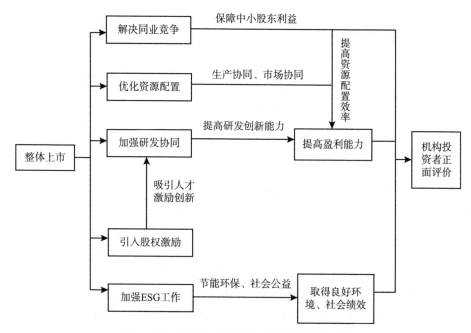

图 4 - 47 整体上市对 C 企业绩效的作用路径

资料来源：本节研究整理。

整体上市后，由于上市公司即 C 集团主业资产受到资本市场的外部监督，C 企业逐步加强 ESG 工作，构建更加完善的 ESG 管理体系，提高 ESG 信息披露质量。C 企业高度重视节能环保指标、员工管理、社会公益和公司治理，积极履行社会责任，取得了良好的环境绩效和社会绩效。

由于 C 企业的盈利能力得到提高，并取得了良好的环境绩效和社会绩效，机构投资者对 C 企业整体上市后的业绩表现给出了正面评价，并表示看好公司的未来发展前景。

4.3.5 结论与启示

1. 研究结论。

本节以 C 企业为案例，以现有文献研究为基础，对 C 企业整体上市过程和方案进行梳理，从市场反应、财务绩效、非财务绩效三个层面分析 C 企业整体上市后的企业绩效表现，并探究 C 企业整体上市影响绩效的原因，根据绩效表现及其成因分析进一步归纳 C 企业整体上市对企业绩效的作用路径，并绘制出作用路径图（见图 4 - 47）。

（1）C 企业整体上市后的绩效表现。

整体上市给 C 企业带来正向的市场反应。采用事件研究法计算整体上市首个复牌日前后 10 日的超额收益率和累计超额收益率，研究发现事件日后超额收益率呈现大幅增长，累计超额收益率在事件日后连续 10 日保持在正常水平以上。

在财务绩效层面，选取 2014 ~ 2020 年共 7 年的财务比率数据，为排除行业、主营业务、企业性质、资产规模等因素的影响，以电网自动化行业 7 家上市公司计算的行业均值以及许继电气作为比较对象，对 C 企业整体上市后的财务绩效进行纵向和横向对比分析。在偿债能力方面，整体上市当年短期偿债能力下降，随后几年逐渐恢复至正常水平，主要原因是整体上市采用现金购买的继保电气 79.239% 的股权尚未支付，以及重组后标的公司向 C 集团增加借款，导致其他应付款大幅增加；长期偿债能力在整体上市后有所提升，主要原因是 C 企业采取了以定向增发为主的方式进行整体上市，同时向 7 名机构投资者募集配套资金 61 亿元；偿债能力的变化主要受到公司所选择的整体上市模式以及支付对价的方式的影响。在盈利能力方面，整体上市后 C 企业的营业毛利率显著提升，主要原因是整体上市后解决了同业竞争问题，同时公司进行了业务布局和内部组织架构调整，加强生产体系、市场体系和研发体系协同，提高资源配置效率。在营运能力方面，整体上市前后 C 企业的营运能力指标没有显著变化，整体上市对营运能力指标的影响较小。在发展能力方面，发展能力指标仅在整体上市当年大幅提升，主要原因是国网电科院和 C 集团将 266.80 亿元的标的资产一次性注入 C 企业；整体上市对发展能力的影响不具备延续性。

非财务绩效部分从机构投资者评价和社会责任履行情况两个方面展开详细分析。构建"机构投资者评价"作为衡量 C 企业整体上市的非财务绩效指标，使用软件搜集 312 篇投资研究报告，采用文本分析法和情感分析法，对投资研究报告内容展开词频分析、情感分析和研报评级分析。研究发现大多数高频词、高频形容词具有明显正面意义；情感倾向为正面的句子占比将近 60%，大部分机构投资者对 C 企业整体上市后业绩表现给予正面评价；给出"买入""强烈推荐"评级的投资研究报告数量占所有研究报告总数将近七成，大部分投资研究报告中机构投资者给出了最高评级。与同行业的许继电气相比，机构投资者对 C 企业的评价更为积极。在社会责任履行情况上，公司逐年加大环保投入和安全生产投入，利用自身优势积极推进光伏扶贫事业，取得了良好的环境绩效和社会绩效。

（2）C 企业整体上市影响绩效的作用路径。

本节从同业竞争、资源配置、研发创新、公司治理、社会责任共五个角度，分析整体上市对 C 企业绩效产生影响的原因，并根据绩效和成因分析总结 C 企业整体上市对企业绩效的作用路径。第一，整体上市后 C 企业的同业竞争问题得到有效解决，集团内部生产资源、营销渠道等得以共享，提高了资源配置效率，进一步提升了公司的盈利能力。同时，同业竞争问题的解决能够避免集团做出损害上市公司利益的非公平资源配置行为，有效保障中小股东利益，使得 C 企业更容易获得机构投资者以及 A 股流动股东的青睐。第二，整体上市后，C 企业进行深度资源整合，调整内部组织架构，促进生产协同、市场协同、研发协同，提高了公司的盈利能力。C 企业及时引入股权激励计划，吸引、激励和留住公司核心人才，促进企业研发创新能力提升，进一步提高了公司的盈利能力。第三，整体上市后，在资本市场监督机制的约束下，C 企业逐步加强 ESG 工作，构建更加完善的 ESG 管理体系，提高 ESG 信息披露质量，积极履行社会责任，取得了良好的环境绩效和社会绩效。第四，由于 C 企业盈利能力得到提升，并取得了良好的环境绩效和社会绩效，机构投资者对 C 企业整体上市后的业绩表现给出了正面评价。

2. 研究启示。

（1）国有企业应选择适合企业的整体上市模式。

国有企业在推进重组整合或混合所有制改革的过程中应选择适合企业的模式。国有企业混合所有制改革从 20 世纪 90 年代起开始探索，已历经 30 年，其间涌现出许多不同行业的典型混改案例，如医药行业的"云南白药模式"、房地产行业的"绿地模式"以及本节案例公司电力行业的"C 企业模式"，以上成功案例均为企业选择的最适合企业自身发展状况的模式。C 企业结合自身所处水电气热等提供公共产品和服务的行业特殊性质，在混合所有制改革的过程中选择了以定向增发实现整体上市为主，引入机构投资者和员工持股为辅的模式。定向发行股份的方式，成本较低，手续相对简便，整体上市进程加快，且保持整体上市后国有资本仍具备绝对控制权。为整体上市募集配套资金而引入机构投资者，缓解支付巨额现金对价的短期债务压力，并为具有发展前景的 IGBT 模块产业化、智慧水务等项目筹集资金。由于企业整体上市后员工人数快速扩大，及时引入股权激励计划留住核心人才，激励员工提高工作效率，激发员工的研究创新能力。"C 企业模式"为公益类国有企业提供了一个成功的混合所有制改革模板。

（2）国有企业在整体上市前应重视注入资产的质量。

国有企业在整体上市前应高度重视注入资产的质量。C 企业从 2010 年开始一直在资产重组的道路上不断探索，2013 年重大资产重组时 C 企业有意收购 C 集团、国网电科院下属的普瑞特高压和普瑞工程，但由于特高压业务和新能源业务的投入较大、盈利状况不稳定，并购计划暂时搁置。至 2017 年整体上市时，C 集团、国网电科院才将具备稳定盈利能力的普瑞特高压和普瑞工程注入上市平台。由于普瑞特高压和普瑞工程的特高压输配电业务和电力二次设备业务毛利率较高，且在 2017 年整体上市时企业已具备稳定的盈利能力，普瑞特高压和普瑞工程注入 C 企业后显著提升 C 企业的整体盈利能力。国有企业具备整体上市条件时，集团母公司不应为了扩大企业规模而盲目注入大量资产，应该选择盈利能力较强、与上市子公司业务关联性较强的优质资产，同时利用上市平台宽阔的融资渠道和先进的管理经验，盘活集团内部资源。否则新注入资产将会成为上市公司的累赘，导致上市公司面临经营风险或财务风险。

（3）国有企业在整体上市后应加强内部资源整合。

国有企业在整体上市后应该重视资源整合。C 企业在整体上市后，优化业务结构，简化内部组织架构，加强生产体系、市场体系和研发体系协同，以此提升公司的整体盈利能力和综合竞争力。在业务结构的调整上，企业可以加强同类业务的整合，深度融合共享生产、市场等资源，通过提高生产的集约化管控程度提高生产效率，通过开拓新市场和完善产品线以寻找新的利润增长点。在内部组织架构的调整上，可以将同类业务合并为同一事业部，为新增业务新设事业部，事业部对同类业务公司进行集约化管理，通过统筹管理降低管理费用。在研发组织架构的调整上，可以统筹设立研究院和教育培训中心，加强共性技术研究，建设产品研发的共性平台，提高研发效率。

4.4 私募股权基金参与混改的动因及绩效分析[①]

4.4.1 引言

我国国企混改已经历 40 年有余，在新一轮的国企改革当中，私募股权基金积极参与其中，各地也相继出台一系列政策表示对私募股权基金参与国企混改的认可。弘毅投资响应政策的号召，已相继参与中国玻璃、中联重科、城投控股、D 酒店等多家国企混改，D 酒店引入弘毅投资打响了上海国企混改引入私募股权基金的第一枪，在我国国企混改引入私募股权基金的案例中极具代表性，因此本节从 D 酒店引入弘毅投资的动因入手，对 D 酒店混改前后的财务绩效、非财务绩效以及克服负外部性等方面展开深入的分析，对国企混改引入私募股权基金的利与弊展开讨论，旨在丰富我国国企混改路径，同时也为国有企业引入私募股权基金发挥一定的借鉴作用。

1. 研究背景。

随着新一轮国企混改的不断深化，其混改路径也是需要重点讨论的问题，国企混改引入私募股权基金也得到了各地政府的认可与支持，市场对此的反应则更为强烈，因此国企混改引入私募股权基金目前来看是可以引用的一种新路径。与此同时，私募股权基金在我国发展时间并不长，与国有企业会产生如何的化学反应仍有待探究，这也是本节所研究的背景所在。

D 酒店属于酒店餐饮行业，其主营业务为住宿及餐饮。虽然目前全球范围内存在大大小小的此类企业，但大都规模不大且经营较为分散，大型集团企业在我国相对较为集中，我国主要有三大集团从事酒店餐饮业，分别是上海 D 集团、北京首旅集团以及广东岭南集团。这三大集团在全国范围内的市场占有率相对较高，但相比万豪、洲际国际品牌而言，其全球范围内的市场占有率仍有待提升。

随着 2012 年中共中央发布的"八项规定"后，我国掀起了空前的"反腐倡廉"潮，对于公务人员的"三公费用"有着极为严苛的要求，此项政策对于消费行业尤其是高端酒店系列而言冲击巨大，此前入住高端酒店的主要消费人群大概包括两种：第一种是商务人员，第二种是公务人员。其余零星的人员所占消费比例有限，因此对于 D 酒店的经营状况有着很大的影响，同时也会倒逼高端酒店行业改变其经营结构与战略方针，以适应我国新的消费政策及理念。

近年来随着国民经济的高速发展，消费主体的消费习惯和方式也发生了较大的改变，

---

① 作为广东省自然科学基金面上项目（课题编号：2021A1515011479）的前期研究基础，部分数据用于本人学生江通的硕士论文。

消费主体的需求也更加多元化。因此给酒店餐饮类企业提出了更高的要求，想要在竞争激烈的红海市场谋求生存与发展，必须要从传统的"功能导向型"酒店转变成为"需求导向型"酒店。

2. 研究意义。

（1）理论意义。

就国有企业混合所有制改革与私募股权基金的单一研究而言，国内外很多学者都对此进行了大量的研究，但是将私募股权基金引入国有企业混合所有制改革的相关研究却相对较少。国企混改入私募股权基金实质上引入了私有产权所有者，使得企业的产权配置发生变化，使得产权所有者之间得到相互制衡，实现了资源的优化配置。随着引入私募股权基金，双方主体代理关系发生变化，随之对于各个产权主体之间的积极性也会带来变化，双方主体相互制约能使得其代理成本得以降低。私募股权基金通常会在董事会有一席之位，参与到公司治理当中，能有效改善双方主体间信息不对称现象。私募股权基金还持有公司一定股份，公司盈利状况与其密切相关，因此，私募股权基金作为股东能够对管理层作出相应的监督和制约，积极参与公司战略方针制定、经营决策当中去，促进公司良好运行发展。

（2）实践意义。

目前我国私募股权基金监管法律法规仍需不断地健全和完善，将私募股权基金引入国企混改的实践经验仍较少。本节通过 D 酒店引入弘毅投资的案例，对引入弘毅投资后 D 酒店的公司治理架构以及其财务绩效的影响展开研究，通过此案例揭示出国有企业引入私募股权基金的优点与不足。一方面可以检验国企混改引入私募股权基金的效果，另一方面也能进一步丰富国企混改的路径分析。

4.4.2 文献综述

1. 理论基础。

（1）委托代理理论。

在国有企业进行混合所有制改革引入私募股权基金后，拥有国有企业一定比例的股权，因此在国有企业的董事会等治理层拥有相应的话语权，通过优化国有企业的股权机构，完善国有企业的激励机制以及帮助其更加科学合理地制定经营战略。因此可以有效地提升公司治理水平，一定程度上委托代理问题将在国有企业中得以解决。

（2）产权理论。

国有企业的管理者拥有企业的管理权，但是他们不拥有国有企业的产权，他们赚取固定的工资薪金，不享有企业利润分成也不承担企业的亏损，因此国有企业管理者在参与企业管理和提升企业经济效益方面很难具备主观能动性。当国有企业引入私募股权基金进行混合所有制改革时，拥有国有企业的部分产权，同时享有国有企业的利润分享以及承担相应亏损，因此私募股权基金的管理者会积极主动地参与到企业管理与运营当中，在提升企业的治理效应以及经济效益等方面都能够发挥积极的作用。

（3）信息不对称理论。

信息不对称理论指出，在日常进行的经济活动中，不同人员对信息的掌握程度大不相同，获取信息较多的一方要强于获取信息较少的一方。该理论阐述了信息在市场经济中发挥的作用，但同时也展现出市场经济活动所存在的缺陷。该理论认为市场经济的运作并非自然且合理，任由市场机制自我管理未必会给市场带来正向效果。该理论指出政府监管机构应加强对市场经济的监督，尽量减少信息不对称程度。D 酒店作为一家上市国有企业，盈利固然重要，但承担社会责任也很重要。因此在其经营过程当中，通过自身以及政府等监管机构共同努力，尽量减少经营过程中存在的信息不对称现象。

（4）股东积极主义理论。

在企业的公司治理和投资决策当中，机构投资者扮演着积极主动的角色，在提升公司治理水平方面起着至关重要的作用。当机构投资者对所持股份企业的公司治理以及运营管理产生质疑时，能够利用其股东的身份，积极主动参与到公司的管理及运营当中去，以获取所享有的未来的收益。

D 酒店引入的弘毅投资，其本质是引入机构投资者，在私募股权基金的投资过程中，更注重中长期的长远利益。弘毅投资在参与到 D 酒店的经营决策及公司治理时，可以充分利用其敏锐的商业眼光以及自身的管理经验等，为 D 酒店提供一系列的资本增值服务。引入私募股权基金能够有效地将国有企业与私募股权基金的优势融合在一起，有效提升其治理水平，使其经济效益得以增加，从而提升国有企业综合竞争力。

2. 概念界定。

（1）私募股权基金。

私募股权基金包括投资非上市公司股权或上市非公开交易股权两种，其通过赚取股权买卖差价为盈利手段，并非依赖股权分红赚取收益。20 世纪 80 年代我国开始引进风险投资，我国私募股权基金行业发展已有 30 余年，发展十分迅速并进入"壮年"时期，已经向前踏出坚实的一步。

私募股权基金可以从两种不同维度进行分类，按照私募股权基金的存在形式可分为以下三种，如表 4 - 68 所示。

表 4 - 68　　　　　　　　　私募股权基金按存在形式分类

公司制	与普通公司制企业一样由股东大会、董事会、管理层等组成
合伙制	普通合伙制、有限合伙制、特殊普通合伙制
信托制	信托制有其代理人，运作模式大致分为以下三步：①募集资金、②投资、③分红

资料来源：自行整理。

私募股权基金按照其投资标的所处阶段可分为四种，见表 4 - 69。

表 4 - 69 私募股权基金按投资类型分类

天使基金	主要投资标的为初创型企业
创投基金	主要投资标的为快速增长的高风险企业
并购重组基金	主要投资标的为有整合并购需求的企业
增长基金	主要投资标的为有增长需求的企业

资料来源：自行整理。

综上，弘毅投资的存在形式为特殊普通合伙制，D 酒店是我国餐饮住宿业龙头企业，并非初创型和风险投资型，也不是为了并购重组，而是顺应国家政策，谋求自身战略转型升级，此次参与 D 酒店混改的投资类型为"增长型基金投资"。

（2）混改绩效。

本节主要研究 D 酒店引入弘毅投资后对其绩效的影响，从财务角度和非财务角度分别对其进行分析。财务角度主要从分析其盈利、偿债、营运及成长能力四方面展开分析；非财务角度主要从公司治理、战略布局及国有资本保值增值三方面加以阐述。

3. 文献综述。

（1）国企混改国内相关研究。

新一轮混改序幕已拉开，传统国企混改已退出历史舞台，随着新一轮混改热潮袭来，大量国内外学者对国企混改作出更加深入的研究。本节对相关文献进行梳理并作出文献述评，从国有企业的可持续发展、完善国有企业治理机制、国有资本与民营资本融合三方面展开相应的分析。

在国有企业的可持续发展方面。国企混改首先要对国企先进行分类，对国有独资企业而言也需改革，在进行混改时要特别注意对国有资产的保护（Huang，2014）。张卓元（2014）认为，国企混改可以有效改善国企垄断地位的现状，能够与非公有制资本进行有效的融合，确保国有企业稳步健康发展。刘晓玲等人（2015）指出，民营资本参与到国有企业当中能达到双赢的效果，混改双方都能实现可持续发展。混改可以影响企业对创新战略的选择，进而影响企业的未来发展（Li and Yuan，2020）。

在完善国有企业治理机制方面。吴树畅（2015）指出，通过引入民营资本进行国企混改在改善国企治理水平方面有显著的正向效果。赖馨和何立柱（2015）认为，国企混改引入民营资本可以很好的提高国有企业的经济活力。高明华和杜雯翠（2014）认为，国企混改组织架构仍亟待完善，部分国有企业在行业中具有垄断地位，如果将其改革全面放开不一定是好事，可能不利于我国经济发展，要因地制宜，一事一议。高明华和刘波波（2022）认为，董事会治理规范化整体上能显著促进国有企业混合所有制改革。沈红波和张金清（2019）认为，国企混改的关键在于引入非国有资本时，要对人才机制和企业管理机制进行变革，完善现代国有企业制度，进而提升国有企业的效率。彭华伟和蒋琪（2019）指出，国有企业长时间的运营较为低效的现状，已经影响到了中国整体经济结构的优化升级，若想通过国企混改以提升国有企业的竞争力，首先要解决国企混改怎么分类的难题。徐晓松（2019）指出，为符合我国的集体利益，要对我国股权制度进行改革，丰富股权控制方式，从而丰富国家的股权控制体系。倪宣明等（2022）认为，国企混改通过降低代理成本和杠杆率两条作用路径显著提升了企业的资产收益率。朱嘉伟和陈洁（2020）认为，国企混改有整体上市、引进战投、员工持股三种典型模式，而三种典型模式下，企业技术、资本和劳动要素投入效率均显著提升。

在国有资本与民营资本融合方面。朱亮羽（2014）则认为，推进国企混改过程中的一系列问题亟待完善，以防止国有资产流失现象的发生，保证国有企业引入外部资本的配合度，要保证国有资本与民营资本之间可以有效融合。李维安（2014）认为，国企混改不仅使国有资本和非国有资本的有效融合，而且能够优化双方资源配置，实现双赢。谢富生（2020）认为，如果国企混改取得成效，可以提高企业集团的整体效率，缓解关系型融资带来的高杠杆率问题。

（2）国企混改国外相关研究。

有学者认为，国企混改所遭受的挑战有以下方面：为市场提供力量的时机、方式；健全相应激励机制；克服企业内部存在的负面因素（Leutert，2016）。国有企业要避繁就简，更好地发挥其核心职能（Turner et al.，2015）。

（3）私募股权基金国内相关研究。

私募股权基金引入我国时间较短，相比于国外而言，在我国资本市场中的运用还不够成熟，对私募股权基金的相关学术研究也较少。

在产业的整合方面。夏斌（2007）指出，私募股权基金能够助力企业高速发展，促进企业的产业整合，加快企业的产业优化升级。吴晓灵（2007）认为私募股权基金在企业实施兼并重组中能够发挥重要的作用，提升企业整体价值，为企业提供实施并购所需的资本，成为提供动力的重要源泉。盛立军（2003）认为，私募股权基金有其独特的优势，能增强企业对外部市场的敏锐性，为企业带来丰富的市场经验和行业内的各类资源，能够在相对较短的时间内改善企业的绩效，提升企业整体实力。崔远森、陈可庭（2004）认为私募股权基金的加入能够为企业带来先进的管理理念、充足的资金和发达的技术，提升企业的核心竞争力。

在公司治理方面。朱鸿伟和陈诚（2014）对我国在创业板上市的公司从 2009 年至 2012 年进行实证研究，研究表明引入私募股权基金的上市公司的公司治理水平要比没有引入私募股权基金的上市公司高得多。赵玮（2015）指出，有私募股权基金参与的企业其治理水平与持股比例呈正相关，对企业管理层能产生激励的效果。同时也有少部分学者认为引入私募股权基金并不会提高企业的公司治理水平。徐莉萍和黄小琪（2009）研究我国 1999 ~ 2007 年的所有上市公司，并以此为样本研究引入投资者前后企业的绩效变化，研究发现投资者并不关注企业的长远利益，更多的是进行投机获利，因此为企业价值与绩效带来不良影响。

（4）私募股权基金国外相关研究。

在优化企业管理方面。当企业引入私募股权基金后，私募股权基金一般会向该企业董事会派驻一位或数位非执行董事，因此该企业董事会的监督职能能够更好的实现（Cotter & Peck，2001）。此外，私募股权基金在企业董事会有一定话语权，可以影响管理层的去留，将不称职的管理者予以更换,从而有效缓解企业的委托代理问题(Mike,2008)。引入私募股权基金能有效地加强对企业的监督力度,例如企业定期报告制度,以及私募股权基金向企业派驻的非执行董事能够优化升级企业的管理结构(Michael and William,1976)。格雷迪(2002)的研究表明企业引入私募股权基金后,有效地解决了信息不对称所带来的问题。一个国家不仅要有高速的经济增长,而且在构建良好的私人股本基础设施上还需要配置相应的资源(Darek,2011)。学者以英国1998~2004年上市公司私有化为样本数据进行实证研究,表明引入私募股权基金后的企业代理成本有所降低,能够优化企业的运营资本和增强企业资金流动性(Weir et al.,2015)。

在提升企业价值方面。私募股权基金的引入可以为企业带来一系列的增值服务,提供良好的市场资源,稳定其在行业中的竞争优势,在企业的经营管理中起到积极的作用,进而有效提升企业的绩效(Thomas,2006)。例如,私募股权基金不仅能够给企业带来大量的所需资金,同时还会带来其他的增值附加服务(Gompers,1996)。引入私募股权基金也是一种高效的融资方式,在创业初期,在解决中小企业的资金问题上卓有成效(Metrick & Yasuda,2011)。此外,有学者通过研究跨境并购后发现,在信息较为匮乏的情形下,有私募股权基金参与并购的企业业绩更好(Humphery et al.,2017)。

(5)国企混改引入私募股权基金相关研究。

随着新一轮国企混改的启动,国务院下发的文件中,明确了国企混改要引入非公有制资本,提升国有企业在资本市场的运作水平。通过引入私募股权基金的方式使外部投资者参与国企混改,是我国混改进程中的重要环节,而私募股权基金有其独有的商业价值和资源优势,又有丰富的市场经验,在企业经营过程中能够对市场的风险与机遇有很好的把控。随着私募股权基金的引入可以对国有企业采取有效的监督制约,合理优化资源配置。

吴晓华(2014)认为,私募股权基金参与国企混改有利于完善健全国有企业的管理机制,优化升级企业法人的治理架构以及建立健全的员工约束和激励机制。乔林凤(2007)认为,随着外资私募股权基金的加入,能够为国有企业提供大量营运资金,同时也为企业带来更为先进的经营理念,同时私募股权基金在企业董事会有一席之地,因此能够有效解决国有企业"一股独大"的问题。卢永真(2008)认为,引进私募股权基金投资在国有企业进行并购重组时能够带来积极的效果,私募股权基金与国有资本的有效融合能够促进国有企业实现产业更好更快地优化升级。马天骄(2010)认为,私募股权基金的引入使国有企业的内部权力机构相互制衡,为国有企业的制度变革打下坚实的基础。范小虎(2014)认为,私募股权基金将成为国企混改进程中的中坚力量。邢缤心(2015)指出,私募股权基金参与国企混改,不仅仅只是股权的混合,更多的是整合双方优势从而实现互补,更好地推动国企混改。王甲国(2019)认为,国家层面要建立健全私募股权基金的退出路径相关机制,为私募股权基金参与国企混改提供坚实的保障。

(6)文献述评。

现有文献大都是从国企经营效率较为低下、缺乏有效的市场监督等方面来阐述国企混改的必要性,并指出国企混改首先要解决混改分类的问题。在国企混改对企业的治理水平方面,大多数国内外学者认为国企混改能够提高公司治理水平。部分学者通过实证研究发现国有企业引入民营资本能够使股权多元化，企业内部权力得以相互制衡，同时加强了对管理层的激励与监督。学者对于私募股权基金的相关研究表明，私募股权基金对于提升公司治理、财务绩效等方面具有一定的积极影响，只有少部分学者指出私募股权基金并不以改善公司治理水平为目的，不注重企业长期利益，而是投机获利，因此对公司价值与绩效产生消极影响。对于私募股权基金在国企混改中发挥的作用，仅有少部分的学者对其进行了研究，认为私募股权基金在提供资金以及提升企业价值方面都有积极效应。

综上所述，国内外学者关于国企混改和私募股权基金的研究为本节奠定了理论基础，但现有文献大多是从实证研究出发，鲜有学者利用案例分析对国企混改引入私募股权基金的案例研究就少之又少了。因此本节以国企混改引入私募股权基金作为切入点，分析私募股权基金对于国企混改所起的作用，为我国国企混改提供一定的借鉴意义。

4.4.3 案例介绍

1. 混改双方背景介绍。

（1）D 酒店。

"D 酒店"全称为上海 D 国际酒店股份有限公司，成立于 1993 年。2013 年公司制定了"全球布局、跨国经营"的发展战略，引入弘毅投资后大力开展并购活动，公司先后成功收购了卢浮集团、铂涛集团、维也纳集团，在扩张规模的同时也顺利实现其战略转型升级。目前公司旗下拥有"D 都城""Golden Tulip""麗枫""喆啡""维也纳酒店""卢浮酒店"等品牌。

引入弘毅投资前，D 酒店的股份总数为 603 240 740 股，其控股股东为"上海 D 国际酒店（集团）股份有限公司"，持有其 303 533 935 股股份，持股比例为 50.32%，上海国资委为 D 酒店实际控制人。引入弘毅投资前 D 酒店的控制关系如图 4–48 所示。

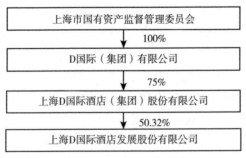

图 4 – 48　引入弘毅投资前 D 酒店股权关系结构

资料来源：根据年度报告整理绘制。

在引入弘毅投资后，D 酒店的股份总数为 804 517 740 股，弘毅投资持有其 100 000 000 股股份，持股比例为 12.56%。引入弘毅投资后 D 酒店的控制关系如图 4–49 所示。

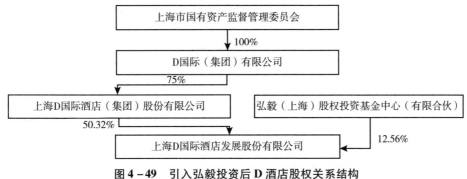

图 4 - 49 引入弘毅投资后 D 酒店股权关系结构

资料来源：根据年度报告整理绘制。

私募股权基金参与国企混改最终都要逐渐退出国有企业，弘毅投资的股权限售期为 36 个月，从 2017 年 12 月开始可以减持其持有股份，2018 年初弘毅投资发布公告称一年内累计减持不超过 5%，到 2019 年为止总计减持 7.85% 股份。D 酒店 2019 年年度报告显示，D 酒店的股份总数为 957 936 440 股，弘毅投资持有其 45 163 919 股股份，持股比例为 4.71%。其控制关系如图 4 - 50 所示。

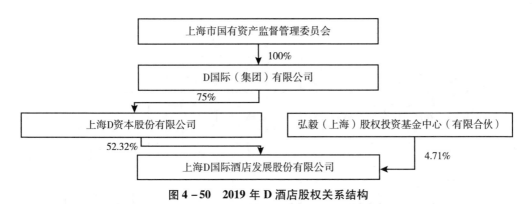

图 4 - 50 2019 年 D 酒店股权关系结构

资料来源：根据年度报告整理绘制。

（2）弘毅投资。

弘毅投资于 2003 年成立，为联想系下辖企业，以"价值创造、价格实现"为核心理念。Hony Capital Management Limited 百分百控股"弘毅股权投资管理（上海）有限公司"，该公司是弘毅（上海）股权投资基金中心的普通合伙人，Hony Capital Fund（HK）Limited 是弘毅（上海）股权投资基金中心的有限合伙人。

弘毅投资参与我国众多国企混改，在各行各业都有弘毅投资的身影，本节所研究对象 D 酒店也是其中之一。弘毅投资在我国国企混改当中颇有建树，从 2003 年至今参与了 40 余家国企混改，投资总额超过 200 亿元，有效推进了我国国企的混改进程，助力国有企业发展壮大，提升其综合竞争力。其控制关系如图 4 - 51 所示。

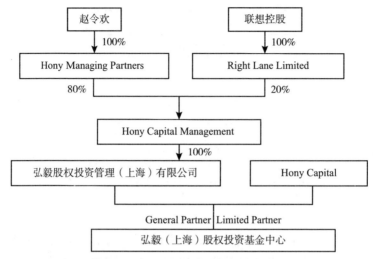

图 4 - 51　弘毅投资股权关系结构

资料来源：根据年度报告整理绘制。

弘毅投资参与的企业囊括海内外各行各业，其业务架构如图 4 - 52 所示。

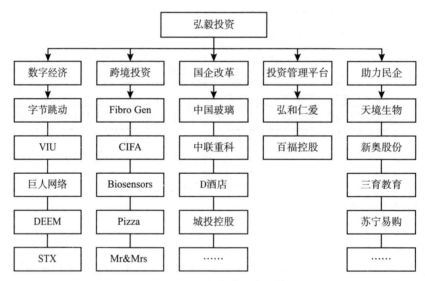

图 4 - 52　弘毅投资业务结构

资料来源：根据年度报告整理绘制。

2. 混改方案介绍。

D 酒店筹划定增相关事项，在 2014 年 6 月 3 日向上海证券交易所申请停牌。2014 年 6 月 18 日发布了第七届董事会第二十二次会议决议公告，会议编号（临 2014—019）。审议通过了《关于公司符合非公开发行 A 股股票条件的议案》《关于公司非公开发行 A 股股票方案的议案》。

决定如下：发行方式采用非公开发行，股票种类为境内上市人民币普通股（A 股），面值为人民币 1.00 元/股。非公开发行的定价基准日为决议公告日，即 2014 年 6 月 14 日。发行价格参照定价基准日前 20 个交易日公司股票交易均价，经协商最终确定为 15.08 元/股。本次发行股票数量为 20 127.70 万股，其中向弘毅投资发行 10 000.00 万股，向母公司发行 10 127.70 万股。弘毅投资和母公司认购方式均为现金，其中弘毅投资以现金方式认购 10 000 万股，D 酒店集团以现金方式认购 10 127.70 万股。限售期安排、募集资金数额及用途方面，弘毅投资基金、D 酒店集团各自认购的本次非公开发行的股票自本次发行结束之日起 36 个月内不得转让，本次非公开发行股票拟募集资金总额不超过 303 525.716 万元。

4.4.4 案例分析

1. D 酒店引入私募股权基金动因分析。

（1）D 酒店角度。

①推动战略需求。

D 酒店于 1996 年 10 月 11 日公开发行股票上市，早已确定了以酒店住宿业作为其主营核心业务，随着我国国民经济的发展以及国民消费习惯的改变，作为我国酒店住宿业的国有企业龙头，其转型需求迫在眉睫。我国国企混改方式大概有以下几种：引入外部投资者、兼并重组、股权激励、改制重组上市、引入股权基金等方式。但以上方案并非都适合 D 酒店进行混改，由于 D 酒店资产庞大且主营核心明确，因此改制重组等方式不太适合 D 酒店；员工持股方案所起到的效果较为缓慢且作用有限，因此也并不能从根源上解决国有企业所存在的问题。在 D 酒店谋求战略转型以及全球布局的背景下，引入私募股权基金是其最佳的混改方式。

D 酒店对于转型的需求迫在眉睫，我国提出的新一轮国企混改也对我国国有企业的国际化战略布局提出了要求，在此背景下 D 酒店需要开启兼并收购之路，科学高效地进行资源整合。弘毅投资是我国知名投资机构，已经参与了中联重科等大型国有企业的混合所有制改革，并取得了较好的效果，再者弘毅投资市场经验较为丰富，能够迅速把握变幻莫测的商业机会，对于 D 酒店开展海外并购活动、推动全球战略性布局有着巨大的帮助。因此 D 酒店与弘毅投资的合作将会给彼此都带来益处，相辅相成，共同进步。

②业务功能导向。

众所周知，私募股权基金与其他性质的基金有所不同，其资金私有化性质较其他基金较为薄弱，其表现形式为资本市场的金融工具，本质上是获取其应获取的利益。私募股权基金在资本市场有着丰富的经验，其业务能力极强，很好地弥补了国有企业的不足，充分发挥其优势，能够帮助国有企业更好地实现产业整合。随着私募股权基金的引入，其管理人员也入驻 D 酒店的董事会，能够很好地优化国有企业的股权结构，D 酒店此次引入弘毅投资，持股比例为 12.56%，弘毅投资总裁入驻 D 酒店董事会，对 D 酒店的经营决策产生较大影响，使其作出的一系列方针政策都更具有市场化的特征。

私募股权基金极具市场化优势，其敏锐的商业嗅觉与职业判断对 D 酒店的经营发展，尤其是国际化战略布局而言都是十分有利的。首先，弘毅投资在资本市场经营多年，对于资本运作的一整套逻辑规律都十分熟悉，有利于助力 D 酒店在资本市场实现长久发展。其次，D 酒店亟须战略转型，2014 年制定了"国际化经营"战略方针，弘毅投资帮助其加快海外战略布局的脚步，先后收购了卢浮集团、铂涛集团等知名酒店。最后，私募股权基金对金融工具等运用灵活，也有着充足的资本，为 D 酒店的经营发展提供充足的现金流，助力 D 酒店发展壮大。

③顺应政策需要。

新一轮国企混改已拉开序幕，国家提出了"要大力发展混合所有制经济"的要求，指出新一轮国企混改对于我国国民经济的发展至关重要。我国的国情较为特殊，不同于国外的资本主义社会，国有企业在我国市场经济中扮演着十分重要的角色，激发国有企业的潜力与活力，使我国国民经济保持健康稳定的发展是我国面临的重大难题。

我国国企混改之路并不顺利，期间经历许许多多波折，但这一次推出的新一轮国企混改不同往常，显示出国家对国有企业的重视以及对国民经济发展的大力支持，D 酒店历来是参与改革的排头兵，此次通过引入弘毅投资参与混改的方式，也是在大力响应国家的号召，顺应政策的需要，积极参与到我国国企混改中去，深化改革以提升自身经营发展水平，加快产业整合的效率，朝着更加完善的"市场化"迈进，助力国家经济更好更快地发展。

④助力国家经济。

我们在实现社会主义现代化的路上砥砺前行，改革开放后我国国民经济的增速史无前例。国有企业肩上挑着国民经济发展的重担，一方面承担着极为重要的社会责任，为我国基础设施以及社会稳定保驾护航；另一方面也要维持自身的健康稳定发展，只有在保全自身发展的前提下才能更好地助力国民经济发展。

国有企业从中华人民共和国成立以来就承担着极其重要的社会责任，在计划经济时代国有企业的发展约等于我国国民经济的发展，计划经济是当时我国经济体系并不完善的情况下采取的过渡方针，实践证明计划经济并不利于我国国民经济发展，市场经济应运而生。也正是在此背景下国企混改成为人们讨论的重点，国有企业必须摒弃传统的经营管理理念才能更好地适应现在发展的需要，恰逢新一轮国企混改的推出，国有企业进行新一轮改革，深化改革才能助力国家经济发展，才能更好地保证社会经济的正常运行，保证国家经济的高速增长。

（2）弘毅投资角度。

①谋求国企改制机会。

弘毅投资于 2011 年将其投资总部搬迁至上海，弘毅投资的主营业务除了金融板块的业务之外，其开展业务的对象是上海市本地企业的改制。随着 2013 年党的十八届三中全会的召开，将"新一轮国企混改"推至更高的高度，上海国资委陆续公布一系列国企混改指引方针，对国有企业混改路径以及其他相关事项做出详细的规定，有序推进上海国企混改的进程。同时也出台了一系列政策鼓励"私募股权基金"参与国企混改，由此可见上海市国资委对私募股权基金的引入是认可的，对此也寄予很大的期望。

因此，弘毅投资自身有其过硬之处，再加上一系列政策的支持，对弘毅投资而言是重大利好的。仅就弘毅投资自身而言，当时弘毅投资所管理的现金资产为480亿元，资金规模庞大，自身实力雄厚，其本身是有这"金刚钻"的，足以揽下国企混改这"瓷器活"。再者，私募股权基金本身就是以盈利为目的，参与国企混改很大概率上来讲都会使其收获颇丰，因此抓住国企混改这一机会，与其经营理念在一定程度上也是不谋而合的。

②D酒店发展潜力巨大。

国家的"十二五"规划以及"十三五"规划当中提出要大力发展旅游业，旅游业对我国GDP贡献值也远超过去，人们更加注重生活质量。如表4－70所示，我国旅游业发展态势仍旧强势，无论是旅游人次还是旅游收入都呈稳步上升的态势，而D酒店作为我国酒店住宿行业的龙头，受益于国民经济和旅游业的高速发展，而D酒店的门店几乎遍布全国主要城市，因此其市场份额占比较高，发展潜力巨大。

D酒店作为我国三大餐饮住宿集团之一，在我国餐饮住宿行业内的地位不言而喻，D之星在2013年5月入选2012~2013年度中国酒店百佳，在金驿奖评选中蝉联三届"年度最佳经济型连锁酒店"。其在人民群众中评价较高，表现十分突出，因此D酒店这一优质标的也是弘毅投资所青睐的对象。

表4－70　　　　　　　　　2011~2019年旅游业主要发展指标

年份	国内旅游人次（亿人次）	国内旅游收入（亿元）	入境旅游人次（万人次）	入境旅游收入（亿美元）	出境旅游人次（万人次）	旅游总收入（万亿元）
2011	26.41	19 305	13 542	484.64	7 025	2.25
2012	29.57	22 706	13 241	500.28	8 318	2.59
2013	32.62	26 276	12 908	516.64	9 819	2.95
2014	36.11	30 312	12 850	1 053.80	10 728	3.73
2015	39.90	34 195	13 382	1 136.50	11 689	4.13
2016	44.35	39 390	13 844	1 200.00	12 203	4.69
2017	50.01	45 661	13 948	1 234.17	13 051	5.40
2018	55.39	51 278	14 120	1 271.03	14 972	5.97
2019	60.06	57 251	14 531	1 313.00	15 463	6.63

资料来源：中国旅游业统计公报。

综上，D酒店引入弘毅投资顺应了国企混改政策需要，落实了其跨国经营的战略布局，促进其产业转型升级，双方都寻找到了合适的混改合作伙伴，对于D酒店和弘毅而言都十分有利，满足各自的需求，实现互利共赢。

2. D酒店引入私募股权基金的财务绩效。

在研究D酒店引入弘毅投资后对其绩效的影响时，首先要研究的就是对其财务绩效的影响，财务绩效是绩效评价的重要一部分，主要从盈利能力、偿债能力、营运能力、成长能力这四方面对D酒店引入弘毅投资混改前后的财务绩效进行评价，并从自身混改前后变化以及与行业对比的两个维度进行全方位的对比分析，对 D 酒店的财务绩效展开详尽的分析，本节分析所用数据大都来源于 Wind 数据库和 CSMAR 数据库。

（1）盈利能力有所提高。

盈利能力通俗而言就是指在公司正常经营过程中赚取利润的能力，本节从加权净资产收益率（ROE）、总资产报酬率（ROA）、销售利润率和成本费用利润率等四方面展开分析，表 4 - 7 和图 4 - 53 主要描述了 D 酒店以及餐饮住宿行业 2010 ~ 2019 年相关盈利能力指标的变化情况。

本节所采用的四大盈利能力分析指标都是正向指标，指标越大所反映的企业经营成果越好。从表 4 - 71 和图 4 - 53 中可以看出，引入弘毅投资之前 D 酒店销售利润率和成本费用利润率呈现下降趋势，但在 2014 年引入弘毅投资时销售利润率和成本费用利润率都得到了提升，尤其是成本费用利润率得到了显著的提升，从表 4 - 72、图 4 - 54 和图 4 - 55 可知，行业均值在 2014 年时只有略微的增长，但 D 酒店在 2014 年时增长幅度较大，可见随着弘毅投资的引入较好地提升了 D 酒店的经营业绩。引入弘毅投资后 D 酒店的销售利润率和成本费用利润率随之下降，趋于平稳，原因在于 2014 年以后整个餐饮住宿行业并不景气，呈现下降趋势，但 D 酒店的经营业绩仍远远高于行业平均水平，显示出弘毅投资的引入给 D 酒店带来一定的正向影响。

表 4 - 71　　　　　　　　　　　D 酒店 2010 ~ 2019 年盈利能力分析　　　　　　　　　单位：%

盈利能力指标	2010 年	2011 年	2012 年	2013 年	2014 年	2015 年	2016 年	2017 年	2018 年	2019 年
ROE	8.10	7.60	8.99	8.87	10.41	7.55	6.94	6.88	8.60	8.35
ROA	7.56	7.42	9.05	8.58	8.94	6.42	3.99	3.72	4.86	5.39
销售利润率	21.26	17.39	19.04	17.50	21.77	15.39	8.07	9.39	10.55	11.68
成本费用利润率	27.14	21.64	24.30	21.49	55.08	17.43	9.78	10.34	11.58	12.90

资料来源：D 酒店历年年报。

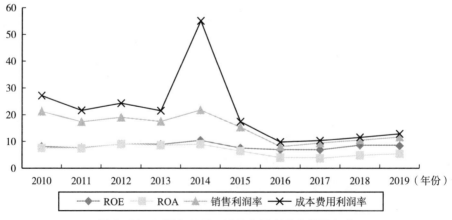

图 4 - 53　D 酒店 2010 ~ 2019 年盈利能力指标变动

资料来源：D 酒店历年年报。

表 4 - 72 餐饮住宿行业 2010 ~ 2019 年盈利能力分析 比率单位：%

盈利能力指标	2010 年	2011 年	2012 年	2013 年	2014 年	2015 年	2016 年	2017 年	2018 年	2019 年
ROE	1.3	1.0	2.0	1.8	3.0	3.0	1.4	1.9	1.9	2.3
ROA	0.7	0.8	1.5	1.3	1.4	1.5	1.6	1.0	1.4	1.8
销售利润率	37.2	43.5	24.3	24.4	26.1	28.0	8.5	4.8	4.6	5.3
成本费用利润率	1.4	1.4	2.0	1.9	2.1	2.3	2.3	2.2	5.0	5.6

资料来源：Wind 数据库。

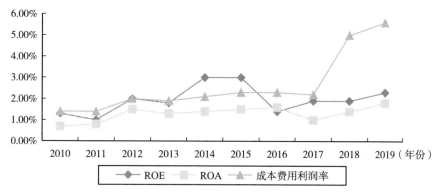

图 4 - 54 餐饮住宿行业 2010 ~ 2019 年盈利能力指标变动

资料来源：Wind 数据库。

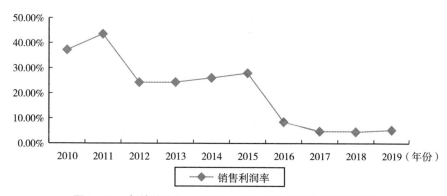

图 4 - 55 餐饮住宿行业 2010 ~ 2019 年销售利润率指标变动

资料来源：Wind 数据库。

D 酒店引入弘毅投资后其 ROE 和 ROA 只有略微提升，并未得到明显的改善。首先，因为餐饮住宿行业本身盈利能力有限，行业均值水平相对较低，因此引入弘毅投资后并不能明显地改善一个行业的原有态势；其次，D 酒店在引入弘毅投资后快速开展海内外并购活动，先后并购了卢浮集团、铂涛集团和维也纳集团，产生大量的并购费用，耗费的资金巨大；最后，随着集团体量的不断增加随之而来的是高额的销售管理费用，因此对 D 酒店的盈利指标有一定影响。

综上，D 酒店在引入弘毅投资后其盈利能力得以有效的改善，但在引入弘毅投资后开展大量并购活动，着手布局"全球经营"战略，因此总资产规模大幅增加，资源整合需要一定时间，导致其 ROE 和 ROA 改善效果不明显，在 2017 年以后，经过整合消化后这两项指标都呈现上升的趋势，可见弘毅投资进入 D 酒店后有效改善了其盈利能力。

（2）偿债能力。

企业的偿债能力体现着对债权人利益的保护，"保障性"是其核心所在。短期偿债能力衡量指标为速动比率和现金流动负债比率，长期偿债能力衡量指标为资产负债率和利息保障倍数，表 4 - 73、表 4 - 74 和图 4 - 56、图 4 - 57 主要描述了 D 酒店以及餐饮住宿行业 2010 ~ 2019 年相关偿债能力指标的变化情况。

①短期偿债能力有所提高。

表 4 - 73　　　　　　　　　　D 酒店 2010 ~ 2019 年短期偿债能力分析

短期偿债能力指标	2010 年	2011 年	2012 年	2013 年	2014 年	2015 年	2016 年	2017 年	2018 年	2019 年
速动比率	0.97	0.92	1.00	0.36	1.93	0.77	0.8	1.78	1.21	1.10
现金流动负债比率（%）	86.28	79.72	74.02	28.83	31.23	15.79	20.03	53.61	49.49	39.88

资料来源：D 酒店历年年报。

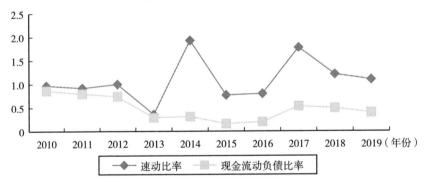

图 4 - 56　D 酒店 2010 ~ 2019 年短期偿债能力指标变动

资料来源：D 酒店历年年报。

衡量所用指标都是短期偿债能力的正向指标，速动比率的计算是将变现能力较差的存货剔除掉后作为分式的分母，除以流动负债得出的结果，一般而言以 1 为标准值，大于 1 表示其偿债能力较好。D 酒店在 2010 ~ 2012 年的速动比率约等于 1，在 2013 年速动比率大幅下降的主要原因是在 2013 年 4 月 25 日收购了"时尚之旅"100% 的股权，支付对价为 7.1 亿元，因此 2013 年的速动比率大幅下降，远远低于行业值。随着 2014 年弘毅投资的引入，给 D 酒店带来了充足的资金，偿债能力得到极大的增强，速动比率达到了 1.93。2015 年和 2016 年的速动比率急速下降，回到混改前的平均水平，是因为 2015 年 D 酒店向银行借入约 52 亿元的短期借款，2016 年也向银行借入了 41 亿元的短期借款，借入资金的用途主要是在 2015 年收购卢浮集团、铂涛集团，2016 年收购维也纳集团，收购这三家公司一共斥资 188 亿元，流动性收紧，尽管引入弘毅投资给其带来了充足的现金流，但还是避免不了其偿债能力下降的趋势，如表 4 - 74 和图 4 - 57 可知在 2015 年和 2016 年资金压力这么大的情况下，其偿债能力还是高出行业均值不少，弘毅投资的引入为 D 酒店带来了巨大的资金优势，让其在资金方面没有后顾之忧。

表 4 - 74　　　　　　　　　　餐饮住宿行业 2010 ~ 2019 年短期偿债能力分析

短期偿债能力指标	2010 年	2011 年	2012 年	2013 年	2014 年	2015 年	2016 年	2017 年	2018 年	2019 年
速动比率	0.87	0.81	0.57	0.66	0.64	0.63	0.68	0.65	0.61	0.68
现金流动负债比率（%）	7.9	9.5	8.8	9.6	9.6	8.6	7.6	2.3	3.0	3.7

资料来源：Wind 数据库。

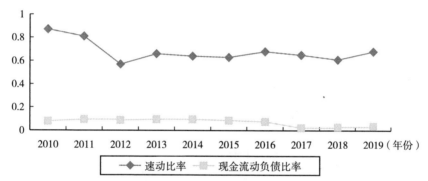

图 4 - 57　餐饮住宿行业 2010 ~ 2019 年短期偿债能力指标变动

资料来源：Wind 数据库。

现金流动负债比率是指企业经营现金净流量与流动负债的比率。由表 4 - 73 和图 4 - 56 可知，D 酒店在 2013 ~ 2016 年的现金流动负债比率大幅下降，原因是 2013 ~ 2016 年 D 酒店大力开展海内外并购活动，导致现金流吃紧，2017 年及以后年度恢复了正常水平，但其水平仍高于行业均值水平，餐饮住宿行业在 2017 年以后现金流动负债比率呈下降趋势，但 D 酒店在 2017 年以后相比 2016 年呈上升趋势，可见弘毅投资的引入对于改善 D 酒店的短期偿债能力起到了正向的作用。

②长期偿债能力有所下降。

资产负债率一方面很好地反映企业借资经营的能力，另一方面代表着企业的长期偿债能力。企业的资产负债率越高，代表企业的负债过大，企业的长期偿债能力相对较低，但也不意味着越低越好，寻求一个合适的杠杆率才更适合企业经营发展。如表 4 - 75 和图 4 - 58 可知，D 酒店在 2015 年以后资产负债率大幅增加，是大力开展海内外并购所导致，且行业均值也处于相对较高的比率水平，但在 2013 ~ 2014 年 D 酒店的资产负债率从

38.15% 下降至 23.19%，是因为引入弘毅投资后为其带来大量权益资金，导致资产负债率
有所下降，是引入弘毅投资后为 D 酒店带来的正向效应。

表4-75 D 酒店 2010~2019 年长期偿债能力分析

长期偿债能力指标	2010 年	2011 年	2012 年	2013 年	2014 年	2015 年	2016 年	2017 年	2018 年	2019 年
资产负债率（%）	21.30	19.15	20.82	38.15	23.19	68.64	67.60	66.45	65.62	63.07
利息保障倍数	52	67.08	255.9	13.67	11.02	3.49	3.21	4.59	4.34	5.77

资料来源：D 酒店历年年报。

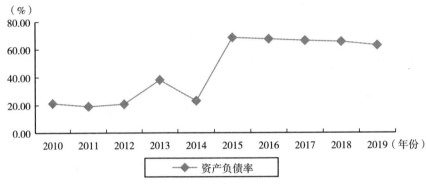

图4-58 D 酒店 2010~2019 年资产负债率变动

资料来源：D 酒店历年年报。

利息保障倍数指企业息税前利润与利息费用之比，此指标为正向指标。如表4-75和
图4-59可知，D 酒店 2012 年的利息保障倍数达到 255.92，是因为 2012 年 D 酒店没有短
期借款和长期借款，利息费用大幅降低导致利息保障倍数大幅增加。D 酒店利息保障倍数
在混改后大幅下降，主要原因还是海内外并购导致的短期借款和长期借款大幅增加导致利
息费用大幅增加。

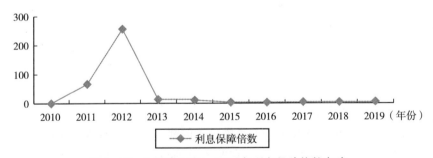

图4-59 D 酒店 2010~2019 年利息保障倍数变动

资料来源：D 酒店历年年报。

表 4–76 餐饮住宿行业 2010～2019 年长期偿债能力分析

长期偿债能力指标	2010 年	2011 年	2012 年	2013 年	2014 年	2015 年	2016 年	2017 年	2018 年	2019 年
资产负债率（%）	57.3	55.1	53.6	65	65	65	65	64.5	64	63.6
利息保障倍数	1.2	1.0	1.0	0.9	1.2	1.2	1.3	1.0	1.2	1.5

资料来源：Wind 数据库。

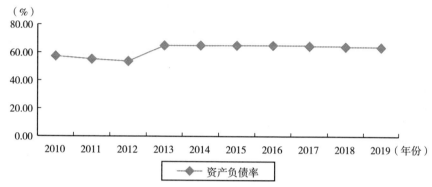

图 4–60 餐饮住宿行业 2010～2019 年资产负债率变动

资料来源：Wind 数据库。

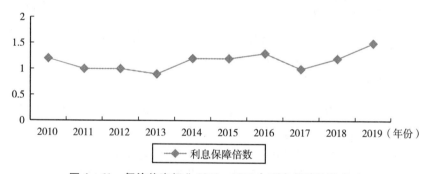

图 4–61 餐饮住宿行业 2010～2019 年利息保障倍数变动

资料来源：Wind 数据库。

综上，弘毅投资的引入带来了大量的权益资本，提供了充足的资金，大大提升了其短期偿债能力；但在引入后 D 酒店开启并购之路，借入大量资金作为并购对价，因此其长期偿债能力有所下降。就短期而言，其长期偿债能力相对混改以前有所下降，但也处于合理的区间之内，相比以前财务上过度保守而言并非坏事，总体而言弘毅的进入提升了 D 酒店的短期偿债能力，优化了其债权债务结构。

（3）营运能力有所提高。

营运能力分析指的是对企业资产的运用、循环效率高低的分析，可以很好地衡量企业的资产周转能力以及资管能力。本节所使用的四大分析指标是总资产周转率、流动资产周转率、存货周转率、应收账款周转率，以上四个指标都是正向指标，其周转率及周转速度较高代表着企业有着较好的资产营运能力（见表4-77、表4-78、图4-62、图4-64）。

表4-77 **D酒店2010~2019年营运能力分析** 单位：次

营运能力指标	2010年	2011年	2012年	2013年	2014年	2015年	2016年	2017年	2018年	2019年
总资产周转率	0.33	0.40	0.45	0.43	0.32	0.29	0.30	0.31	0.35	0.38
流动资产周转率	1.83	2.66	2.76	3.30	1.25	1.18	1.38	1.23	1.32	1.65
存货周转率	14.50	10.48	9.35	9.23	9.96	12.42	15.72	16.96	18.98	17.05
应收账款周转率	68.59	57.31	50.02	44.34	36.95	21.16	19.86	17.26	15.19	14.03

资料来源：D酒店历年年报。

图4-62　D酒店2010~2019年营运能力变动

资料来源：D酒店历年年报。

如图4-63所示，2010~2013年D酒店的存货周转率一直处于下降态势，在2014年引入弘毅投资后一直呈现上升的态势，可以认为随着弘毅投资的引入提升了D酒店的存货变现能力。如图4-64所示，从2011年开始整个行业的存货周转率呈现下降趋势，后来趋于平缓，但D酒店能够逆市增长，更加证实了弘毅投资的引入有效地提升了D酒店的营运能力。

图4-63　D酒店2010~2019年营运能力变动

资料来源：D酒店历年年报。

表4－78 餐饮住宿行业2010～2019年营运能力分析 单位：次

营运能力指标	2010年	2011年	2012年	2013年	2014年	2015年	2016年	2017年	2018年	2019年
总资产周转率	0.3	0.4	0.4	0.4	0.3	0.3	0.3	0.4	0.4	0.4
流动资产周转率	1.5	1.6	1.2	1.1	0.8	0.7	0.8	1.3	1.3	1.3
存货周转率	5.4	6.5	4.2	3.6	3.5	3.0	3.6	3.4	3.4	3.5
应收账款周转率	13.5	16.2	13.0	8.9	9.1	8.9	15.0	12.0	12.3	13.1

资料来源：Wind数据库。

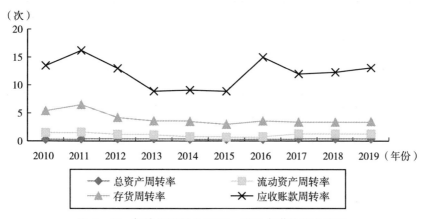

图4－64 餐饮住宿行业2010～2019年营运能力变动

资料来源：Wind数据库。

如图4－62、图4－63可知，D酒店的总资产周转率、流动资产周转率和应收账款周转率有所降低，原因有如下三方面：第一，在2014年引入弘毅投资后募集到了大量资金，但募集到的资金并没有能够直接用于生产经营，因此导致其总资产周转率没有得到很好的改善。第二，随着D酒店规模的扩张，类似于应收加盟费等应收账款会大幅增加，进而导致应收账款周转率有所下降，再加上随着科技的不断发展，在第三方平台进行预订酒店的模式已经越来越普及，造成应收账款增加，应收账款的回收难度也会相应增加，降低应收账款周转率。第三，上文已经提及由于在2015年开始就大力开展海内外并购活动，对于新并购的企业需要很长一段时间来进行整合，其营运能力或多或少会受并购影响，因此在2014年以后D酒店的总资产周转率和流动资产周转率都呈现下降的趋势，但经过一段时间的整合，在2017年以后D酒店的总资产周转率和流动资产周转率有所上升。

综上，D酒店在混改后其存货周转率得以有效改善，但由于在混改后募集到的资金没有及时运用到生产中去、并购后资产规模急剧增加以及酒店预订模式的改变等，导致整体营运能力并没有很大的改善。但是2017年后，经过一段时间的整合消化，各项营运能力指标都得以改善，并呈上升趋势，可见弘毅投资在提升其营运能力方面带来了正向影响。

（4）成长能力有所提高。

企业成长能力体现了企业的发展前景，也是评价企业绩效的重要部分，本节主要使用总资产增长率、营业总收入增长率、销售利润增长率加以分析。

由表4－79、图4－65可以看出，在2014年引入弘毅投资后D酒店的总资产增长率和营业总收入增长率大幅增加，主要是由于大量开展海内外并购活动，使得D酒店的体量快速增加，从而导致其增长速度大幅增加。随着一系列并购活动的展开，D酒店在规模体量上的增长是毋庸置疑的，这正意味着弘毅投资的引入可以快速帮助D酒店更加快速的发展壮大，已经为其成长能力打下了坚实的基础。

表4－79　　　　　　　　　　D酒店2010～2019年成长能力分析　　　　　　　　单位：%

成长能力指标	2010年	2011年	2012年	2013年	2014年	2015年	2016年	2017年	2018年	2019年
总资产增长率	−26	−9.9	8.56	30.9	60.4	138	63.5	−1.5	−7.9	−3.2
营业总收入增长率	11.9	−0.4	10.4	14.9	8.52	90.9	91.2	27.7	8.21	2.73
销售利润增长率	13.9	−19	20.9	5.63	34.9	35.1	−0.3	49.4	21.5	13.8

资料来源：D酒店历年年报。

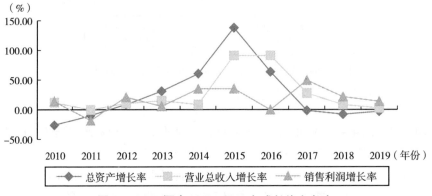

图4－65　D酒店2010～2019年成长能力变动

资料来源：D酒店历年年报。

表4－80　　　　　　　　　　餐饮住宿行业2010～2019年成长能力分析　　　　　　　　单位：%

成长能力指标	2010年	2011年	2012年	2013年	2014年	2015年	2016年	2017年	2018年	2019年
总资产增长率	4.9	3.9	4.5	5.3	5.4	5.4	3.6	0.7	−2.8	1.0
营业总收入增长率	9.8	10.6	8.5	6.5	5.6	4.7	4.6	0.9	5.8	1.2
销售利润增长率	8.3	8.4	6.7	5.2	4.8	4.4	10.7	11.6	11.7	9.6

资料来源：Wind数据库。

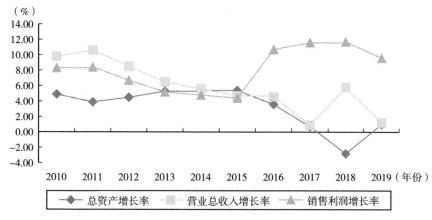

图 4 - 66　餐饮住宿行业 2010～2019 年成长能力变动

资料来源：Wind 数据库。

由图 4 - 65 可知，D 酒店在 2012 年收购时尚之旅后，虽然其营业总收入增长率从 10.39% 变为 14.92%，但其销售利润增长率由 20.82% 变为 5.63%。随着 2014 年引入弘毅投资之后，在营业总收入增长率从 14.92% 变为 8.52% 的前提下，其销售利润增长率由 5.63% 变为 34.99%，由此可见弘毅投资不光给 D 酒店带来资金上的补充，而且对其完善增长机制，增强成长能力方面有着巨大的促进作用。从另一角度看，由图 4 - 66 可知整个行业在 2013～2015 年销售利润增长率呈下降趋势，但 D 酒店却逆市增长，这更能说明弘毅投资很好地增强了 D 酒店的成长能力。

综上，在 D 酒店引入弘毅投资后，D 酒店的盈利能力得到一定程度上的提升，但由于引入弘毅投资之后开启了大量并购活动，导致高额的销售管理费用，对其盈利能力有一定的影响。D 酒店的短期偿债能力得到了有效改善，但由于大举并购所带来的债务压力与高额的利息费用导致长期偿债能力下降。弘毅投资的引入也很好地提升了其营运能力，资产周转速度有所提高。在成长能力方面，在引入弘毅投资后进行海内外并购，快速扩张，且其利润率也有所增长，可见弘毅投资的引入有效增强其成长能力。总体来看，弘毅投资所带来的影响大都是正向的，但长期偿债能力方面还有待后续时间的检验。

D 酒店从 2010 年至今，除了引入弘毅投资参与混改之外，没有再发生如股权激励、重组改制等其他重大事项，且 D 酒店的财务绩效在 2014 年引入弘毅投资之后与混改前相比发生了彻底的变化。因此，排除了其他可能造成重大影响的因素，发生变化的时间点又如此吻合贴切，都强有力地证明了 D 酒店的财务绩效变化与弘毅投资的引入有着密不可分的联系。弘毅投资在进入 D 酒店后享有其一定的产权，与 D 酒店共担风险、共同分享收益，在生产经营过程中弘毅投资必然会通过各种方式来提高 D 酒店的经济效益，以保证其自身的经济效益最大化。

（5）整合过后经济增加值（EVA）呈上升趋势。

经济增加值（EVA），是指从税后净营业利润中扣除全部的资本成本后的所得，其核心是指当企业创造的利润高于其成本时才能够为股东创造价值。可以很好地评价企业创造的财富，有效体现企业的经营业绩。

本节所指的 EVA 是指真实经济增加值，在计算 EVA 前，应当对需要用到的会计科目做出调整，用调整后的数据加以计算，使其计算结果和真实结果更加接近。经济增加值 EVA = NOPAT − TC × WACC，其中 NOPAT 指的是税后经营净利润，TC 指的是总资本投入，WACC 指的是加权平均资本成本。

①计算总资本成本（TC）。

为了使总资本成本的计算更加精确，因此在计算时要对其所要用到的项目作出调整，调整后的总资本成本等于所有者权益加上流动负债之和扣除无息流动负债后的余额。其中无息流动负债包括应付票据、应付账款、预收账款等。计算过程和结果如表 4 − 81 所示。

表 4 − 81 **D 酒店 2012 ~ 2017 年总资本投入（TC）** 单位：万元

科目	2012 年	2013 年	2014 年	2015 年	2016 年	2017 年
所有者权益	428 525	438 080	872 759	847 450	1 431 799	1 461 573
负债合计	112 692	270 226	263 491	1 855 187	2 987 806	2 894 395
应付票据	—	—	—	—	—	—
应付账款	40 053	46 270	51 176	93 813	205 369	213 702
预收账款	15 657	15 657	15 195	93 813	67 514	87 322
应交税费	7 991	12 513	18 147	24 723	32 993	41 011
应付利息	—	202	56	2 011	4 886	3 349
其他应付款	14 930	17 510	20 563	34 797	107 884	128 236
其他流动负债	—	—	—	—	—	—
总资本成本	462 583	616 152	1 031 111	2 453 476	4 000 957	3 882 347

资料来源：D 酒店 2012 ~ 2017 年年报。

②计算加权平均资本成本（WACC）。

加权平均资本成本（WACC）= 权益资本成本 × 权益权重 + 债务资本成本 × 债务权重，因此要先求得 D 酒店的权益资本成本和债务资本成本，再计算出其各自的权重，通过公式求出 WACC。

a. 权益资本成本。

本节所选用的计算方法为资本资产定价模型（CAPM）。通过同花顺数据库查得贝塔系数（β），一般而言无风险收益率 R_f 可以等同为一年期国债利率，通过财政部官方网站可查得，对于风险溢价 Rm，可以粗略地认为等于我国 GDP 增长速度。最后通过资本资产定价模型求出 D 酒店的权益资本成本，计算结果如表 4 − 82 所示。

表 4 – 82　　　　　　　　　D 酒店 2012 ~ 2017 年权益资本成本

年份	2012	2013	2014	2015	2016	2017
无风险收益率 R_f（%）	2.15	2.62	3.32	2.31	2.1	2.78
风险溢价 Rm（%）	7.86	7.77	7.43	7.04	6.85	6.95
贝塔系数 β	1	0.99	1.01	1.02	1	1.07
权益资本成本（%）	7.86	7.72	7.47	7.13	6.85	7.24

资料来源：同花顺、财政部官网。

b. 债务资本成本。

一般而言，长期借款资本成本粗略认为其等于五年期银行贷款利率，短期借款资本成本粗略认为其等于一年期银行贷款利率，一年内到期的非流动负债也归为其中。长期借款在总负债中的占比为 59%，短期借款与一年内到期的非流动负债所占比例为 41%，因此利用五年期银行贷款利率×59% 与一年期银行贷款利率×41% 可得出债务资本成本。

表 4 – 83　　　　　　D 酒店 2012 ~ 2017 年长期借款与短期借款　　　　　　单位：万元

年份	2012	2013	2014	2015	2016	2017
长期借款	—	—	450	931 318	1 493 547	1 899 676
短期借款	—	133 000	80 000	520 909	412 792	101 583
一年内到期的非流动负债	44.85	48.58	496.4	2 109	307 520	27 068

资料来源：D 酒店 2012 ~ 2017 年年报。

将其权重与各贷款利率相乘后再相加可得出其债务资本成本，如表 4 – 84 所示。

表 4 – 84　　　　　　2012 ~ 2017 年贷款利率、权重和债务资本成本　　　　　　单位：%

年份	2012	2013	2014	2015	2016	2017
一年期利率	5.8	5.6	5.6	4.6	4.3	4.3
五年期利率	6.5	6.2	6.15	5.15	4.9	4.9
一年期权重	41	41	41	41	41	41
五年期权重	59	59	59	59	59	59
债务资本成本	6.2	6.0	5.9	4.9	4.78	4.78

资料来源：中国银行官网。

c. 权益、债务权重。

根据 D 酒店披露的年报可以得出权益资本和债务资本的数值以及其所占权重，具体计算结果如表 4 – 85 所示。

表 4 - 85   **D 酒店 2012～2017 年权益、债务权重**   金额单位：万元

年份	2012	2013	2014	2015	2016	2017
权益总额	428 525	438 080	872 759	847 450	1 431 799	1 461 573
债务总额	112 692	270 226	263 491	1 855 187	2 987 806	2 894 395
权益权重	0. 79	0. 62	0. 77	0. 31	0. 32	0. 34
债务权重	0. 21	0. 38	0. 23	0. 69	0. 68	0. 66

资料来源：D 酒店 2012～2017 年年报。

    d. 加权平均资本成本（WACC）。

    计算得出 2012～2017 年的 WACC，计算结果如表 4 - 86 所示。

表 4 - 86   **D 酒店 2012～2017 年加权平均资本成本（WACC）**   单位：%

年份	2012	2013	2014	2015	2016	2017
权益资本成本	7. 86	7. 72	7. 47	7. 13	6. 85	7. 24
权益权重	79	62	77	31	32	34
债务资本成本	6. 2	6. 0	5. 9	4. 9	4. 78	4. 78
债务权重	21	38	23	69	68	66
WACC	7. 51	7. 07	7. 11	5. 59	5. 44	5. 62

资料来源：D 酒店 2012～2017 年年报。

    ③计算税后净经营利润（NOPAT）。

    税后净经营利润 = 净利润 + 利息支出 ×（1 - 25%）。计算结果如表 4 - 87 所示。

表 4 - 87   **D 酒店 2012～2017 年税后净经营利润（NOPAT）**   金额单位：万元

年份	2012	2013	2014	2015	2016	2017
净利润	37 165	38 215	49 017	64 148	71 886	99 006
利息支出	184	3 921	6 645	35 305	44 341	35 513
企业所得税税率	25%	25%	25%	25%	25%	25%
NOPAT	37 303	38 215	49 017	64 148	71 886	99 006

资料来源：D 酒店 2012～2017 年年报。

    ④计算经济增加值（EVA）。

    上文已经求出税后净经营利润（NOPAT）、总资本投入（TC）及加权平均资本成本（WACC），将其计算结果代入公式 EVA = NOPAT - TC × WACC 可计算出 2012～2017 年 D 酒店的经济增加值（EVA），计算结果如表 4 - 88 所示。

表 4-88			D 酒店 2012～2017 年经济增加值（EVA）			金额单位：万元
年份	2012	2013	2014	2015	2016	2017
NOPAT	37 303	38 215	49 017	64 148	71 886	99 006
TC	462 583	616 152	1 031 111	2 453 476	4 000 957	3 882 347
WACC（%）	7.51	7.07	7.11	5.59	5.44	5.62
EVA	2 563	-5 347	-24 295	-73 001	-145 766	-119 181

资料来源：D 酒店 2012～2017 年年报。

由图 4-67 可知，在引入弘毅投资后，D 酒店的 EVA 呈现下跌趋势，原因如下：2014 年引入弘毅投资后，先后收购了卢浮集团、铂涛集团和维也纳集团，总资本投入（TC）大幅增加，但并购后需要相当长的时间进行整合，才能使其很好地融为一体，因此 2014～2016 年的税后净经营利润（NOPAT）增速不及总资本投入，造成期间 EVA 是负值。但在 2017 年出现了拐点，可以看出 D 酒店正在积极整合这几年并购的业务，EVA 在稳步增加。

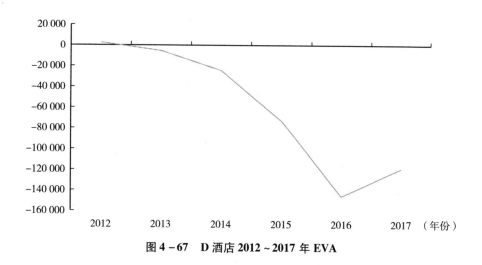

图 4-67　D 酒店 2012～2017 年 EVA

综上，短期来看 D 酒店在引入弘毅投资后其 EVA 是负值，但在经历三年左右的资源整合期后，EVA 呈现明显上升的趋势，可见就长期而言 D 酒店的整体价值得以增加，有利于 D 酒店的发展成长。

3. D 酒店引入 PE 的非财务绩效分析。

（1）推动战略布局。

自 2014 年 D 酒店正式引入弘毅投资后，D 酒店全面推开并购活动，先后收购卢浮集团、铂涛集团和维也纳集团，制定了"海内外全球布局"发展战略。在此之前 D 酒店也开展了一系列并购活动，D 酒店在 2010 年收购太原快捷酒店龙头企业"金广快捷"，合计 1.34 亿元，获得 70% 的股权，在 2012 年又以 6 491.88 万元的支付对价收购剩余的 30% 股权；在 2013 年也以 7.1 亿元作为支付对价收购时尚之旅 100% 股权，这两次收购的支付对价并不高，并购之后仅增加了 35 家酒店，规模相对较小，对 D 酒店的战略布局的影响相对较小。在引入弘毅投资后，D 酒店开展了一系列海内外并购活动，2015 年收购了法国卢浮集团和铂涛集团，2016 年收购了维也纳集团，值得注意的是在收购卢浮集团时 D 酒店并非卢浮集团股东"喜达屋资本"的招投标对象，正是因为弘毅投资的介入，使得 D 酒店与喜达屋资本直接接触，直接促成了此次交易。在此次交易中弘毅投资为此设计了中国上海自贸区、中国香港以及卢森堡之间的三层交易架构，由于上海自贸区对外投资采取备案制，因此大大降低监管机构审批时间，仅用时 15 天就走完了所有审批流程，有效提升了其交易效率。

通过这三次大的并购，D 酒店正式开启了海外战略布局的篇章，将卢浮集团的全部资产以及资源收入囊中。于 2015 年 12 月 31 日，卢浮集团开业酒店 1 157 家，客房间数 97 777 间；于 2016 年 12 月 31 日，铂涛集团开业酒店 3 039 家，客房间数 255 994 间；于 2016 年 12 月 31 日，维也纳酒店开业酒店 464 家，客房间数 73 534 间。这一系列的并购活动帮助 D 酒店快速打开海内外市场，完成战略转型。如表 4 - 89 所示，随着引入弘毅投资后，D 酒店大举开展并购活动，在我国酒店集团排名第一位，再加上已经将排名第四的铂涛酒店收入囊中后，更是稳稳处于国内行业第一的位置。如表 4 - 90 所示，D 酒店已经跻身全球酒店排行前五，并购活动大大提升了 D 酒店的国际竞争力。

表 4 - 89   2016 年中国酒店集团规模排行榜

排名	集团名称	总部所在地	门店数（家）	客房数（间）
1	D 酒店集团	上海	2 783	341 666
2	如家酒店集团	上海	2 922	321 802
3	华住酒店集团	上海	2 763	278 843
4	铂涛酒店集团	广州	2 662	238 519
5	格林豪泰酒店集团	上海	1 521	134 164

资料来源：2016 年中国酒店连锁发展与投资报告。

表 4 - 90   2016 年全球酒店集团规模排行榜

排名	集团名称	总部所在地	门店数（家）	客房数（间）
1	万豪国际	美国	6 333	1 195 141
2	希尔顿	美国	5 284	856 115
3	洲际	英国	5 348	798 075
4	温德姆	美国	8 643	753 161
5	D 酒店	中国	6 794	680 111

资料来源：国际酒店与餐厅协会会刊《HOTELS》。

表4-91		2012~2017年D酒店平均客房出租率				单位：%
年份	2012	2013	2014	2015	2016	2017
平均客房出租率	84.59	82.21	80.69	70.28	77.36	78.83

资料来源：2012~2017年D酒店年度报告。

如表4-91和图4-68所示，在收购三大集团之后，D酒店的平均客房出租率却呈现下降的趋势，尽管在2016年有所上升，但2017年相比2012年仍然下降了约6%。经研究发现，2017年"D系"的平均客房出租率为78.11%，"铂涛系"的出租率为80.84%，"维也纳系"出租率为88.81%，而"卢浮系"的出租率仅有63.56%。正是因为铂涛系和维也纳系的高出租率拉动了D酒店的平均增长率，D系自身和卢浮系拉低了整体水平。因此随着弘毅投资的引入而进行的并购并没有得到很好的整合，并未对D系和卢浮系的并购资产带来显著的正向效果。

图4-68 D酒店2012~2017年平均客房出租率

资料来源：2012~2017年D酒店年度报告。

综上，基于"股东积极主义理论"，弘毅投资进入D酒店后积极发挥其作为第二大股东的作用，为D酒店的海外战略布局提供重要支持，D酒店在弘毅投资的帮助下落实开展跨国经营的战略方针，两年内收购三大酒店集团，战略转型升级在稳步推进，整体资产规模大幅增加，跻身全球酒店行业前五名，成为我国名副其实的酒店龙头企业。但D酒店在产业整合方面还有所欠缺，酒店客房出租率没有明显改善，卢浮系的出租率尤为低下，由此看来弘毅投资在助力D酒店完成战略升级、全球经营的同时，对D酒店的并购资源整合方面帮助不大，这也是D酒店在未来所要攻克的难题。

（2）提升公司治理水平。

①股权结构。

由表4-92和表4-93可知，在D酒店引入弘毅投资之前，自身持股比例高达50.32%，第二大股东INVESCO FUNDS SICAV仅持股3.75%，一股独大的股权结构不言而喻。随着2014年引入弘毅投资，弘毅投资以15亿元现金认购D酒店100 000 000股份，持股12.56%，明显优化其股权机构，此时弘毅投资的自身利益与D酒店的经营业绩有着不可分割的联系，"股东积极主义理论"和"产权理论"告诉我们弘毅投资会积极参与到D酒店的经营当中，助力D酒店发展。

表4-92　　　　　　　　　2013年D酒店前五大股东

股东名称	股东性质	持股比例（%）	持股总数
上海D国际酒店（集团）股份有限公司	国有法人	50.32	303 533 935
INVESCO FUNDS SICAV	境外法人	3.75	22 604 170
双钱集团股份有限公司	国有法人	1.42	8 541 951
新华优选分红混合型证券投资基金	其他	1.29	7 753 893
全国社保基金——四组合	其他	0.91	5 505 159

资料来源：D酒店2013年年报。

表4-93　　　　　　　　　2014年D酒店前五大股东

股东名称	股东性质	持股比例（%）	持股总数
上海D国际酒店（集团）股份有限公司	国有法人	50.32	404 810 935
弘毅（上海）股权投资基金中心（有限合伙）	境内非国有法人	12.56	100 000 000
INVESCO FUNDS SICAV	境外法人	2.81	22 604 170
双钱集团股份有限公司	国有法人	1.06	8 541 951
全国社保基金——四组合	其他	0.82	6 600 551

资料来源：D酒店2014年年报。

虽然弘毅投资持股比例达到12.56%，但并没有很好的优化D酒店的股权结构，其他的股东持股比例仍然较小，近几年弘毅投资在逐渐退出D酒店，弘毅投资在2020年仅持股4.71%，在弘毅投资退出之后，股权结构可能又会回到混改前，弘毅投资的引入对股权结构的优化可能只是一个短暂的结果，长期来看并没有彻底优化D酒店的股权结构。

②董事会结构。

随着弘毅投资的引入，其总裁赵令欢入驻D酒店董事会担任非执行董事，在混改前D酒店的董事会成员全都是D系成员，但这次也是史无前例地引入除独立董事以外的外部董事。赵令欢是弘毅投资的总裁，深谙资本市场运作之道，尤其是在并购领域有着丰富的经验，随着他的加入，优化了D酒店的董事会成员结构，为企业制定政策方针及经营发展战略提供更加科学合理的决策。

但D酒店的董事会仍存在许多不足，在并购金广快捷、时尚之旅、卢浮集团、铂涛集团、维也纳集团后，并没有让他们的负责人等加入D酒店的董事会，可能导致集团与子公司之间的沟通协调存在偏差。被并购标的有各自的经营理念和战略方针，特别是卢浮集团拥有先进的海外经营理念，并购不光只是形式上取得控制权，更重要的是实质上要相互融合，吸收他人先进经验。酒店行业竞争十分激烈，市场风云万变，机会稍纵即逝，D酒店董事会的组成性质不利于快速把握商机，会降低公司决策的质量与效率。

③监事会机构。

如表 4－94 所示，2014 年 D 酒店监事会成员如下：由昝琳担任监事长，陈君瑾、王志成、康鸣担任监事，该四名监事会成员在财务领域都有相当丰富的实践经验，在财务领域也能够很好地履行监事会职责。但在引入弘毅投资后，D 酒店更加重视监事会的作用，增加了两名具有多年审计经验的监事会成员，如表 4－95 所示，徐铮曾任 D 集团审计处副主任，何一迟曾在普华永道会计师事务所担任高级审计经理一职，从 2014 年四名监事会成员增加到 2016 年五名成员。这一系列的措施增强了监事会履行其职责的能力，对高管作出的行为决策等起到有效的监督作用。

表 4－94   D 酒店 2014 年监事会情况

职位	监事长	监事	监事	监事
姓名	昝琳	陈君瑾	王志成	康鸣

资料来源：2014 年 D 酒店年报。

表 4－95   D 酒店 2016 年监事会情况

职位	监事会主席	监事	监事	监事	监事
姓名	王国兴	马名驹	昝琳	徐铮	何一迟

资料来源：2016 年 D 酒店年报。

综上，弘毅投资的引入优化了 D 酒店的股权结构，相对改善了过往"一股独大"的结构，在完善董事会、监事会构成体系及履行其职能等方面都作出了突出的贡献，在公司治理层面发挥出重要作用，有效降低了管理层和所有者之间的代理成本。但也存在着不足之处，随着弘毅投资的退出，D 酒店的股权结构又重新回到了过往的结构，优化很有可能只是暂时的，且 D 酒店的董事会成员没有包括被并购标的的高管，董事会结构仍不够科学合理。

（3）促进国有资本保值增值。

D 酒店在 2012 年、2013 年就已经开启了少许并购活动，2012 年并购金广快捷酒店，2013 年并购北京时尚之旅酒店，一定程度上扩大了其规模。由表 4－96、表 4－97 可知，2011 年 D 酒店总资产为 4 985 612 086 元，主营业务收入为 2 116 078 231 元。2013 年 D 酒店总资产为 7 083 066 751 元，主营业务收入为 2 684 410 918 元，总资产增长率为 42.1%，主营业务收入增长率为 26.86%。2016 年 D 酒店总资产为 44 196 065 201 元，主营业务收入为 10 635 544 287 元，相对 2013 年，总资产增长率为 524%，主营业务收入增长率为 296%，由此看来，在引入弘毅投资后 D 酒店规模成倍增长。

表 4 – 96　　　　　　　　**2011 ~ 2013 年 D 酒店规模增长情况**　　　　　金额单位：万元

报表项目	2011 年	2013 年	增长率
总资产	498 561	708 306	42.1%
主营业务收入	211 607	268 441	26.86%

资料来源：D 酒店 2011 ~ 2013 年年报。

表 4 – 97　　　　　　　　**2013 ~ 2016 年 D 酒店规模增长情况**　　　　　金额单位：万元

报表项目	混改前（2013 年）	混改后（2016 年）	增长率
总资产	708 306	4 419 606	524%
主营业务收入	268 441	1 063 554	296%

资料来源：D 酒店 2013 ~ 2016 年年报。

　　截至 2016 年 12 月 31 日，D 都城会员总数达到 2 657 万人，其中银卡会员 1 990 万人，金卡会员 666 万人；铂涛会员总数 7 804 万人，维也纳会员总数 1 784 万人。于 2016 年度，新增连锁酒店 3 645 家。并购之后打开了销售渠道，成本费用相应减少，成本费用率有所降低，在经营过程中的议价能力有所增强，在国有资产保值增值方面起到正向作用。

　　综上所述，在战略布局方面，随着弘毅投资参与混改，助力了 D 酒店开展海内外并购活动，快速打开了海内外市场，完成了战略转型，提升了海内外市场竞争力，但也存在着对并购标的整合不足的缺陷，D 系和卢浮系的客房出租率并不高。在公司治理方面，弘毅投资持股 12.56%。在国有资本保值增值方面，弘毅投资助力 D 酒店快速扩大规模，经营业绩有所提升，对国有资本的保值增值起到积极正向的作用。

　　4. 引入私募股权基金对 D 酒店市场价值分析。

　　本节将采用事件研究法对 D 酒店引入弘毅投资前后的市场价值所产生的变化做出分析。

　　（1）确定事件研究法样本。

　　D 酒店在 2014 年 6 月 16 日发布定向增发公告，首先将 2014 年 6 月 16 日作为事件日。

　　其次，确定该事件的估计期。一般而言估计期的选择在 100 天、120 天、150 天，本节选择的估计期在时间发生的前 120 天。

　　最后，确定该事件的窗口期。因此本节在分析 D 酒店引入弘毅投资时的窗口期为（–15，15），在计算窗口期时要将股票停牌的时间予以剔除，因此所选择的时间为 2014 年 5 月 12 日至 2014 年 7 月 7 日。在窗口期内，D 酒店的实际收益率如表 4 – 98 所示。

窗口期	日期	实际收益率	窗口期	日期	实际收益率
-15	2014/5/12	2.09	1	2014/6/17	1.00
-14	2014/5/13	-1.23	2	2014/6/18	-0.99
-13	2014/5/14	-0.28	3	2014/6/19	-2.01
-12	2014/5/15	-1.73	4	2014/6/20	0.19
-11	2014/5/16	1.20	5	2014/6/23	3.51
-10	2014/5/19	2.71	6	2014/6/24	-1.42
-9	2014/5/20	0.00	7	2014/6/25	-0.50
-8	2014/5/21	0.00	8	2014/6/26	0.06
-7	2014/5/22	-0.07	9	2014/6/27	2.95
-6	2014/5/23	2.71	10	2014/6/30	0.12
-5	2014/5/26	-0.07	11	2014/7/1	2.93
-4	2014/5/27	0.79	12	2014/7/2	1.54
-3	2014/5/28	0.39	13	2014/7/3	-0.58
-2	2014/5/29	0.65	14	2014/7/4	-1.99
-1	2014/5/30	3.89	15	2014/7/7	-2.09
0	2014/6/16	-0.44			

表 4-98 　　　　　　　　　　　D 酒店事件窗口期实际收益率　　　　　　　　　　　单位: %

资料来源: 浪潮资讯网。

（2）计算超额累计收益率（CAR 值）。

利用估计期 D 酒店的实际收益率与上证成指的收益率做线性回归, 生成的回归散点图如图 4-69 所示。

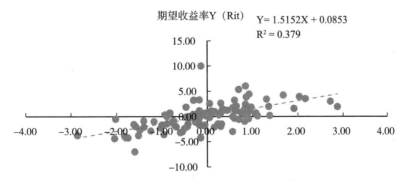

图 4-69　D 酒店引入弘毅投资回归散点图

资料来源: 浪潮资讯网。

将以 2014 年 6 月 16 日为零时点的前后 15 天的上证成指收益率代入 Y = 1.5152X +

0.0853 得出 D 酒店没有引入弘毅投资时的预期收益率，根据公式 $AR_{it} = R_{it} - R'_{it}$（其中 AR_{it} 代表异常收益率，R_{it} 代表实际收益率，R'_{it} 代表预期收益率）可算出异常收益率 AR_{it}。

最后，计算窗口期的超额累计收益率（CAR 值），计算结果如表 4－99 所示。

表 4－99		D 酒店事件窗口期相关数据		单位：%
事件窗口	期望收益率 R_{it}	预期收益率 R'_{it}	异常收益率 AR_{it}	累计收益率 CAR
－15	2.09	3.23	－1.14	－1.14
－14	－1.23	－0.07	－1.15	－2.30
－13	－0.28	－0.12	－0.15	－2.45
－12	－1.73	－1.61	－0.12	－2.57
－11	1.20	0.20	1.00	－1.57
－10	2.71	－1.51	4.22	2.65
－9	0.00	0.31	－0.31	2.34
－8	0.00	1.36	－1.36	0.99
－7	－0.07	－0.19	0.12	1.11
－6	2.71	1.08	1.63	2.74
－5	－0.07	0.60	－0.67	2.07
－4	0.79	－0.43	1.22	3.29
－3	0.39	1.25	－0.86	2.43
－2	0.65	－0.63	1.28	3.71
－1	3.89	－0.02	3.91	7.62
0	－0.44	1.20	－1.64	5.98
1	1.00	－1.32	2.32	8.30
2	－0.99	－0.73	－0.26	8.04
3	－2.01	－2.26	0.25	8.29
4	0.19	0.31	－0.11	8.18
5	3.51	－0.09	3.60	11.78
6	－1.42	0.80	－2.22	9.56
7	－0.50	－0.54	0.04	9.60
8	0.06	1.07	－1.01	8.59
9	2.95	－0.08	3.03	11.62
10	0.12	0.96	－0.84	10.78
11	2.93	0.24	2.69	13.46
12	1.54	0.75	0.79	14.25

事件窗口	期望收益率 R_{it}	预期收益率 R'_{it}	异常收益率 AR_{it}	累计收益率 CAR
13	-0.58	0.37	-0.95	13.30
14	-1.99	-0.20	-1.80	11.50
15	-2.09	0.13	-2.22	9.28

资料来源：浪潮资讯网。

如图 4-70 所示，在窗口期（公告前 15 日）可以看出，D 酒店的 AR_{it} 变化幅度较小，但在公告日的前十天开始 AR_{it} 就已经有上升的趋势，这一现象表明了市场对 D 酒店引入弘毅投资这一重大事件可能早已知晓，因此股价有提前的反应，在 2014 年 6 月 16 日之后，D 酒店的 CAR 值增幅较大，股价一路上行，从 D 酒店窗口期的数据来看，市场对于 D 酒店引入弘毅投资这一行为给予了充分的肯定，对于 D 酒店的发展前景较为看好，同时 D 酒店的市场价值有较大提高。

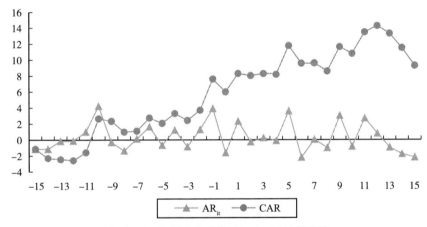

图 4-70　D 酒店窗口期 AR_{it} 与 CAR 值变化

资料来源：浪潮资讯网。

综上所述，本节通过事件分析法对 D 酒店引入弘毅投资做出分析，结果表明，在 D 酒店引入弘毅投资的公告预案披出后，市场反应较大。且公告后 D 酒店所显示出的累计超额收益率大幅增加，使 D 酒店市场价值有所增加，市场给予了此事件充分的肯定。

5. 抗冲击能力分析。

2020 年新冠疫情对我国经济冲击巨大，尤其是餐饮住宿业，为防止人员聚集，大多数餐馆及酒店对外暂停营业。对于 D 酒店而言无疑是巨大的冲击。

北京首旅酒店（集团）股份有限公司（简称"首旅酒店"）于 1992 年 2 月成立，于 2000 年 6 月在上海证券交易所上市。由北京国资委控股，同样也是我国酒店龙头企业，至 2020 年 12 月底，在国内近 390 个城市运营 3 800 余家酒店，客房数量 40 余万间，注册会员超过 1 亿人，拥有以住宿为核心的近 20 个品牌系列、近 40 个产品，是中国知名的酒店集团。与本节所研究对象 D 酒店不同之处在于其在 2016 年通过引入"携程"的方式完成了国企混改，持股比例为 15%。首旅酒店与 D 酒店主营相同且体量相当，唯一不同之处在于国企混改路径不同，对于 D 酒店而言是一个非常好的对标研究对象。

本节主要研究在此背景下 D 酒店的外部冲击能力如何，并与体量相当但并未引入私募股权基金的首旅酒店做对比，基于财务视角和非财务视角展开研究，虽不能直接证明弘毅投资对 D 酒店的抗风险能力增强有着直接的影响，但本节从多角度多维度对其展开分析，排除其他干扰因素，推断出弘毅投资对 D 酒店所起的作用。

（1）基于财务视角。

选取 D 酒店 2019 年三季度和 2020 年三季度的营业收入、加权净资产收益率、基本每股收益、归母净利润、经营活动产生的净现金流量进行对比分析。如表 4－100、表 4－101 和图 4－71 所示，首旅酒店在疫情影响下营业收入增长率为 －42.6%，D 酒店为 －37.93%，D 酒店的收入增长率高于首旅酒店，由此可见在面对疫情的冲击下 D 酒店的营业收入受影响较小。

表 4－100　　　　　　　　D 酒店 2019 年和 2020 年三季度财务指标变化

财务指标	营业收入（万元）	加权净资产收益率（%）	基本每股收益（元）	归母净利润（万元）	经营活动产生的净现金流量（万元）
2019（Q3）	1 128 209	6.76	0.91	87 323	159 975
2020（Q3）	700 224	2.29	0.31	30 087	－58 687
增长率（%）	－37.93	－4.47	－65.54	－65.54	－136.69

资料来源：D 酒店 2019 年和 2020 年三季度报表。

表 4－101　　　　　　　　首旅酒店 2019 年和 2020 年三季度财务指标变化

财务指标	营业收入（万元）	加权净资产收益率（%）	基本每股收益（元）	归母净利润（万元）	经营活动产生的净现金流量（万元）
2019（Q3）	623 066	8.49	0.73	71 919	141 613
2020（Q3）	357 631	－6.41	－0.57	－55 501	17 356
增长率（%）	－42.6	－14.9	－177.4	－183	－87.74

资料来源：首旅酒店 2019 年和 2020 年三季度报表。

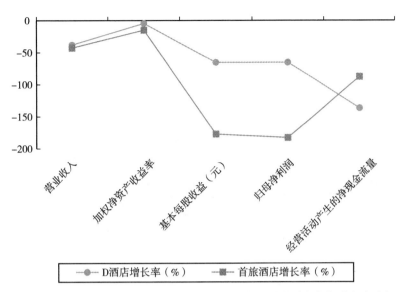

图 4 - 71 首旅酒店与 D 酒店 2019 年和 2020 年三季度财务指标增长率分析

资料来源：首旅酒店 2019～2020 年三季度报表。

D 酒店加权净资产收益率从 6.76% 变为 2.29%，仅下降了 4.47%，仍然保持正数，但首旅酒店的加权净资产收益率为 - 6.41%，下降 14.9%，由此可见 D 酒店的盈利能力受冲击较小，ROE 虽然在疫情影响下有所下降，但还是正值，相对首旅酒店而言盈利能力稍强。D 酒店 2020 年三季度的基本每股收益和归母净利润相比 2019 年三季度而言下降 65.54%，下降幅度较大，但相比首旅酒店而言其结果较为乐观，首旅酒店 2020 年三季度的基本每股收益和归母净利润均为负值，下降幅度高达 180%。

就经营活动产生的净现金流量而言，首旅酒店略胜一筹，D 酒店 2020 年三季度经营净现金流量为 - 58 687 万元，相比 2019 三季度下降 136.69%；首旅酒店从 141 613 万元下降至 17 356 万元，降幅为 87.74%，经营净现金流量能够很好地衡量企业的经营业绩，D 酒店面对疫情冲击其经营净现金流量降幅远远大于首旅酒店，由此可见 D 酒店在经营过程中还存在不足。

（2）基于非财务视角。

基于非财务视角的研究，本节主要从以下两方面展开分析：第一，分析引入弘毅投资时的市场反应；第二，与首旅酒店做对比，分析其客房出租率及平均房价相对 2019 年三季度的变化。

① 市场反应。

D 酒店引入弘毅投资后尽管在许多方面存在不足之处，但整体上的经营业绩较引入之前有着较大的提升，不光如此，弘毅投资参与 D 酒店混改同样获得了市场的认可。如图 4 - 72、图 4 - 73 所示，由于新冠肺炎疫情的影响，在 2020 年 2 月 3 日开盘后股市大跌，可谓"千股跌停"，D 酒店跌至 23.52 元/股，首旅酒店跌至 15.48 元/股。但随着我国新冠肺炎疫情得到有效控制，全国各地稳步推进复工复产，经济慢慢步入正轨。在 2020

年4月我国新冠肺炎疫情就已经得到良好的控制，但此时新冠疫情却在海外大肆传播，确诊人数呈几何增长。当今世界，国际经济往来十分频繁，全世界是一个命运共同体，没有任何一个国家能够脱离全球而独自运行，尽管我国疫情得以有效控制，但由于海外疫情十分严峻，对我国的经济发展也有不小影响。特别是酒店行业所受影响巨大，尤其是海外疫情仍未得到有效控制的情况下，D酒店旗下的卢浮酒店经营业绩受到巨大影响，2020年三季度报表显示卢浮集团归母净利润为−5 114万欧元。

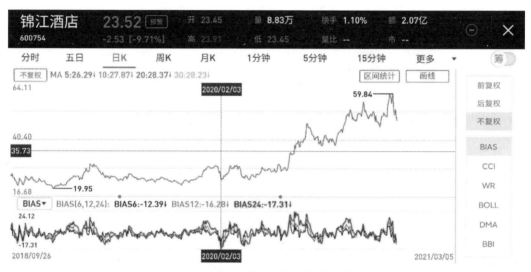

图4-72　D酒店疫情后股价走势

资料来源：国泰君安。

图4-73　首旅酒店疫情后股价走势

资料来源：国泰君安。

随着我国经济的逐步复苏，A 股市场在 2020 年走势甚好，D 酒店和首旅酒店的股价上涨不少，D 酒店从 23.52 元上涨到最高 59.84 元，涨幅约 155.4%；首旅酒店从 15.48 元上涨到最高 26.32 元，涨幅约 70%。由此可见，两家体量相当，在我国酒店行业属于龙头企业，同样面临新冠疫情，所遭受的外部环境大体相当，但其股价走势却相差甚远。市场反应极具说服力，当投资者对于被投资标的充满信心时才会不断买入，进而推高股价，将 D 酒店和首旅酒店的股价走势在疫情背景下做对比，我们可以推断，正是随着 2014 年弘毅投资的引入提升了 D 酒店的综合能力，抵御外部冲击能力相对同行业其他企业而言较为突出。

②出租率及房价。

本节选取平均客房出租率及平均房价两个指标展开分析，在非财务视角分析酒店的经营状况时，客房出租率和平均客房单价极具代表性。客房出租率高意味着酒店经营状况良好，出租率高才能带来更高的收益，平均房价更是如此，在出租率一定的前提下单价越高所带来的营业收入就越高。

如表 4 - 102 所示，D 酒店在疫情影响下平均客房出租率从 78.49% 降至 73.69%，下降 4.8%，平均房价从 215.41 元降至 196.22 元，下降 8.9%。相比首旅酒店的出租率下降 9.2% 及平均房价下降 17.45% 而言，D 酒店在新冠疫情的冲击下展现出来的抗冲击能力更强。因此，我们可以推断，正是由于弘毅投资的引入有效提升了 D 酒店的综合素质，使其抗风险能力强于同行业其他企业。

表 4 - 102　　　　D 酒店 2019 年和 2020 年三季度客房出租率及房价变化

项目	平均客房出租率（%）	平均房价（元）
D 酒店 2019（Q3）	78.49	215.41
D 酒店 2020（Q3）	73.69	196.22
增长率（%）	-4.8	-8.9

资料来源：D 酒店 2019 年和 2020 年三季度报表。

表 4 - 103　　　　首旅酒店 2019 年和 2020 年三季度客房出租率及房价变化

项目	平均客房出租率（%）	平均房价（元）
首旅酒店 2019（Q3）	79.6	212
首旅酒店 2020（Q3）	70.4	175
增长率（%）	-9.2	-17.45

资料来源：首旅酒店 2019 年和 2020 年三季度报表。

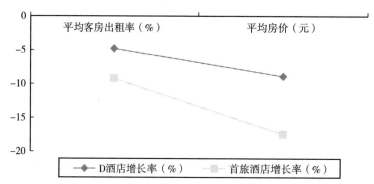

图 4－74　首旅酒店与 D 酒店 2019 年和 2020 年三季度客房出租率及房价增长率分析

资料来源：首旅酒店 2019 年和 2020 年三季度报表。

D 酒店在引入弘毅投资后其短期偿债能力有较大幅度的改善，在前文已经对其偿债能力作出了分析，在混改后 D 酒店的短期偿债能力得以大幅提升，由于混改后开展了大量并购活动，借入大量资金用以支付对价，因此长期偿债能力相对而言有所下降，但仍处于一个合理的水平，债权债务结构得以优化。据此推断，D 酒店在引入弘毅投资后其偿债能力得以有效提升，自身综合能力也有所提升，抗冲击能力有所增强。

（3）基于融资约束及资本成本视角。

①融资约束有所降低。

融资约束用企业的存续时间 Age 和 SA 指数来对企业融资受约束程度加以衡量，再讲 SA 指数取自然对数求得融资约束衡量指标 FC，FC 值越大表明企业受融资约束程度越大。本节对 D 酒店混改前后融资约束加以分析，通过对其混改前后融资约束的变化以期验证弘毅投资对 D 酒店综合素质提升的结论，计算过程如表 4－104 所示。

表 4－104　　　　　　　　　　　　D 酒店混改前后融资约束分析

年份	资产总计（百万元）	Size	Age	SA	FC
2011	5 260.95	8.57	19	－3.9180	1.3656
2012	5 198.89	8.56	20	－3.9580	1.3757
2013	6 247.62	8.74	21	－3.9967	1.3885
2014	9 222.79	9.13	22	－4.0245	1.3924
2015	19 194.44	9.86	23	－4.0061	1.3818
2016	35 611.22	10.48	24	－3.9610	1.3725
2017	43 877.88	10.69	25	－3.9648	1.3675

资料来源：D 酒店 2011～2017 年度报表。

如图 4－75 所示，在 D 酒店引入弘毅投资之前其所受融资约束呈逐渐上升的趋势，在 2014 年混改后呈顶部反转形态，融资约束逐年下降，说明其所受融资约束逐渐降低，其综合素质逐渐提升，有效论证了弘毅投资对其产生的积极作用。

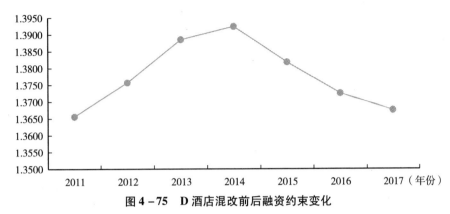

图4-75 D酒店混改前后融资约束变化

资料来源：D酒店2011~2017年度报表。

②资本成本有所降低。

在前文已经对D酒店2012~2017年的资本成本（WACC）作出计算，此处直接引用，计算结果如表4-105所示。

表4-105   **D酒店混改前后WACC变化**

年份	资本成本（WACC）（%）
2012	7.51
2013	7.07
2014	7.11
2015	5.59
2016	5.44
2017	5.62

资料来源：自行整理。

如表4-105及图4-76所示，在接受弘毅投资之前D酒店资本成本在7%左右，在2014年混改后呈现下降趋势，可见弘毅投资的引入有效降低了其资本成本，有效提升其综合能力。

综上所述，通过分析D酒店混改前后的融资约束、资本成本及偿债能力，再从财务视角和非财务视角对D酒店以及首旅酒店作对比分析，无论从何角度分析，最终结论都是D酒店的综合素质得以有效增强，进而推出D酒店的抗冲击能力大大增强。但D酒店的经营净现金流量不如首旅酒店，这也是D酒店的弱势所在，需要在后期经营过程中不断改进。因此推断，在D酒店引入弘毅投资混改后其综合素质大大增强，其抗冲击能力大大提升。

图4-76　D酒店混改前后WACC变化趋势

资料来源：自行整理。

4.4.5 结论与启示

1. 结论。

在新一轮国企混改开展之际，D酒店引入弘毅投资参与混改，本节分析了其引入弘毅投资的动因、过程以及引入后产生的绩效影响。总体而言在引入后D酒店的股权更加多元化，公司治理水平有所提高，同时大举开展海内外并购活动，契合其海外布局战略，有效提升了其市场竞争力，使其经济效益有所提高，整体价值有所提升，但也存在着些许问题，例如股权结构的改变的不可持续性以及并购后资源不能有效整合等问题。

（1）优化D酒店股权结构。

弘毅投资持股比例达到12.56%，一定意义上来讲改善了D酒店一股独大的股权结构，并且赵令欢入驻董事会，一定程度上与公司治理层形成相互制衡机制，能提升公司治理水平，使公司能够更加科学合理地做出经营决策。但也存在不足之处，例如：D酒店收购的公司并未派驻专业人士进入董事会，子公司优秀的经营管理理念向上传递较为困难，难以快速把握商机；弘毅投资改善其股权结构只是暂时性的，随着弘毅投资的退出，股权结构又回到混改前的状态，可谓"治标不治本"。

（2）有效改善企业绩效。

弘毅投资为D酒店带来了充足的资金流，有效缓解了其财务压力，不仅如此，也有效提升了D酒店的财务绩效，并显著提升了短期偿债能力，但由于其大量并购资产，其长期偿债能力和盈利能力相对较弱。D酒店的营运能力和成长能力得到有效改善，资产使用效率得以提升，各项成长性的指标相比混改之前得以有效改善。

（3）提升国内外行业竞争力。

弘毅投资作为我国前十大私募投资机构，拥有丰富的并购经验及敏锐的商业嗅觉，参与我国众多国有企业的混合所有制改革，D酒店在弘毅投资的助力下，先后收购卢浮集团、铂涛集团和维也纳集团，成为我国酒店行业当之无愧的龙头企业。同时，D酒店加速海外布局，吸取大量海外酒店的运营先进理念，跻身全球酒店排行榜前五名，大大地提升了国内外行业竞争力。但也存在不足之处，D 系与卢浮系的客房出租率低于自身平均水平，对并购后的资源整合能力有所欠缺，并购后的资源整合问题同样也是并购界所关注的热点问题。

（4）抗冲击能力得以增强。

2020 年新冠肺炎疫情对酒店行业的冲击巨大，基于财务和非财务视角与首旅酒店作对比分析可知，除了经营活动净现金额下降比例大于首旅酒店外，D 酒店的财务绩效所受影响明显小于首旅酒店，其客房出租率及房价所受影响也要明显小于首旅酒店。D 酒店与首旅酒店体量相当，行业相同，面对同一冲击其表现相差甚远。通过融资约束、资本成本等视角对其混改前后进行分析，有效证明了弘毅投资对 D 酒店综合素质的提升起到积极的作用，由此可见弘毅投资参与混改有效提升了 D 酒店的综合素质和抗冲击能力。

（5）选择了合适的战略合作伙伴。

D 酒店的混改取得显著成效的一个重要原因是选择了合适的战略合作伙伴，弘毅投资近年来参与了许多国有企业的混合所有制改革，例如中国玻璃、中联重科以及上海城投等，都取得了较为显著的成效，使混改企业很好地实现了混改的目的，实现了价值增值。正是弘毅投资如此丰富的经验以及独特的商业嗅觉，为 D 酒店的发展战略指引了方向，同时其强大的资本运作能力也为 D 酒店的跨国经营战略得以落地实施，助力其完成三大酒店集团的并购。因此，国有企业在实施混改时要选择合适自身的合作伙伴，在与合适的战略合作伙伴合作时才能达到混合所有制改革的目的。

（6）引入私募股权基金参与混改切实可行。

本节选取 D 酒店引入弘毅投资作为案例研究，在引入弘毅投资进行混改后 D 酒店的财务绩效、非财务绩效以及其整体综合素质都得到了有效提升，取得了较为显著的效果，尽管在混改后仍存在着一系列问题，如随着私募股权基金退出后股权结构回到较为单一的状态，混改后的并购活动资源整合较为低下等问题，但是总体而言新一轮国企混改引入私募股权基金区别于其他的混改方式。由于私募股权基金的特点较为鲜明，因此其参与混改也有着较为独特的效果，所以，就本案例而言，我国国有企业引入私募股权基金参与混改是切实可行的。

2. 启示。

针对 D 酒店在引入弘毅投资后存在的一系列问题及国企混改引入私募股权基金所需考虑的相关事项，从 D 酒店、国企混改及政府监督三个角度获得以下几点启示：

（1）立足自身现状开展混改。

国有企业在进行混合所有制改革之前首要任务是要对自身所承担的角色进行定位，在市场经济中与社会中扮演着不同的角色其所想要达到的混改目的以及其所选择的混改路径大有不同，应根据其角色定位、历史沿革、财务状况、发展战略以及外部的机遇与挑战等来确定合适的混改模式，在此基础上才能更好地选择合适的战略合作伙伴以及合适的混改实施路径。例如：未上市的大型国有企业其体量较大，自身实力较强，因此选择借壳上市的方式可能更有利于其实现混改的目标；对于未上市的体量较小且自身实力相对较弱的中小型国有企业而言，通过改制重组或者引入外部投资者的方式更为适合；对于已上市的国有企业而言，可以考虑积极开展员工持股等股权激励计划，使企业运行效率更上一层楼。

（2）选择合适的私募股权基金。

就国企混改而言，随着新一轮混改的推进，私募股权基金参与国企混改逐渐被熟知及认可，同时为其相互融合提供了契机。首先，在引入私募参与混改的过程中，国有企业要寻找一个合适自身的私募股权基金，以 D 酒店为例，D 酒店想要迅速扩大规模，实施海内外并购，选择具有丰富并购经验的弘毅投资能够很好的迎合其需求，加快其并购速度及产业升级。其次，最好选择有过同行业管理经验的私募股权基金，弘毅投资在此之前并未参与过酒店行业的投资，虽然其有着丰富的并购经验和敏锐的商业嗅觉，但对于酒店行业的经验相对欠缺，因此导致 D 酒店出现并购后产业资源整合效率低下等问题。最后，要寻找体量规模与自身相匹配的私募股权基金，特别是大型国有企业，其经营发展及战略转型需要实力较强的机构才能得以满足。D 酒店是我国酒店行业龙头企业，体量规模大，需要的资金量及资源能力较强，而弘毅投资属于我国私募机构前十位，管理资金庞大，社会资源广阔，给 D 酒店带来明显的增值服务。

（3）推动制度建设，加强资源整合。

就 D 酒店而言，推动企业管理制度建设对其而言十分重要，要想有效提升企业的运行效率，提高决策水平，董事会可以考虑引入被并购公司的高管，吸取他们在日常经营管理过程中丰富的经验。可以着手考虑稳步推进股权激励计划，众所周知员工持股可以大大激发企业的活力，与此同时可以减少因弘毅投资退出而带来的股权不稳定性。对于卢浮集团、铂涛集团等被并购资产，能够使其与 D 酒店进行有效的融合才能够实现并购的意义，要取其精华，去其糟粕。制定合理有效的经营方针，有的放矢，利用好弘毅投资管理经验丰富及商业嗅觉敏锐优势，将引入弘毅投资及全球布局的优势发挥出来，独领风骚于整个酒店行业。

（4）监管机构应加大对混改双方资本的保护力度。

基于"信息不对称理论"，在市场的运作过程中存在着许多的信息不对称现象，损害利益相关方的利益。特别是本节所研究的引入私募股权基金，其资金来源较为复杂，因此在参与混改当中更应加强对双方资本的保护。产权的重要性不言而喻，只有私募股权基金的产权得到了充分的保护，才能激发其参与混改的热情，如果非国有资本受到了侵蚀，会让广大非国有资本望而却步，不利于混改的推进。同时也要注意保护我国国有资本，防止国有资产流失，国企混改的最终目的是使国有企业做大做强，最基本的前提是做到国有企业资本的保值，在此前提下再去追求国有资本的增值。仅停留在保护资本的层面远远不够，更重要的是要建立健全相关法律法规，加大保护力度，在充分保护双方产权的前提下稳步推进国企混改进程。

第 5 章

结论与研究局限

5.1　主要研究结论

党的十九届六中全会提出，应在广度和深度上持续推进全面深化改革，不断推动国家治理体系和治理能力现代化建设。国有企业改革是全面深化改革的关键事项，这不仅是坚持和完善公有制为主体经济制度的基本要求，也关系着党和国家事业发展的物质和政治基础。作为国有企业改革的关键抓手，混合所有制改革在近年取得实质性进展。积极推进国有企业混合所有制改革，不仅有利于健全现代企业制度和国有资本管理体系、完善国有企业的市场主体地位，也有利于提高国有企业的创新能力和经营管理能力。本书在文献梳理的基础上，探讨了国企混改的制度安排、作用机制及经济后果，主要结论如下：

第一，党组织参与公司治理是国企混改的重要组成部分，对国企公司治理和价值具有重大影响，坚持党对国企的领导必须一以贯之。适当的高管薪酬差距能够促进高管相互竞争、相互监督，减少代理成本进而增加企业价值。混改后的国企高管薪酬体制和考核机制更加市场化，混改能够使薪酬激励发挥其应有的效用。研究结论为新一轮混改的高管激励机制的设计和公司治理的重点提供了政策建议，并丰富了党组织治理实证方面的文献。

第二，从金融市场来看，国企是我国社会主义经济建设和发展中的主力军。维持国企稳定发展、国有资本保值增值才能维护国民经济安全。混改对国企股价崩盘风险的抑制作用再次验证了国企改革之于稳定资本市场、防范化解重大风险和提高国家经济运行效率的重要性。从劳动力市场来看，混改中市场化国企激励机制改革是国企真正成为市场主体的必经之路，是劳动力要素市场化配置进一步畅通国内经济的大循环。国企高管参与职业经理人市场的竞争与流动能够降低国企在职消费等代理成本，提高国有资产保值增值的能力。

第三，通过对案例企业信息进行开放性编码、主轴性编码以及选择性编码，归纳总结国有资本参股促进民营企业创新能力发展的影响机制；并经过多步骤的编码分析，发现国有资本的参股，给民营企业带来了企业创新的人才储备，为民营企业提供了直接的资金支持和间接的信贷资源，为民营企业提供了一定的市场资源，推动民营企业提升自身核心竞争力。通过企业文化的整合，国有股东倡导民营企业的创新文化，重视企业的创新工作，间接引导民营企业重视创新；通过党组织嵌入企业管理的各个方面，进一步发挥党建引领作用，促进企业创新；通过促进民营企业创新战略的转变，推动民营企业的盈利模式转型。

第四，基于产权理论、委托代理理论和利益相关者理论，使用扎根理论研究法构建混合所有制改革作用机制模型，发现混合所有制改革通过引入非公有资本，实现了股权多元化和股东制衡，完善了国有企业公司治理结构，进一步强化了制衡监督机制，发挥了市场化的治理机制，从而提升了企业绩效。混改作用机制主要包括三点：一是形成多元化的股权结构，实现不同性质的股东之间的制衡，同时完善公司治理结构，使得三会一层各司其职，实现有效监督；二是完善市场化的用人机制，实现长期激励约束机制。三是完善市场化的经营机制，精简机构提升经营和决策效率、整合资源实现商业模式创新。

第五，国有企业整体的混改绩效主要包括市场反应、财务绩效和非财务绩效三个层面。其中，非财务绩效从机构投资者评价和社会责任履行情况两方面进行分析。本书创新地引入机构投资者评价作为非财务绩效指标，采用文本分析法、情感分析法分析机构投资者对整体上市后公司业绩表现的评价态度。最后从同业竞争、资源配置、研发创新、股权激励和 ESG 工作五个角度分析整体上市影响绩效的原因，并归纳国有企业整体上市对绩效的作用路径。国有企业在推进重组整合或混合所有制改革的过程中应选择适合企业发展的模式；国有企业应高度重视整体上市前注入资产的质量以及整体上市后资源的整合。

第六，随着国企混改的深入推进，私募股权基金参与国企混改成为了混改重要路径，私募股权基金在改善国企治理效果、带来敏锐的商业嗅觉、提升企业治理效率等方面都有着较好的正向效果。国企混改引入私募股权基金有利有弊，因此国企混改引入私募股权基金时应扬长避短。

5.2 研究局限

本书通过理论分析、实证分析和案例分析等方法较为全面地探讨了国有企业混合所有制改革的制度安排、作用机制及经济后果，其结论对进一步丰富国有企业混合所有制改革研究具有重要的理论意义与实践价值。但由于研究时间、精力与自身能力限制，本书还存在以下局限：

第一，受数据样本方面的限制，本书主要以 A 股上市公司为研究对象，并根据混改样本的特殊性进行多案例研究。未来研究可通过更广泛地搜集数据并构建案例库，对非上市公司的混改案例进行分析，进一步丰富现有研究有关混改绩效的观点，更为科学全面地评价混改的制度安排及作用机制。

第二，本书使用扎根理论研究法构建国有企业混合所有制改革的作用机制模型，该方法强调理论敏感性，尽管本书已对国企混改进行了系统的文献回顾，但仍可能存在对相关概念范畴总结归纳不够准确之处。

主要参考文献

[1] 蔡贵龙，柳建华，马新啸．非国有股东治理与国企高管薪酬激励 [J]．管理世界，2018，034 (5)：137 – 149.

[2] 陈冬华，陈信元，万华林．国有企业中的薪酬管制与在职消费 [J]．经济研究，2005 (2)：92 – 101.

[3] 陈仕华，卢昌崇，姜广省，王雅茹．国企高管政治晋升对企业并购行为的影响——基于企业成长压力理论的实证研究 [J]．管理世界，2015 (9)：124 – 136.

[4] 褚剑，方军雄．政府审计能够抑制国有企业高管超额在职消费吗？ [J]．会计研究，2016 (9)：82 – 89.

[5] 高明华，刘波波．董事会治理是否促进了国有企业混合所有制改革？ [J]．上海经济研究，2022 (5)：41 – 55.

[6] 耿云江，王明晓．超额在职消费、货币薪酬业绩敏感性与媒体监督——基于中国上市公司的经验证据 [J]．会计研究，2016 (9)：54 – 61.

[7] 郝阳，龚六堂．国有、民营混合参股与公司绩效改进 [J]．经济研究，2017，52 (3)：122 – 135.

[8] 郝颖，谢光华，石锐．外部监管、在职消费与企业绩效 [J]．会计研究，2018 (8)：42 – 48.

[9] 贾旭东，衡量．基于“扎根精神”的中国本土管理理论构建范式初探 [J]．管理学报，2016，13 (3)：336 – 346.

[10] 井润田，孙璇．实证主义 vs. 诠释主义：两种经典案例研究范式的比较与启示 [J]．管理世界，2021，37 (3)：198 – 216，13.

[11] 李明辉，程海艳．党组织参与治理与企业创新——来自国有上市公司的经验证据 [J]．系统管理学报，2021，30 (3)：401 – 422.

[12] 李绍龙，龙立荣，贺伟．高管团队薪酬差异与企业绩效关系研究：行业特征的跨层调节作用 [J]．南开管理评论，2012，15 (4)：55 – 65.

[13] 李维安．深化国企改革与发展混合所有制 [J]．南开管理评论，2014，17 (3)：1.

[14] 李增福，黄家惠，连玉君．非国有资本参股与国企技术创新 [J]．统计研究，2021，38 (1)：119 – 131.

[15] 刘青松，肖星．败也业绩，成也业绩？——国企高管变更的实证研究 [J]．管理世界，2015（3）：151－163．

[16] 罗宏，黄文华．国企分红、在职消费与公司业绩 [J]．管理世界，2008（9）：139－148．

[17] 马连福，王丽丽，张琦．混合所有制的优序选择：市场的逻辑 [J]．中国工业经济，2015（7）：4－20．

[18] 马连福，王元芳，沈小秀．国有企业党组织治理、冗余雇员与高管薪酬契约 [J]．管理世界，2013（5）：100－115，130．

[19] 马新啸，汤泰劼，郑国坚．混合所有制改革能化解国有企业产能过剩吗？[J]．经济管理，2021（2）：38－55．

[20] 倪宣明，贺英洁，彭方平，欧明青．混合所有制改革对国有企业盈利水平影响及作用路径研究 [J]．管理评论，2022，34（2）：33－45．

[21] 平新乔，范瑛，郝朝艳．中国国有企业代理成本的实证分析 [J]．经济研究，2003（11）：42－53，92．

[22] 綦好东，郭骏超，朱炜．国有企业混合所有制改革：动力、阻力与实现路径 [J]．管理世界，2017（10）：8－19．

[23] 乔惠波．混合所有制企业公司治理研究 [J]．经济体制改革，2017（4）：102－108．

[24] 沈红波，张金清，张广婷．国有企业混合所有制改革中的控制权安排——基于云南白药混改的案例研究 [J]．管理世界，2019，35（10）：206－217．

[25] 宋立刚，姚洋．改制对企业绩效的影响 [J]．中国社会科学，2005（2）：17－31，204．

[26] 苏郁锋，吴能全，周翔．制度视角的创业过程模型——基于扎根理论的多案例研究 [J]．南开管理评论，2017，20（1）：181－192．

[27] 佟岩，华晨，宋吉文．定向增发整体上市、机构投资者与短期市场反应 [J]．会计研究，2015（10）：74－81，97．

[28] 王曾，符国群，黄丹阳，汪剑锋．国有企业 CEO "政治晋升" 与 "在职消费" 关系研究 [J]．管理世界，2014（5）：157－171．

[29] 王曙光，冯璐，徐余江．混合所有制改革视野的国有股权、党组织与公司治理 [J]．改革，2019，（7）：27－39．

[30] 王业雯，陈林．混合所有制改革是否促进企业创新？[J]．经济与管理研究，2017，38（11）：112－121．

[31] 温忠麟．张雷，侯杰泰，等．中介效应检验程序及其应用 [J]．心理学报，2004（5）：614－620．

[32] 向东，余玉苗．国有企业引入非国有资本对投资效率的影响 [J]．经济管理，2020（1）：25－41．

[33] 谢德仁，郑登津，崔宸瑜．控股股东股权质押是潜在的 "地雷" 吗？——基于

股价崩盘风险视角的研究 [J]. 管理世界, 2016 (5): 128 - 140, 188.

[34] 张冰石, 马忠, 夏子航. 基于国有资本优化配置的混合所有制改革实施模式 [J]. 经济体制改革, 2019 (2): 20 - 26.

[35] 张宁, 才国伟. 国有资本投资运营公司双向治理路径研究——基于沪深两地治理实践的探索性扎根理论分析 [J]. 管理世界, 2021, 37 (1): 108 - 127, 8.

[36] 朱磊, 陈曦, 王春燕. 国有企业混合所有制改革对企业创新的影响 [J]. 经济管理, 2019, 41 (11): 72 - 91.

[37] An Z, Chen C, Naiker V, et al. Does Media Coverage Deter Firms from Withholding Bad News? Evidence from Stock Price Crash Risk [J]. Journal of Corporate Finance, 2020, 64: 101664.

[38] Bai M, Wang R, Yu C F J, et al. Limits on Executive Pay and Stock Price Crash rRisk: Evidence from a Quasi - Natural Experiment [J]. Pacific - Basin Finance Journal, 2019, 55: 206 - 221.

[39] Chen D, Kim J B, Li O Z, et al. China's Closed Pyramidal Managerial Labor Market and the Stock Price Crash Risk [J]. The Accounting Review, 2018, 93 (3): 104 - 131.

[40] Glaser B, Strauss A L. The Discovery of Grounded Theory: Strategy for Qualitative Research [J]. Nursing Research, 1968, 17 (4): 377 - 380.

[41] Gupta N. Partial Privatization and Firm Performance [J]. Journal of Finance, 2005, 60 (2): 987 - 1015.

[42] Li J, Wang L, Zhou Z Q, et al. Monitoring or tunneling? Information interaction among large shareholders and the crash risk of the stock price [J]. Pacific - Basin Finance Journal, 2021, 65: 101469.

[43] Liang Q, Li D, Gao W. Ultimate Ownership, Crash Risk, and Split Share Structure Reform in China [J]. Journal of Banking & Finance, 2020, 113: 105751.

[44] Manso G. Motivating Innovation [J]. The Journal of Finance, 2011, 66 (5): 1823 - 1860.

[45] Marcelin I, Mathur I. Privatization, Financial Development, Property Rights and Growth [J]. Journal of Banking & Finance, 2015, 50 (C): 528 - 546.

[46] Mark Humphery - Jenner, Zacharias Sautner, Jo - Ann Suchard. Cross - Border Mergers and Acquisitions: The Role of Private Equity Firms [J]. Strategic Management Journal, 2017, 38 (8): 1688 - 1700.

[47] Megginson W L, Nash R C, Randenborgh M V. The Financial and Operating Performance of Newly Privatized Firms: An International Empirical Analysis [J]. Journal of Finance, 2012, 49 (2): 403 - 452.

[48] Strauss A L, Corbin J M. Grounded Theory in Practice [J]. Contemporary Sociology, 1997, 28 (4): 296.

[49] Weir C, Jones P, Wright M. Public to Private Transactions, Private Equity and Fi-

nancial Health in the UK: an Empirical Analysis of the Impact of Going Private [J]. Journal of Management & Governance, 2015, 19 (1): 1 – 22.

[50] Xin Q, Bao A, Hu F. West Meets East: Understanding Managerial Incentives in Chinese SOEs [J]. Accounting Research, 2019, 12 (2): 177 – 189.